·汕头市小学语文杨畅教师工作室成果集·

畅有欲言

基于学习任务群的小学语文教学实践之路

杨畅 编著

U0911823

SPM 南方传媒
全国优秀出版社
全国百佳图书出版单位
广东教育出版社
·广 州·

图书在版编目（CIP）数据

畅有欲言 ： 基于学习任务群的小学语文教学实践之路 / 杨畅编著. -- 广州 ： 广东教育出版社， 2024. 12.
ISBN 978-7-5548-6903-1
Ⅰ. G623.202
中国国家版本馆CIP数据核字第2024R7P598号

畅有欲言——基于学习任务群的小学语文教学实践之路
CHANG YOU YU YAN —— JIYU XUEXI RENWUQUN DE XIAOXUE YUWEN JIAOXUE SHIJIAN ZHI LU

出 版 人：朱文清
责任编辑：卓晓纯
责任技编：杨启承　刘思琴
封面设计：李玉玺
装帧设计：友间文化
责任校对：林宜仪
出版发行：广东教育出版社
（广州市环市东路472号12-15楼　邮政编码：510075）
销售热线：020-87614531
网　　址：http://www.gjs.cn
邮　　箱：gjs-quality@nfcb.com.cn
经　　销：广东新华发行集团股份有限公司
印　　刷：广州汇腾图文商务有限公司
（广州市荔湾区东朗工业园1栋1楼）
规　　格：787 mm × 1092 mm　1/16
印　　张：19
字　　数：250千
版　　次：2024年12月第1版
2024年12月第1次印刷
定　　价：68.00元

如发现因印装质量问题影响阅读，请与本社联系调换（电话：020-87613102）

序　言

继 2022 年在广东教育出版社出版《童心悦读》系列读物之后，杨畅新作《畅有欲言——基于学习任务群的小学语文教学实践之路》（以下简称《畅有欲言》）应时出版。

看到书名，翻阅书稿，知道杨畅有话要说。

杨畅从教 30 年，跨越两市，从事四所学校教育工作，从教师到市教师工作室主持人，从学校行政中层领导到副校长，在教育实践的探求中有学科育人的深沉积淀，在生命课堂的建设中有立德树人的体验体悟。杨畅课堂教学的系列设计，或获“省优”“部优”，在市外传扬；或进入“汕头中小学名师优课教学案例”，在市内传递；或成为“停课不停学”精品课例，在行业内传阅；或成为市局减负文件的“作业设计指南”。杨畅建构的校本课程体系与方案也在市专题会议上交流传阅。杨畅的“欲言”不是预言和预演，而是 30 年脚踏实地的教学回声和仰望星空的教研回音。

披阅发现，《畅有欲言》既是“畅”有欲言，也是“团”有欲言。本书梳理小学语文教研团队基于学习任务群的携手成长历程，记录了工作室的宣言总结、论文、读书随笔等成果，分享了学习任务群教学设计案例和单元整体作业设计范例。这些都是接地气、增底气、灌生气、长志气的真实有趣表达。有用有趣的教学研究成果，内核是工作室主持人和支持人的厚实功力，背景是课程改革的强大推力，背后是国家、地方和校本课程有效实施的合力。无论是我想说，还是他们想写，都是合为时、合为地、合为人、合为事的系统发声。

书中出现频率最高的关键词是“学习任务群”。语文学习任务群涉及“识字与写字、阅读、写作、口语交际、综合性学习”5个学习领域。书中体现出这样的意识：语文学习任务群实践路径各异，先要“立本”，涵养灵魂。语文教师必须以育人为本，守住一段渠，注重浸润滴灌，育人无声；无论是课堂上还是课堂下，都要种好责任田，实施潜移默化的策略。这些理念与2022年出版的《童心悦读》系列读物，有殊途同归之感，即引入中华优秀传统文化的源头活水、革命传统文化的矿泉水、社会主义先进文化的纯净水，激活生命课堂，浸润学生心田，培根铸魂。书中有这样的追求：语文学习任务群的落实，需要“求真”，必须较真和问诊课堂。工作室主持人和成员探索建立魅力课堂、活力课堂、动力课堂的过程，表达了畅通语文血脉，让每一节课堂堂正正的初心和信心。

书中的教学案例、作业设计，是对语文学习任务群理解并转化的缘事析理，是对工作室提出的“立本求真”教学理念的最好解释和回答，是实施“好课多磨、好课燎原”“好题多磨、好作业不作孽”，让课堂成为“高堂”的有效策略和范例。

展读《畅有欲言》，我也想到“畅有不言”。我想到20世纪90年代风靡全国的电视剧《外来妹》主题歌里的几句歌词：“我不想说我很亲切/我不想说我很纯洁/可是我不能拒绝心中的感觉……”我有所猜度并有所期待。

1. “我不想说我很亲切”

有的项目主持人的教育人生，充满了无奈与矛盾：欲戴王冠，却不能承受其重，独善其身的表演有余而共善团友的表扬不足。主持人和支持人的关系能否“很亲切”，与“三领”息息相关。一是领衔。作为主持人，必须正确定位，甘作嫁衣，甘于幕后发光，不与团友争利。从内容可以看出，“领头雁”与团队已达成“秋水共长天一色”的境界，从“鹤立鸡群”向“鹤雁齐飞”跨越。杨畅的“不想说”并非没有想法。二是领航。语文教学时有纷扰，语文课程改革复杂多变。教学改革的进程犹如摸着石头过河，没有石头可摸也要过河，离不开对彼岸和方向的判断。在这一点上，杨畅或许在等待她的团队有理想的回应和集体应答。尤其是以阅读为武器，击穿教学的迷雾，始终保持定海神针般的稳定力量，的确需要时间。三是领任务。工作室是“共作室”，也有“研习任务群”。主心骨必须用主方向引导主力军，站稳主渠道，打造主课堂；实施任务驱动，让黑灯瞎火处有光。主持人用任务“首领”推动任务“共领”，仅仅是某时段的应急和应对，并非长久之策，而让任务群在“群团”中接续消化、转化和落地、落稳的完整实现，也需要时空。

2. “我不想说我很纯洁”

现实生活中，在形形色色的语文教学出版物中，某些作者总习惯说一些言不由衷和不明不白的话，离“言之有序、言之有理、言之有物”的基本要求越来越远。有的著述内容少了“茱萸”，多了“侏儒”。著述面世之时，就是与语文教师产生隔阂之日，不仅没有引起共鸣和共赏，反而产生诸多争论。在这一点上，杨畅是明了的，因此追求缘事而发、适可而止，想清楚了再说。这些既是对学生的习作要求，也是对自己、对团队的写作公约。这种选择和暂时失声是明智的。即使“著作等身”，但不是基于心灵思考和实践打磨的写作，也是矫揉造作和伪作。

3. “可是我不能拒绝心中的感觉”

从第一届工作室到第三届工作室，给群体的感觉是迥异的。冷看有的工作室从红红火火到冷冷清清的演变过程，的确需引起各方警醒。教育传承是永恒的话题，书生意气走偏了就是意气用事，因人费事、以人定事，涵养不了教育大气。也许，工作室“心中的感觉”和预感不一样，你我他的“预言在先”和“有言在先”，还需要等待时间验证。假以时日，《畅有欲言》之后有《畅所欲言》，相信你我他的“欲言”就不是神话了。

时不我待，相信《畅有欲言》是教育的童心和语文教学的童话。所有教学教研的只争朝夕，都是为了学科育人的日新月异。

2024 年 10 月

（林荣秋，正高级教师、特级教师，教育部国培计划培训专家，汕头市教育局教研室原主任）

目 录

第三章　任务赋能言实践

第一章

立本求真言引领

立本求真，携手追梦

——汕头市第三届小学语文教师工作室宣言

汕头市龙湖区金晖小学　杨畅

一、我们的理念

汕头市小学语文教师工作室的成立，是信任，是期许，更是沉甸甸的使命。我们是祖国语言文字的传播者，我们坚信，带领孩子们学习祖国的语言文字是生命中最美好的事情。我们认同最接近语文教学本质、教学规律，最切近语言文字真义、语言教学特点与方法的教学方式。我们坚信，以立德树人为本，立足语文本色，回归教育本原，尊重生命本体，在“双减”政策背景下构建真实高效的语文课堂、阅读实践，必能提升学生的语文素养，滋养生命，焕发学生个性，让每一个学生得到终身发展。

二、我们的目标

众行致远，彼此照亮。构建具有共同愿景、学术意识、实践能力和广泛影响力的小学语文教师工作室是我们的目标。我们追求“成群之高，结队之远；成群之优，列队之美”。有了真挚的情怀、导师的引领、团队的力量、不懈的努力，我们必能汇聚几何级的巨大能量，引领汕头市小学语文学科教学的发展。

研无穷尽，不限于书；行无停驻，不拘于时。我们全体工作室成员将朝乾夕惕，以不怠之功务传道授业解惑之事；力耕不欺，以不渝之志担寻理求知释疑之责；不忘初心，奔赴小学语文教育教学事业的星辰大海；不辱使命，助力孩子走向人生更美的诗和远方！

三、工作的思路

华中师范大学杨再隋教授说过，语文课就是教师引导学生学习语文的课，是学生学习理解和使用祖国语言文字的课，是学生听、说、读、写的综合实践课，是引导学生提升语文综合素养的课。真正的语文课必须散发浓浓的语文味！我们将以“本真语文”为主题统领所有的研修活动。

“本”，一是以培根铸魂为本，引领学生精神人格的成长；二是以学科规律为本，遵循语文学科的规律开展教学活动。“真”是构建真实高效的语文课堂，让语文学习真正发生，带领学生经历感知语言、品味语言、积累语言、运用语言的过程，享受语文的魅力。我们将以叙事研究的方式，推进教学研究真正地随时发生，让研修常态化。每一个成员，在每一天、每一节课、每一处教学场景中实践、思考、研究，践行自己的教学主张和教育理念，在叙事中进行思维整理，获得理性升华，达到豁然开朗的境界。希望三年后，团队的每一个成员都是充满教育智慧的研究者，能够以更强的生命活力去影响更多的教师和学生，能够获得更多的职业幸福。工作室将从以下四个方面提供平台，助力教师成长。

1. 自我提升

每月至少组织一次集体研修活动，通过专家讲座、课堂观摩、读书沙龙、案例研讨、考察体验等形式，让思维碰撞出智慧的火花，实现专业再生长。我们组织学习叶圣陶、钱理群、孙绍振、杨再隋等名家的教学专著，博观而约取，厚积而薄发，在理论学习与教学实践中不断地梳理、提炼，完善自己的教学主张或教学风格，从教学经验走向教学理论，从教学思考走向教学思想，实现自我的超越。

2. 专业引领

我们致力于打造既追寻语文教学本原，又结合现代教学理念，能够促进学生本质发展的语文课堂。每个成员在各级课堂教学和教研活动中要起到较好的示范、引领作用，定期以讲座、现场示范课、微课等形式向全市、各区推出课堂教学展示以及各项实践活动成果；积极参与和承担科研课题，在课题研究中，通过与教育教学实践相结合，将教育科学理论转化为实际应用，指导具体工作，解决教学中的实际问题；积极把各项研究成果撰写成教育教学论文，著书立说，传播分享。

3. 带动教改

在“双减”政策带动下，在教育教学改革中，教师工作室以提高全市小学生语文素养为目标，从课堂改革、作业设计，到评价监测，逐一探索减负提质的教学新途径，并积极推进思政课一体化建设，总结提炼出行之有效的方法、经验，发挥带动、辐射作用，分享推广。

4. 服务乡村

我们确保教师工作室每学期至少走进一所乡村小学，充分发挥其服务全市小学语文教育教学、指导促进全市小学语文中青年教师专业成长的功能，通过调研、交流等方式，带动中青年教师快速成长，发现并培养一批热爱教学、享受教学的教坛新秀及教学骨干，让工作室成为深化全市小学语文课程改革、促进教师专业成长的主阵地。

立本求真，传承语文的本色，让我们的课堂有味。

立本求真，焕发张扬的个性，让我们的课堂有趣。

立本求真，滋养蓬勃的生命，让我们的课堂有情。

今天，我们因热爱集结履约，在接下来三年的时间里，愿以“一根筋，两脚泥”的笃定与执着，走出方圆万里，寻得星空璀璨……

立本求真，众行致远

——小学语文杨畅教师工作室两年记

汕头市龙湖区金晖小学　杨畅

2022年2月，在充满希望与温暖的春日，“立本求真，匠心筑梦”汕头市小学语文杨畅教师工作室启动仪式在金晖小学隆重举行。

两年多来，工作室以“引领汕头市小学语文学科教学的发展”为目标，以“自我提升、专业引领、带动教改、服务乡村”为工作思路，构建了具有共同愿景、学术意识、实践能力和广泛影响力的小学语文教学团队，培养了一批品德高、素质好、专业化的小学语文教师骨干。

两年多来，在“以立德树人为本，立足语文本色，回归教育本原，尊重生命本体”理念的引领下，工作室成员以新课程标准为准绳，以核心素养为导向，以专题研讨、送培送教等为实践载体，积极开展内涵丰富、形式多样的研训活动，圆满完成了各项工作。

两年多来，工作室利用各种网络媒介，协同联动，实现信息化智慧共享，充分发挥示范、引领、辐射作用，为服务同侪、推进汕头市教育高质量发展作出了积极贡献，为打造区域教育高地、建设省域副中心城市提供了智力支持。

一、理念导航，匠心筑梦

“立本求真，传承语文的本色，让我们的课堂有味；立本求真，焕发张扬的个性，让我们的课堂有趣；立本求真，滋养蓬勃的生命，让我们的课堂有情。”在两年多的工作实践中，工作室始终以这一理念为导航，用匠心筑梦，积极开展教研活动。

在两年多时间里，工作室成员不断学习、实践、研究、思考，以“立本求真言引领、遵循课标言教学、任务赋能言实践、学以明道言成长”四个板块汇编形成工作室的成果集《畅有欲言——基于学习任务群的小学语文教学实践之路》，共计 25 万字，由广东教育出版社正式出版发行。同时，工作室公众号开辟《研思同行》《送教之行》《作业设计》《书香有约》《我们的教研组》5 个专栏，已推出 86 期，有效地扩大了工作室的影响力和辐射范围。

这些一起经历的感人的、有趣的、难忘的点滴，透过书页、文字扑面而来，记载的是教师第一手的成长档案，展现的是工作室孜孜不倦的教育情怀。

二、阅读分享，静水深流

“问渠那得清如许？为有源头活水来。”作为一名语文教师，我们当如清泉。清泉源于高山，必然高瞻远瞩、顶天立地，因而我们需要全面掌握本专业知识及发展动向。山间泉水潺潺，终年不息，故而我们的思考也应如泉涌，充满活力。

思如泉涌的前提是要有专业的知识，要有学术深度，要有学习力。为了加强理论学习，更新教学观念，工作室成立伊始，作为主持人，我将阅读作为贯穿工作室活动的重点，给团队成员精心挑选了图书，并举行了庄重的赠书仪式：《美学散步》《文学解读基础》《叶圣陶语文教育论集》《教育的目的》《人间词话》……同时，定期组织工作室成员分享阅读心得，以“线上+线下”的形式开展阅读沙龙、读书论坛等活动，将成员撰写的读书笔记择优定期发表于工作室公众号，与全市的教师共享读书收获。

在阅读中思考，在践行中反思，已成为我们工作生活的一种模式。水尝无华，相荡乃成涟漪。一场场思维探索的旅行，让我们在开阔的情境中去思考，去实现理想与现实的交汇、理论与实践的融合，不断走向深度学习。

三、研思同行，抱团成长

独行快，众行远。“一花独放不是春，百花齐放春满园。”抱团成长才会有更美的春色。工作室每学月开展一次集中学习、研讨交流活动。虽然成员在不同区域、不同学校，但是集体研讨日从未缺席。

工作室的第一场集体研修，我邀请了汕头市教师发展中心教研室主任、特级教师林荣秋为大家做题为《从共作走向善成》的专家专题讲座，为工作室的工作开展和成员的专业成长指明了方向。2022年版新课标颁布后，我组织成员开展线上研修，聆听了课标组核心成员、北京师范大学教授吴欣歆对《义务教育语文课程标准（2022年版）》的解读，以及统编教材总主编温儒敏教授的《遵循课标精神，尊重教学实际，用好统编教材》讲座，交流分享自己在学习中的收获感悟。线上集结，让我们跨越空间、时间的限制，让学习、研讨随时发生。

在线下的研修中，为进一步探索核心素养下学习任务群的落实和开展，全体成员聆听了汕头市教师发展中心小学语文教研员庄晓珊老师的专题讲座《语文学习任务群要点研读与教学实践》。我也与教师分享了大单元整体教学的一些范式和策略，鼓励大家在教学中不断尝试、大胆实践，因为只有这样，才能让核心素养在课堂落地。工作室成员还观看了何必钻等名师的专题讲座，交流了“双减”政策下对单元整体教学、作业设计的新思考。

在这些新理念的指引下，我们重点开展了基于学习任务群的教学实践探索，完成了小学语文每册一个单元共十二个单元的整体作业设计，并在教学实践中不断反思修正，形成了具有一定参考价值的作业设计案例。这些案例通过工作室公众号公开发表分享，得到了众多同行的认可和采纳，被广泛地运用到教学实际中。

每一次的学习与交流都是一次思维的碰撞，都能产生智慧的火花。行则将至，终将豁然开朗。一群志同道合的“小语人”，不忘教育初心，着力提升个人专业素养，抱团行走在追寻“本”“真”语文教育成长的路上。

四、课堂示范，辐射带动

“达己成人，服务同侪，协同发展”是工作室引领与辐射的使命。工作室通过调研各成员校、各区域小学语文教学情况，精准把脉教师的发展瓶颈，以线上、线下相结合的形式，点对点配送“最佳配方”，有阅读教学、习作教学、识字教学的交流，也有整本书阅读指导的导读课、推进课和分享课，新颖的形式和丰富的内容受到各区县教师的欢迎和认可。

汕头市龙湖区蓝天小学张瑛老师展示了一年级下册的识字课《操场上》，澄海实验小学陈卫丰老师示范的是五年级下册的阅读课《刷子李》，我执教的示范课是五年级下册文言文《杨氏之子》。以线上、线下相结合的方式开展，各成员校青年教师均在线参加了学习交流。

为进一步探索核心素养下学习任务群的组织和开展，工作室在金晖小学举行了学习任务群专题研讨活动。活动中工作室成员聆听了浙江省特级教师何必钻老师的讲座《学习任务群的理解与构想——以“实用性文本阅读与交流”任务群为例》。同时围绕六年级上册第六单元“人与土地”的主题，我和金晖小学洪斯嘉老师为大家带来了“实用性阅读与交流”学习任务群教学研讨课，探索单元整体教学的新途径。知是行之始，行是知之成。工作室致力于多层级、多维度地培养青年教师。在多级导师的指引下，教师的“教”有路、有情、有味，学生的“学”有趣、有效、有用，切实提升了学生的语文核心素养，在学习任务群教学上实现了深入探索与研究，带动了课堂教学改革的发展。

五、送教下乡，帮扶引领

青蓝并秀，同气连枝。除了将自己的学科思想、教学理念、教学经验与各成员校教师交流分享，带动本区域教研迈向新的台阶，工作室也以送培送教的方式，带动不同区县教师的进步与成长。

2022 年 4 月，全体成员在汕头市教师发展中心教研室林荣秋主任的带领下，走进澄海上北小学开展赠书送教活动。工作室成员方立慧老师执教作文课《形形色色的人》，我开展题为《核心素养下小学课外阅读分级指引的研究实践》的讲座。

2022 年 6 月，工作室走进潮南区两英镇古厝小学，开展阅读教学专题展示交流活动。金晖小学李柔臻老师为古厝小学二年级学生带来中国绘本阅读指导课《盘中餐》。古厝小学校长钟喜彬做《用经典滋润童心——两英古厝小学阅读课程构建的思与行》的专题讲座。两地教师围绕“整本书阅读的指引与推进”进行专题研讨，庄晓珊老师针对“小学阅读一体化”做指导性发言。

2022 年 10 月，汕头市小学语文杨畅教师工作室全体成员走进澄海广益小学，开展汕头市小学语文学科探究性教学研讨活动。工作室成员陈卫丰、陈晓娜老师分别执教五年级《少年中国说（节选）》、六年级《只有一个地球》教学研讨课。我针对小学语文学科探究性教学做了专题发言——《如何在课堂上组织探究性教学》，从自主合作、生活实践、情境体验等角度指明探究性教学模式实施的方向。

2022 年 12 月，我还带领成员前往潮南区雷岭镇双溪学校，开展以

“新课标视角下小学语文阅读教学”为主题的送教活动。汕头市华侨试验区金湾学校蔡媛媛老师执教四年级阅读课《纪昌学射》，张瑛老师执教《纪昌学射》阅读拓展课《薛谭学讴》。得知接受送教的双溪学校条件较为艰苦，学生缺少书籍，我们第一时间组织安排了赠书事宜，将“小学语文课外阅读分级指引丛书”《童心悦读》系列读物送到双溪学校陈校长和学生代表手上。我还就“双减”政策背景下如何提升学生作业实效性和减轻小学生过重作业负担等问题，做了专题发言——《新课标视角下小学语文作业的设计探索》。尽管是寒冬腊月，成员在送教帮扶、共同成长的路上却春意融融。

2023 年 3 月，我们还一起前往潮阳区贵屿镇龙港小学，开展以“聚焦学习任务群，共研教与学变革”为主题的送教交流活动。金平区私立广厦学校李菲老师执教五年级下册《金字塔》一课中的散文《金字塔夕照》，洪斯嘉老师执教非连续性文本《不可思议的金字塔》，我做了专题讲座《整本书阅读学习任务群的探索与实践》。

通过一场场有情有味的引领，我们与汕头市各区县语文教师分享教育理想和教学理念。我们仰望星空，也脚踏实地；我们一边摘“星星”，一边在大地上种下希望的“种子”。

六、项目牵引，科研赋能

一支团队要想成为“常青树”，只有与时俱进，保持知识的更新迭代，进行科研必不可少。两年多来，我与工作室成员坚持理论研究与教学实践紧密结合。由我主持立项的广东省教师教育科研能力提升计划项目“小学阶段全学科阅读的实践与研究”及市级课题均已顺利结题。工作室成员主持市级课题 3 项，区级课题 1 项；参与省级课题 2 项，市级课题 8 项，区级课题 3 项。我们以项目为牵引，聚焦教学核心素养问题，推进课程建设，在实践中检验成果，并在省、市、区等各级平台，通过发表论文及举办专题讲座等方式推广研究成果。

彼岸休云远，一苇即可航。两年多来，工作室坚持科研赋能，让团队的教育教学研究和人才培养都走得更扎实、更远，为学校的特色课程建设、教育资源的丰富和优化提供了有益的参考和实践经验，为推动教育改革和发展贡献了智慧和力量。

师道青春，业广惟勤。在两年多时间里，我们以读书修行提升涵养底蕴，以课标实践推动教学研究，以送教下乡实现示范引领。回眸耕耘路，留下了我们的欢声笑语，留下了我们热烈的思维碰撞，这是我们深度认识世界的过程，也是一种自我成长与充实，更是自我光辉的显现。

展望新征程，我们愈发从容笃定，我们将带着一片虔诚之心、一份对教育事业的情怀与信仰，携着满腔热情、热爱，奔赴专业的成长，继续匍匐在点滴的工作之中，以求生根发芽、不断茁壮。相信工作室所有成员都能永葆激情，锐意创新，眼里有光，心中有爱，在“本”“真”语文教学的道路上开拓出丰硕的教育成果，成为有高度、有深度、有广度、有温度的语文教师。

秉可为之心，担有为之责，立本求真，众行致远，书写汕头小学语文教育的美好篇章！

第二章

遵循课标言教学

明代思想家李贽说:“童心者,绝假纯真,最初一念之本心也。”于人而言,应当永葆赤子之心的纯真与好奇,永远保持对人世间美好事物的爱与思考。思考是人类最大的乐趣,更是一切创造的不竭源泉。

叶澜教授提出要把创造还给教师,让教育充满智慧与挑战。这意味着教师劳动是具有创造性的。“远飞者当换其新羽,善筑者先清其旧基。”我们以“换新羽”的勇气跳出自身桎梏,晓前人之理,以观自我;蹈自身之綦,向内而行;知行相辅成,以求履践致远。我们始终怀着虔诚的“空杯心态”亦教亦学,且思且行,向下扎根,力求将人类文明的财富和认识世界的知识成果,转化成浸润学生心灵、激发学生生命活力的“琼浆玉液”。

积力之所举,则无不胜也;众智之所为,则无不成也。我们将继续在思考与实践中前进,“以己之心花,奉灼灼之国华”。

整本书阅读学习任务群的探索与实践

汕头市龙湖区金晖小学　杨畅

阅读是学生提升语文素养的重要途径之一，不仅能使学生获取知识、发展思维，也是学生认识世界、感悟人生的重要方法。2023 年，全国教育工作会议的一大亮点，便是“把开展读书活动作为一件大事来抓”，教育部等八部门也联合印发了《全国青少年学生读书行动实施方案》，引导青少年爱读书、读好书、善读书。在这样一个全民阅读的大背景下，我们应该如何发挥好学校的育人价值，培养热爱阅读并且有终身阅读和学习能力的人，打造书香校园的新生态呢？

《义务教育语文课程标准（2022 年版）》在内容组织与呈现方式上第一次出现了学习任务群的概念：“义务教育语文课程内容主要以学习任务群组织与呈现。设计语文学习任务，要围绕特定学习主题，确定具有内在逻辑关联的语文实践活动。语文学习任务群由相互关联的系列学习任务组成，共同指向学生的核心素养发展，具有情境性、实践性、综合性。”

义务教育语文课程按照内容整合程度不断提升，分三个层面设置学习任务群，其中，第三层设“整本书阅读”“跨学科学习”2 个拓展型学习任务群。整本书阅读任务群“旨在引导学生在语文实践活动中，根据阅读目的和兴趣选择合适的图书，制订阅读计划，综合运用多种方法阅读整本书；借助多种方式分享阅读心得，交流研讨阅读中的问题，积累整本书阅读经验，养成良好阅读习惯，提高整体认知能力，丰富精神世界”。学习任务群的提出，为我们开展整本书阅读提供了新的思路。

一、阅读是小学课程体系中不可或缺的一部分

新课标关于整本书阅读任务群的第一点教学提示是：“应统筹安排课内与课外、个人与集体的阅读活动，宜集中使用每学期整本书阅读课时，兼顾教师指导和学生自主阅读，保证学生在课堂上有时间阅读整本书。指导学生认识不同类型图书的特点和价值，根据自身实际确定阅读目的，选择图书和适宜的版本，合理规划阅读时间。应创设自由阅读、快乐分享的氛围，善于发现学生阅读整本书的成功经验，及时组织交流与分享；善于发现、保护和支持学生阅读中的独到见解。”根据教学提示，我们可以从以下几个方面来实现阅读课程化。

1. 每天固定的阅读时间

不管孩子来自什么样的家庭，是否喜爱阅读，每天在校固定半小时的阅读时间是我们可以为孩子设立的。从浅显易懂、有趣的读物开始，每天半小时的阅读，在六年的小学生活中，孩子能读多少本书啊！这个数字统计是惊人的。除了师生共享安静的阅读时光，教师还可以根据新课标中整本书阅读的要求和内容，利用这个时间组织一些阅读活动。比如 1 ~ 2 年级可以指导学生唱儿歌、读绘本，通过导读培养学生的读书习惯，吸引学生主动阅读；3 ~ 4 年级可以指导学生做读书笔记，分享阅读感受；5 ~ 6 年级可以进行阅读的推荐，引导学生之间交换喜欢的图书或分享交流阅读的收获。

2. 有规划的分级指引

结合统编教材每学期“快乐读书吧”的阅读主题，开展有规划的分级指引，使课外阅读成为一种拓展和延伸。特别是在“双减”政策背景下，在不增加学生负担的前提下，让学生体验阅读乐趣，学会阅读、爱上阅读，逐步实现自主阅读和终身阅读。导读篇目应以国内外经典儿童文学作品为主。

新课标要求 1～2 年级学生尝试阅读整本书，所以 1～2 年级的阅读指引可以从儿歌、童谣、绘本到短文，再到整本书，分级引导学生进行阅读，让学生在充满想象力和童真童趣的儿歌、童谣、故事中积累语言，在文字间感受自然与生命的美好。

3～4 年级的学生要求开始阅读整本书。根据统编教材中相应年级“快乐读书吧”的主题和推荐书目，3～4 年级阅读指引的导读篇目宜选择浅显的、具有哲理性及中华文化精髓的童话故事、寓言、神话和科普读物等。

5～6 年级学生的阅读指引可根据教材推荐书目，以及小学高年级学生的心理年龄特征，选择具有奇幻色彩、侦探冒险精神，节奏感强和趣味性浓的读物，既应包含经典文学作品，也应包含当下流行的儿童文学作品；既要有外国优秀作品，也要有中华优秀传统文化、革命文化作品。在尊重学生阅读兴趣的基础上，培养学生的人文素养，引导学生认识世界与感悟人生，使其树立远大理想，培养良好的个性品质。

3. 创设交流分享的平台

新课标指出，整本书阅读教学应以学生自主阅读活动为主，以整体阅读为重，以共享阅读为贵。由此，可通过三种课型推进整本书的阅读交流。（1）导读课。通过读封面、看插图等，激发学生的阅读兴趣；借助读序言、读目录，了解整本书的框架。在此基础上，指导学生制订整本书阅读计划。（2）推进课。利用推进课持续激励学生进行整本书阅读，了解阅读的多种策略，运用浏览、略读、精读等不同阅读方法；指导学生通读整本书，了解主要内容，关注整体与局部、局部与局部之间的关系。（3）交流课。设计组织多样的语文实践活动，如师生共读、同伴共读、朗诵会、故事会、戏剧节等，建立读书小组，交流读书心得，分享阅读经验，利用交流课分享整本书阅读成果。

1～2 年级的交流分享，以体会阅读的趣味性，发现美、感受美，激发想象力，积累字词为主。例如，阅读童谣《星星谣》时，设计朗读游戏，让学生在朗读时遇到“星星”二字就停顿，用拍手代替；在阅读儿歌后让学生仿写小诗；阅读《小鲤鱼跳龙门》后，让学生试着帮小鲤鱼给奶奶写信；阅读《一起长大的玩具》时，让学生将玩具画出来，并试着动手制作玩具。通过多元的阅读体验与有趣的交流方式，调动学生阅读纯文字书籍的兴趣，增强他们的信心，为小学中高年段的阅读打下良好的基础。

3～4 年级主要落实预测、提问以及复述故事的阅读策略，让学生学会用不同方法理解科技术语并了解新的科研成果，搜集整理资料。例如，读《山海经》时，引导学生搜集并分享有关资料；读《安徒生童话》时，让学生进行文学欣赏性阅读，并动笔给安徒生写一封信，写出自己阅读时的感受；读《昆虫记》时，选择书中提到的昆虫，查找更多资料，为喜欢的昆虫设计名片；读《森林报》时，小组合作选择栏目播报森林中的新闻，写大自然通讯稿。在这个科学技术发展突飞猛进的时代，不断有新的科学研究发现，这些交流分享环节的设计，不仅能够培养学生搜集处理信息的能力，还能培养学生的科学探究精神。

5～6 年级交流分享的目的在于提高阅读的速度，使学生能够根据不同的阅读目的选择恰当的阅读方法和阅读策略，掌握文学欣赏性阅读、信息性阅读和实用操作性阅读的基本方法，发展思维能力。例如，读《水浒传》时，可通过计时方法引导学生提高阅读速度，分享阅读古典名著的方法；读完后给 108 个好汉颁奖，评出最勇敢的人、最鲁莽的人、最仗义的人等等，通过写颁奖词，引导学生对人物作出简单评价，并通过质疑、辩论、讨论等形式，提出自己的观点，形成个性化的阅读体验。又如，读完《城南旧事》后，推荐学生观看电影，比较电影与小说中的人物形象。这样的交流设计能够适应学生的阅读需求，扩大学生的阅读视野，发展阅读兴趣。

4. 过程性、多元化评价

整本书阅读任务群的教学提示还指出："注意考察阅读整本书的全过程，以学生的阅读态度、阅读方法和读书笔记等为依据进行评价。"这说明要落实常态化的阅读，过程性、多角度的评价很重要。教师可以围绕读书的主要环节编制评价量表，引导学生从阅读方法、阅读习惯等方面进行自我反思、自我改进；可以从教师、学生、家长等多个主体展开；可以每周举行读书笔记评比，每月举行"月读"评比，根据阅读的时间、数量，交流分享，家长评价等情况评选出"读书大王""优秀记录奖""伴读好家长"等；每学年可综合各班、各个学生、各个家庭的阅读情况评选出"书香班级""书香少年""书香家庭"等。评价的多元化，给学生带来多重评价视角，有利于营造宽松开放的评价氛围，帮助学生在反思中客观认识自己，从而逐步养成终身阅读的习惯。

二、阅读过程从单纯的语言知识积累走向探究实践

美国教育学家帕克·帕尔默在《教学勇气——漫步教师心灵》一书中写道："学习不应以教师为中心，也不应以学生为中心，而应该是教师和学生同时专注于一件伟大事物，构建真正的学习共同体。"新课标学习任务群也体现了这样的理念。在现阶段，把每篇课文或每个单元按照学习任务群的方式来设计教学，显然是不现实的，但我们可以把这个作为一种理念，使传统的教学设计走向学习任务设计。教师的角色也就从单一施教者走向学习任务设计者、学习过程调控者、学生学习的帮助者，即学习策划师、指导师。因此，在整本书阅读板块，教师成了阅读伙伴和推动者。

学生在成长过程中会不断面临新的问题，践行从知识至上转向以核心素养为导向的教学，教师应站在学生的角度，以解决学生成长中所面临的真实问题为导向，创设情境，提供相应的资源，以书籍作为解决问题、获得知识与能力的媒介，通过阅读实践促进学生的素养发展。

三、从单一的语文学科阅读转向以任务引领的全学科、多媒介阅读

新课标在整本书阅读任务群的教学提示中指出："根据开展读书活动的实际需要，合理推荐和利用适宜的学习资源，如拓展阅读的书目、参考资料，以及相关音频、视频作品等，激发学生的阅读兴趣，丰富阅读体验，拓宽阅读视野。借助信息技术为学生拓展学习空间，提供写作、展示、研讨和交流的平台。"

要拓展学生的阅读资源，首先要打破学科壁垒，从这一点出发关注阅读种类、阅读主题、阅读内容等。学生不仅需要文学阅读、历史阅读、社科阅读，也需要数学阅读、科技阅读、艺术阅读、体育与健康阅读。教师要将阅读从单纯的语文素养范畴转向学习能力体系要素，从长期以来占主导的文学性文本阅读，转向更加多元、丰富的阅读资源和视域，使学生真正实现全学科阅读；将拼盘式、浅表化的跨学科、多学科阅读，推向基于特定主题和任务、聚焦核心概念原理的深度学习。通过主题阅读活动的设计，实现全学科的融合，从而提升学生的学习能力和综合素养。

全学科阅读的开展按照阅读任务设置、阅读资源推荐、阅读实践探究、阅读成果分享这四个步骤展开。阅读任务的设置，根据学生当下的成长需要来确定。根据学生的年龄特征以及新课标的分级推荐阅读资源，设计探究实践过程的子任务，最后再进行阅读成果的交流展示。下面是几个全学科阅读案例。

第一个案例"美丽的中国我的家"启动于2021年建党100周年纪念

活动前夕，设置了“争当中国最美代言人”的任务。第二个案例“自然与科学”启动于 2022 年 1 月寒假期间。人类是大自然的一部分，从出生开始我们就通过眼睛、鼻子、双手等探索这个神奇而美丽的世界，我们认识自然、探究科学的脚步永远不会停止。第三个案例“美学散步”启动于 2022 年“4·23”读书日，引导孩子通过阅读寻找美，成为美的使者。第四个案例“人体的奥秘”启动于 2022 年底寒假之前。认识世界，从了解自己的身体开始，引导孩子了解生长的规律，懂得一些基本的医学常识。阅读任务的设置从学生的生活情境出发，设计富有挑战性的学习任务，激发孩子的好奇心、想象力和求知欲。

阅读资源的推荐分级进行。这是“人体的奥秘”案例中教师为学生推荐的书目：一、二年级以绘本为主，有《画给孩子的身体密码》《我们的身体》《人体运转的秘密：一场不可思议的人体内部旅行》等；三、四年级推荐了《小象科学课系列：探寻身体的秘密》《眼睛大研究》《奇妙的身体旅行》等；五、六年级的推荐书目有《DK 儿童人体百科：人体的奥秘》《疯狂人类进化史》《活出健康——免疫力就是好医生》等。除此之外，还推荐了 BBC 纪录片《人体奥秘》与张文宏医生的演讲，也有学生喜欢的动画片《丁丁豆豆成长故事》（共 17 集），还有英文科普动画 *How Your Body Works*（《我们的身体是如何运转的》）等。为了便于观看，教师把链接的二维码同时发布出去，学生识别即可观看，充分发挥了现代信息技术的支持作用，拓展了学习空间，丰富了阅读资源。

阅读实践探究过程需要设计任务单。“人体的奥秘”阅读案例中，第一个子任务的名称为“我的身体”，在阅读前，让学生用文字、绘画描述自己对身体的认知；第二个子任务是让学生把自己阅读的书目、观看的影片记录下来，写出自己的新发现；第三个子任务根据学生成长的规律分级设置，一、二年级是“我的小牙我保护”，三、四年级是“眼睛的秘密”，五、六年级是“生病了怎么办”，不同年级的学生用绘画、编歌谣、画导图、制作温馨提示卡等形式展示自己的阅读实践所得。

学生在充分阅读并深入探究与实践后，总能带给教师很多惊喜。有的学生用自己创作的绘本故事表达他们对美的认知，有的用实验、研究报告的形式记录自己阅读探究的收获，或是关于大自然的秘密，或是关于科学的真理。

对中小学生来说，阅读是从“学会阅读”走向“通过阅读学习”。“学会阅读”是学生学习汉语、外语等语言学科的重要内容，而“通过阅读学习”或“阅读学习”是各学科共同的重要学习方式和途径。整本书阅读任务群的设计为学生打开了一扇全新的阅读学习之门，使阅读真正转变为实践探究的过程，成为学习的方式和途径，在探究实践的过程中提高了学生学习的能力，直接指向学生综合素养的发展。相信这样的阅读是每个学生接触社会、面向未来的生存方式，会成为人生长跑的一种优雅姿势，是成就一个完整、自主的人不可或缺的重要过程。

新课标背景下
依托学习任务群开展文言文教学的探索

汕头市龙湖区金晖小学　杨畅

中华文化源远流长、博大精深。文言作为中国古代的书面语言，沿用了两千年以上，从先秦诸子、两汉辞赋、史传散文，到唐宋古文、明清八股，都属于文言的范围。也就是说，文言是现代汉语的源头，是文化传播、传承最重要的媒介之一。文化是一个民族的精神血脉，是人民的精神家园。《义务教育语文课程标准（2022 年版）》明确提出了语文课程立德树人的根本任务，以促进学生核心素养发展为目的。通过语文课程的学习，使学生认同并热爱中华文化，继承和弘扬中华优秀传统文化，建立文化自信，成了重要的课程目标。在这样的时代背景下，培养小学生对文言文的学习兴趣，感受文言文的美，初步掌握读文言文的方法技巧显得尤为重要。

一、小学生学习文言文的现状分析

统编版教材增加了文言文的数量，一共编入了 14 篇文言文。第一篇文言文《司马光》出现在三年级第一学期，这说明文言文在语文课程中越来越受重视。但在小学语文课堂上，很多教师在设计教学时，通常把理解每句话的意思、背诵文言文作为教学的重点，极少花时间和心思引导学生品读欣赏文言文的节奏韵味、精练语言和巧妙蕴意。

小学阶段教材中选用的文言文大多简短易懂，大部分学生并不觉得难读，认为背诵课文、译文便完成了任务。这样的教学，很难在学生心中留下文化的烙印，也难以为之后的学习打下坚实的基础。通过对初中学生的调查回访，发现有百分之八十的学生上初中后，对文言文阅读难度的提高和阅读量的增加感到措手不及。这些问题的出现，意味着小学文言文教学亟须探索出一种更有效的方式，让学生真正爱上文言文，习得语言与方法。

二、新课标关于课程内容实施方式变革的要求

新课标指出："课程内容主要以学习任务群组织与呈现。设计语文学习任务，要围绕特定学习主题，确定具有内在逻辑关联的语文实践活动。语文学习任务群由相互关联的系列学习任务组成，共同指向学生的核心素养发展，具有情境性、实践性、综合性。"新课标还指出"分三个层面设置学习任务群"，即第一层设"语言文字积累与梳理"1 个基础型学习任务群，第二层设"实用性阅读与交流""文学阅读与创意表达""思辨性阅读与表达"3 个发展型学习任务群，第三层设"整本书阅读""跨学科学习"2 个拓展型学习任务群；并且提出了根据学段特点，学习任务群安排可有所侧重。

这 6 个任务群并不是并列关系，而是相互交叉、渗透、融合，体现出综合性的特点。课程实施方式的变革使教学更注重以任务为载体，追求课程内容、学生生活、语文实践之间的融会贯通。

三、探索有效、有趣、有味的教学方式

在教材还未改版之前，我们可以尝试把现有的教材向任务群靠拢，把同类型的课文或一个单元的教学内容，围绕某个学习主题，以任一活动为起点或中心，组织构建学习任务群，充分调动学生的学习自主性，在完成学习任务的过程中发现现象、找到规律、学到方法。下面以五年级下册文言文教学为例，谈谈如何以学习任务群为依托，开展文言文的教学。

五年级下册有两篇文言文：一篇在第六单元，选自《韩非子》的《自相矛盾》；另一篇在第八单元，选自《世说新语》的《杨氏之子》。这两则小古文的故事性都很强。《自相矛盾》借卖盾人夸耀自己的盾与矛，结果不能自圆其说，告诫人们说话做事要前后相应，不能自相矛盾；《杨氏之子》讲述了梁国一户杨姓人家的九岁男孩与客人孔君平机智对话的经过，刻画出一个机敏善对的聪慧男孩的形象。两则文言文均不足百字，行文简要精当，颇有趣味，都与思辨、语言有关。尤其《杨氏之子》在人物语言上更见功力，主客两人一个说得巧，一个答得妙，表现出斗智的乐趣。两篇文言文所在单元的人文主题分别是“思维的火花”和“风趣与幽默”，这两个主题是相关的；教学目标是理解故事内容，感受人物思维逻辑的缜密及人物语言的机智巧妙，读出文言文的节奏韵味。所以，笔者把这两则文言文的教学放在一起，构建共同的学习任务群。

这个阶段的学生对文言文的学习已不陌生，也掌握了一些理解文言文的基本方法，如根据注释、联系上下文理解句意等，知道文言文要读好停顿，读出节奏。所以，这两则文言文的教学完全可以依托学习任务群，让学生在具体任务的引领下自主学习、探究，完成学习目标。

1. 创建学习任务，促使自主探究

教学的第一个层次，是设置实用性阅读与交流任务群，同时进行语言文字的积累与梳理。

第一步，设置任务。根据学生实际，设计了应聘学校“小古文主播”的任务。

第二步，梳理方法。在《自相矛盾》这则文言文的学习中，先引导学生通读，包括读准字音、读通句子、读好节奏。在这个基础上，指导学生悟读，通过注释、联系上下文、组词（把单音节词变成双音节词）等方法知晓课文大意，用自己的语言复述故事，领悟道理。

第三步，运用方法。总结第一则文言文的学法，在“授之以渔”的基础上，放手让学生自己试着通读、悟读第二则文言文《杨氏之子》。在把握句子意思的基础上，让学生自己画出句子中停顿的地方，探究该怎么读才能读出节奏和韵味，并在一些难懂的地方给予点拨和指导。如“未闻孔雀是夫子家禽”一句，让学生提出自己划分节奏的见解，在还原象形文字中理解“禽”古时的含义，从而明晰正确的停顿。通过出示竖排、没有标点的古文格式，让学生进一步理解断句的意义，从掌握技巧到理解意义，让学生知所学、明所学。

在这个任务群中，学生通过自主探究与交流，不囿于文本中字、词、句的理解，而做到读通、读懂、读好。从故事内容出发，通过轻松、有趣的点拨，把故事情节打开，让阅读的趣味生发。在完成语言文字理解与故事情节梳理的基础上，教师有序地出示楷书、小篆、金文、甲骨文等不同版本的文言文，通过递进式的朗读，引领学生走进中华五千年文字演变的历史长河，感受文言文的语言文字、音韵节奏之美，熟读成诵。

这就完成了应聘小古文主播的第一项考核任务：读懂故事，把故事讲清楚。

2. 创设学习情境，促进实践积累

教学的第二个层次，是在创设的情境中设置文学鉴赏、思辨性阅读与创意表达的任务。

语文和生活有着天然的联系，语言是在实践活动中积累建构起来的，

并在真实的运用情境中表现出来。教师在课堂上要善于创建情境，为学生提供语言实践与积累的平台。在《自相矛盾》这一课中，让学生开展思辨性探究，探讨“其人弗能应”的原因，在故事情境中懂得生活的道理，培养思辨的能力。设置学生自己就是围观的人之一，将发表什么样的议论的小任务，这就是带有思辨意味的学习；甚至可以引导学生尝试用文言的句式，延续原文的语言风格展开议论，表达见解。引导学生活学活用，让学生把文言文中陌生的语言生活化、难懂的语言通俗化，有利于发展学生的语言素养。

在《杨氏之子》这一课的小组合作中，讨论从哪里可以看出杨氏之子“甚聪惠”，让学生从文中找出关键词写在纸上。小组探究气氛浓烈，学生参与度高，最后的交流汇报也是各持观点，说得有理有据。开放性的教学设计能帮助学生发散思维，打开思路。为了更好引导学生体会人物语言的风趣和机智，比较“孔雀是夫子家禽”“未闻孔雀是夫子家禽”两个句子，帮助学生体会这两种说法语气上的不同，开展鉴赏性阅读，入情入境地品味，深入体会文章语言的精妙。

在课堂上教师可以尝试变换不同的角色，创设情境，进行创意表达。例如，让学生模仿课文第一句“梁国，杨氏子九岁，甚聪惠”来介绍班里的同学。假如我姓杜，会如何应答呢？假如我姓柳呢？让学生在生活化的语言实践中一次次悄然走近杨氏之子，体会他的机智。最后再做进一步拓展，巧设情境，让学生想象孔君平遇到杨父之后的表现，师生合作表演。在教师扮演的杨父的询问下，学生复述故事，自然而然地用上了文言的句式，有趣亦有韵。这是对学生语言能力运用的训练与提升，能够帮助学生更深入地品味语言、积累语言。这样的课堂充满浓浓的语文味儿，学生也在创意表达的实践中把故事讲得尤为有声有色。

这就完成了小古文主播任务的第二项考核：把故事讲得生动具体。

3．拓展学习空间，提升品味能力

教学的第三个层次，是拓展整本书的阅读。

习得这两篇小古文便是本任务群学习的终结吗？不是的，课文只是一个学习的例子。在学完课文后又回到单元的语文要素：思维的火花与风趣幽默的语言，让学生畅谈自己的收获，从而明白思辨的智慧与语言艺术的魅力。

适时拓展阅读《世说新语》中孔融小时候随父到洛阳，在李元礼府上遇陈韪的故事，让学生想象：若你是孔融，你会怎么回应陈韪的轻蔑与挑衅？学生当时的回应让笔者惊喜，他们把杨氏之子反驳的思维方式成功进行了迁移运用，抢着说出了孔融的答语。那时再向学生推荐《世说新语》，引导学生课外继续阅读古文，便水到渠成了。这样做，将学生学习古文的兴趣和热情从课内延伸到课外，让学生的阅读有更强的指向性。这样的设计是别具匠心的，于学生而言，是思维的拓展，更是感悟的升华，有助于学生培养日后深入学习、终身学习的兴趣与能力。

这也完成了小古文主播任务的最后一项考核：能讲很多有意思的、动听的故事。

学习任务群的提出，为课程内容带来了新的样态与教学方式的变革。在文言文的教学中，灵活处理教材，设置学习任务群，采用有效、有趣、有味的教学方式，有利于引导学生读出文言文的味道，感受文言文的魅力。言简意深的文言文，通过多层次的研读与多形式的朗读而愈见丰富、深刻与厚重，同时提升了学生整体的语文素养，让学生感悟到中华文化的博大精深，从而建立起文化自信。

依托学习任务群，高效指导学生写作

汕头市金平区私立广厦学校 李菲

2022 年版新课标提出的“学习任务群”，其最基本的特质为，实现“以教为中心”向“以学为中心”的重要转变。学生不是被动的知识接受者，而是积极的信息加工者。学生可以借助完成的学习任务，解决生活中遇到的困难，培养一定的技能。这就要求教学方式由教师单方面的输入转变为由学生根据学习任务，采用自主、合作、探究等方式，完成对知识的获取。在这一过程中，学生不仅完成了学习任务，也逐步提升了自己的观察、分析、整理、阅读、思考、表达等能力。依托学习任务群，我们要如何实现对学生习作的高效指导呢？

很多关于新课标解读的资料显示，教师在指导作文时，可以进行单元整合，习作任务在单元学习伊始就布置给学生，让学生带着完成任务的目的一路“升级打怪”（在学习课文的过程中掌握写作方法），最终实现目标。发展型学习任务群中的“实用性阅读与交流”，旨在引导学生在语文实践活动中，通过各种方法整合有价值的信息，进行清楚得体的表达，实现信息的有效传递和沟通的需要。“文学阅读与创意表达”则需要引导学生观察、感受自然与社会，表达自己独特的体验与思考，尝试创作文学作品。基于这两个学习任务群的要求，我们可以从以下三个方面实现对学生习作的高效指导。

一、培养学生的“生活敏感度”

布置相应的学习任务后，学生往往苦恼“不知道要写什么”，没内容可写，这个问题的关键不是学生生活阅历不够丰富，而是他们的“生活敏感度”低。蒋军晶老师在《让孩子学会写作》中指出：“‘生活敏感度’这个词语并不是某个研究领域权威的科学概念，只是作家、教师的经验性提法。”阅读王崧舟老师的《作文教学三问》，他说挤牙膏这件事看似平常，但稍加引导，小朋友就可以观察到牙膏是怎么从牙膏管里被挤出来的，又是怎么被挤到牙刷上的，放进嘴里是什么味道……按王老师的话说，“不是孩子们没有生活，而是他们没能充分觉知到自己的生活”。所以，需要教师慢慢引导他们把目光聚焦到要发现、观察的事物上。蒋军晶老师认为，“生活敏感度”高的人，即使生活范围只是一个狭小的房间，他也可以写出很多文章。蒋老师举了作家史铁生和严歌苓的例子。的确，对于小学生而言，提升“生活敏感度”是个难题。他们可能对手机游戏、动画片高度敏感，却对生活中的吃饭、睡觉没有特别的觉知。这让我想起自己的一个教学案例。

五年级上册第七单元习作“________即景”，是写景类型的习作，呼应了本单元课文《四季之美》《鸟的天堂》《月迹》的学习。这个单元的要素是静态描写结合动态描写。我预设学生无非就是按一定的顺序描写出景物是什么样，然后加一下动静态，必定会写中山公园、儿童公园、南澳海滩等。但是要写出景物的即景状态，除非真的是生活的有心人，能够注意到景物一天之中的变化，否则按四季更替很难写出这些景物的特点。要知道汕头处在亚热带，只要走在汕头街头，不难发现，树木真的是四季茂盛，花儿也是鲜艳多姿。于是我刻意拿出萧红的《火烧云》，让学生再读一读。尽管他们三年级时已经读过了，但五年级时再次阅读文中描写云的动态变化，仍不禁惊叹于作家细致入微的观察，用朴素的语言，就让天上云彩的变化如电影镜头般呈现在读者面前。我希望能借此提升学生的“生活敏感度”。

令人欣喜的是，我收到的学生习作中，有一个小女孩写了一篇《秋日即景》。

秋日即景

秋天悄悄地来到我居住的海滨小城，没有夏天的烈日炎炎，徐徐凉风吹拂在脸上，倍感惬意。举目四望，哇！原来秋日的色彩如此缤纷，秋的到来给予了大自然最美丽的景色。

你看！树妈妈为了迎接秋日的到来，专门换上黄绿相间的外套。亚热带的秋不似北方，依然温暖。秋风犹如一个调色盘，献给树木一些喜悦的颜色。它送给了银杏树一些黄色的小扇子，帮助人们扇走夏日的严酷；它给了异木棉一些粉红，给秋日带来了灿烂的街景；金凤树依然摇曳身姿，吸引路人的目光，而凤凰山上的茶树飘香，引诱着我们去采摘。

秋日的风，会逐日凉快。风仿佛在与云朵嬉戏，我抬眼望去，不禁想起李白的“手可摘星辰”，我也忍不住想“手可摘云朵”，真希望你也可以看到我眼中的天空。当万里无云之时，它又犹如一大块飘浮在我们头上的蓝水晶。真的是太迷人了啊！

田野被风一吹，便传来各种声响，“沙沙”“滋滋”“铛铛”……这“音乐会”吸引了大雁、蝴蝶、七星瓢虫……它们齐聚田地，和田里的小伙伴玩起游戏。最迷人的是那些勤快的农民伯伯脸上的笑容。他们日出而作，日落而息，秋天到来，他们有了新的收获，今年大米丰收，可以卖个好价钱，那一个个灿烂的笑容不正是依靠那一双双勤劳的手换来的吗？我想这些笑容是比任何风景都要迷人的。

《秋日即景》中描绘的景象，学生都看过，只是被他们忽略了，觉得这不是什么有意义、值得记忆的事。这就解释了一种现象，有的学生参加了很多培训班的学习，如书法、唱歌、跳舞、下棋……但他们的文章中却很少写下这些内容。缺乏“生活敏感度”，生活中一些趣味盎然的瞬间也许就被错过了，而一旦提升了“生活敏感度”，点滴生活都是值得被记录的。正如管建刚老师所说：“只要活着，就有‘写’的内容。”所以，教师指导学生写作的前提，是要站在学生的角度引导他们去发现，只有明白学生是怎么学的，才能指导他们从哪里入手写。

二、帮助学生挖掘写作宝藏

“生活敏感度”提升了，只能说明学生懂得发现生活，逐步学会观察生活。换言之，学生懂得从“挤牙膏”联系到“刷牙”。“刷牙”这件生活中常见之极的事是可以写的，但从什么角度写，怎么写，就是个大问题，也是作为教师最苦恼的一点。课堂上不是讲了要用细节描写吗？要采用各种修辞吗？要注重五感吗？可是学生还是无从下笔。我想我们依然需要了解学生落笔的难点究竟在哪里。

我听了很多习作课，一类是帮助学生“制造写作素材”的课，如观看一段翠鸟捕鱼的视频来写小动物，带一些玩具到课堂上来编童话，玩“击鼓传花”“抽奖”游戏来写“我的心儿怦怦跳”；另一类是“找素材”的课，把学生带到生活中去“挖矿”，让他们自己去寻找写作素材。

王崧舟老师在《作文教学三问》里这样指导，可以从味觉的角度去觉知刷牙，可以从纯粹听觉的角度去觉知刷牙，可以从嗅觉的角度去觉知刷牙，可以从拟人的角度（把牙膏当作人）去觉知，可以从不同人物（大人、小孩）的比较中去觉知刷牙……

我曾经跟一位有经验的教师聊起童年趣事这个题材，说起班上有个学生写了母亲让她去洗菜，她想偷懒，看到母亲用洗衣机洗衣服，就把菜放进洗衣机里洗，结果菜被洗坏了。我看完觉得十分有趣，而那位教师却觉得这是胡编乱造，都叫作“洗衣机”了，又不是“洗菜机”，怎么可能把菜放进洗衣机里洗！这是绝对不可能发生的，肯定是学生捏造的。我不禁愕然。我想这是我们成人的思考方式，也许小孩子的角度有所不同，他们也许没有真的用洗衣机去洗菜，但他们可能会这么想，那为什么不能这么写呢？就像有个学生为了藏压岁钱，又为了不让自己忘记藏钱之所，特地在藏钱处留下一张纸条，写着“这里有我的压岁钱”。长大了就觉得小时候做的事情很好笑、很有趣，这就是写作的宝藏。不要一味追问“这怎么可能”“毫无逻辑”“这是违背生活规律的”，往往有趣的想法就在这样的评价中被扼杀了。

有个学生在家里天台养了只鸭子，他很喜欢那只鸭子，常常跟我聊起它，但他妈妈很怕那只鸭子，觉得叫声难听，又脏又丑，不让他跟鸭子一块儿玩。一次写作文“我的心爱之物”，我试探着问学生：“为什么不写那只小鸭子？这不就是你的‘心爱之物’？写后给你妈妈看，借此告诉你妈妈，你和鸭子是好朋友，你们是可以友好相处的，以后你妈妈一定会让你和鸭子一块儿玩。”于是他写了《我心爱的小黑鸭》。

我心爱的小黑鸭

我们家有一个大天台，种着些花花草草，还有一个“大家庭”——一只白色的大公鸡、一只黄色的小鸭和一只黑色的小鸭。那只白色的大公鸡因为太顽皮，在凌晨叫了十二声，被邻居投诉，无奈被我含泪送走。那只名叫“黑尾巴”的黄鸭子也不幸离世。昔日热闹的小家，只剩下孤零零的小黑鸭了，自然也就成了我唯一的心爱之物。

这是一只青头鸭，披着一身黑不溜秋的羽毛。白天，这羽毛在阳光照耀下油得发亮，这就是它的名字“小黑”的由来。小黑有一双黄色的脚丫。有了这双脚丫，小黑成了“短跑健将”，而那坚强有力的脚蹼又让它成为游泳能手。那对健壮的翅膀让它能腾空飞起，可惜不一会儿就掉下来，也幸好它飞不远，不然我都不知道上哪儿寻它。它多次飞到我爷爷的瓜地上，把瓜苗一株株地踩坏，气得我爷爷抓耳挠腮，真是个调皮的捣蛋鬼。

小黑的食物有米饭、菜叶、番薯皮、鱼肉等。它的食量大得惊人，一天吃得比我还多，叫它“大胃王”一点儿都不夸张！它总是跟在我后面，刚开始只会慢慢地跟着，可到了后来，它会飞奔过来。饿了它还会咬我的脚，“告诉”我要马上给它食物。我只好给它，而且要给很多，不然它又会跟在我身后拼命追我，甚至张开大嘴不停地啄我。有一次，我蹲下来想吓吓它，它根本不怕，还猛地朝我的鼻子啄来，我压根没反应过来，就这样给啄了个正着，可痛死我了！你可别小瞧它扁扁的嘴，不仅啄东西厉害，吃起东西来也绝不含糊，无论是坚硬的鱼骨还是长长的瓜瓤，它都能瞬间消灭。

小黑虽然吃得多喝得多，但它也帮了我爷爷许多忙。春天吃蜈蚣，夏天吃蟑螂，秋天吃菜叶，冬天去松土。它干了许多我们干不了或是不喜欢做的事，这些事情在它那儿就变得像吃饭那样简单，它干得十分起劲。因此，它成了我们家受欢迎的成员之一。

文中在给鸭子喂食部分，小作者与鸭子的互动尤为精彩，看得出鸭子真的是小作者的“心爱之物”，没有华丽的辞藻，却有真情实感，是真正的生活作文。

对于同一个学习任务，不同个体的理解是不相同的。作为教师，应该鼓励学生去发现，去挖掘，去创作，大胆表达自己的体验和思考，不应该以成人的、世故的经验去破坏这样的写作动力。

我还尝试过“反其道而行”，也许对于心爱的事物学生就讲不出喜欢它什么，为什么喜欢它，那是不是可以换成“不喜欢的事物”呢？有一次我尝试让学生聊聊“最不喜欢的动物”，没想到他们七嘴八舌说了“毛毛虫”“蛇”“黄鼠狼”等等，而且不喜欢的原因讲得头头是道，有的是看了《百科全书》，有的是看了《动物世界》，还有的是被动物咬过，或者看到动物伤过人……我更好奇的是，为什么心爱的东西学生讲不出原因，但不喜欢的却讲得明明白白。确实有时候，喜欢的东西“只可意会，不可言传”，而不喜欢的已经带着一股情绪在发泄。这种“不愉悦”也可以成为写作素材。所以，我们在完成任务时，应该从学生的角度出发，为他们收集更多有助于完成任务的法宝。

三、给予有效且充分的指导

统编教材中三到六年级每学期都有一个习作单元，教师用一节课讲，学生用一节课写，教师再用一节课点评，这样的习作课是面对全体班级学生的。这样一来，我们就会发现多数时候的指导是无效指导。比如上一节习作课，先做个游戏，或看段视频，教师再用例文进行讲解，一段一段剖析，如这一段是什么描写，那一段用了什么修辞手法，之后小结一下，列一个写作提纲，一节课就这样结束了。这样教写作收效甚微，我们要怎么进行有效且充分的指导呢？在学习任务群视域下，我觉得可以从三个方面入手。

1. 巧借例文

三到六年级每学期的习作单元，不同于其他单元，就是明明白白要完成一个学习任务。完成任务的途径也清清楚楚，就是通过学习两篇精读课文和两篇习作例文掌握写作方法，或模仿，或感悟，最终完成习作这一目标。这时候，我们可以引导学生定向关注写作手法，这是完成任务的重要手段。当然，习作例文不是唯一的指导素材，任务群中有“群文”，学生随手可阅的课外书中类似的文章都可以成为例文，用来引导创作，增强表达欲望。从生活点滴中悟出的道理，都可以成为写作素材。从生活中阅读到的佳作，都可以是范文。

2. 参与活动

有的学生对文字没有敏感度，也不善于积累，要让他们完成一篇习作，难于登天。我接触过一类学生，他们必须要亲身经历才能写出作文，你让他们模仿一篇去写，他们是不愿意或模仿不来的。但是这类学生乐于通过各种活动获取感知。某个学期，班级举办了“叠衣服”劳动竞赛。我以为既然举办了活动，应该挺好写了，殊不知还有一部分学生只是观摩者，他们只有喊加油的份儿，哪能写出比赛的过程、心理的变化呢？于是我调整思路，现场跟他们一起学叠衣服，拆解了叠衣服、叠裤子、收红领巾的动作。在操作的过程中，学生对动作有了记忆，自然就有了劳动的感受，动起笔来就容易多了。

3. 重视讲评

习作课上，我常常发现有的学生好不容易写完最后一个标点符号，就猛地把本子合上，并深深吐出一口气，说着“终于写好了”。我很纳闷：你们不用检查修改的吗？后来有经验的教师告诉我，他们尽全力写下来的就是他们认为最好的内容呀！我恍然大悟，原来不是不修改，是不会修改，所以我们要让学生学会怎么修改。近年来，我致力于探索“习作修改”。一节习作讲评课，我先让学生读自己的习作，找出自己写得好的地方，在旁边写上好在哪里，然后再找出有没有错别字。我觉得每一次给学生制订的目标不要太多，能够有“一得”，再找“一失”，足矣。完成自评环节后，再交换进行他评，找他人作文的优点，提一个建议。最后，我留下十分钟让他们进行交流，再做归类点评。学生非常喜欢习作讲评课，他们乐于向优秀的同学看齐，更乐于自己的优点让他人赞扬。当然，习作讲评课中他评的环节，有老师提出不同写作水平的学生如何交换点评的问题。

总之，在学习任务的驱动下，学生习作就是要回归生活本真，教师要在生活中指导学生完成习作。就像美国教育心理学家杰罗姆·布鲁纳主张的，教育的主要目的是为学生提供一个现实世界的模式，学生可以借此解决生活中的一切问题。学生须迁移所学以应对多样性、复杂化的生活，面对全新问题的挑战。作为教师，应该站在学生学写作文的角度，比学生更有“生活敏感度”，成为生活的有心人，才能引导学生去觉知生活，提升“生活敏感度”。这样，采撷写作素材、挖掘写作宝藏才能成为学生的日常，教师也才能实现高效指导学生写作。

“教—学—评”一体化的课堂实践探索

——五年级下册《杨氏之子》教学例谈

汕头市龙湖区蓝天小学　张瑛

真正的教育永远伴随着灵动的生命，课堂上不是老师教了就等于学生学了，不是学生学了就等于学会了。顾泠沅先生说：“教师当是明白之人，教师的责任是使人明白。”这就需要我们用科学的思维解决如何落实、落实得怎样的问题。基于此的“教—学—评”一体化课堂，倡导教学评价贯穿于教学过程，老师负责任地、清楚地知道学生真的学会了什么，学生明确自己完成教学目标的情况，及时调整学习活动。

本文结合我校在广东省基础教育教研基地（汕头）小学语文的市际（汕头、潮州）研讨课例《杨氏之子》，具体阐述“教—学—评”一体化在语文课堂教学中的实践探索。

一、学习目标清晰合理是“教—学—评”一体化的前提

统编版教材以单元整体教学为主线，依据语文课程标准，紧扣双线主题进行阶段性、系列性教学活动。“教—学—评”一体化的课堂，以目标为导向，指向学科核心素养的培养。因此，设定合理明确的课时学习目标

是“教—学—评”一体化的重要前提，学与教的内容保持一致，评是为了促进教和学。

如何制订清晰合理的学习目标呢？首先，课后习题细化、具体化，它既点明了学生应掌握的基础，又提示了教学的重点、难点，暗示了理解课文的思路，渗透了教法和学法。围绕课后习题指向的阅读要素展开教学，能优化课堂教学，提升学生的语文素养。其次，语文园地也是帮助确定教学目标的参照。借助语文园地的助学系统，我们能将单元目标要素很好地分解到单篇教学中去落实。最后，还要关注整个单元，以及各单元、各册之间的前后勾连，充分发挥语文教学的育人功能。

在认真研读新课标、细心分析教材和学生的学情之后，《杨氏之子》一课的教学目标制定如下：

（1）认识“诣”“禽”两个生字，读准多音字“为”“应”，会写“禽”字。

（2）正确、流利地朗读课文，读好句子中的停顿，尝试背诵课文。

（3）了解课文大意，体会杨氏之子的聪慧。

以上三个教学目标，从聚焦单元整体入手，从初知到深入感悟，从基础型学习任务群到拓展型学习任务群，逐层深入。教师心中有目标，教学方向就歪不了，每走一步都能做到胸有成竹。

二、教学过程有效有趣是“教—学—评”一体化的保障

2022 年版新课标指出，学生核心素养的形成离不开学习任务情境的创设与实践。《杨氏之子》课例在引入部分通过创设真实情境——“学校红领巾广播站《幽默故事汇》栏目招募小主播”这一学习驱动任务，提高学生的学习兴趣，同时嵌入相应的学习评价，让学生更加明确本节课的目标，引导学生做到有目标、有评价地学习。

在新课标理念的指导下，教师不再是传统“传道、授业、解惑”的师者形象，而是变成“学习设计师、课堂组织者、潜能开掘人”。课堂是学

生成长的主阵地，优秀的“学习设计师”能够依据教学目标，从学科结果逆向思考，设计学习任务单来引领教学。《杨氏之子》课例设置了“三阶一体化”学习任务单，整合“课前预学”“课中研学”和“课后延学”三个学习阶段，将教学目标分解转化成让学生明确所要完成的学习任务、学习方法和学习资料等。教师借助学习任务单的完成情况，对学生的学习进行观察和分析，理解学生的学习困境和问题，了解学生的思路，从而改进课堂的教与学，有效落实“教—学—评”一体化。

教师先出示课前预学单上写的生字“禽”，引导学生观察生字的结构，找出特点；接着引导学生观察书写要点并进行范写，再次强调要注意的地方，学生完成书写；最后选择优秀的作品展示并用星级评价激励。这个环节以教学目标第（1）点为出发点，落实“教—学—评”一体化，学生在这几个教学步骤中，通过教师、同学的评价不仅学会了生字的书写，还提升了对汉字的审美，真正培养了学生的语文核心素养。

朗读教学是小学语文的重点和难点，在朗读教学中怎样算得是“正确”“流利”“有感情”呢？新课标提到：要重视对学生多角度、有创意的评价。所谓“多角度”，就是指学生有理解上的差异性；“有创意”，则是指每个学生的感受都是独一无二的。在以往的课堂上，有些教师往往这样评价学生的朗读：“读得真好！”“读得真棒！”这样的评价使学生觉得茫然：“好”在哪里？这种单一的评价并不能给学生太大的激励。课文朗读，尤其是小古文的朗读，应该从多个方面进行评价，包括朗读时的节奏、语气、情感等，要让朗读的学生知道他哪方面读得好，也要让其他学生在评价中知道应该学习的优点。

教师的课堂评价语言要多元化，要让全体学生都能学到方法，有学习上的收获，这样才能促进学生的“学”。指导朗读《杨氏之子》，课堂教学是这样的：

师：小古文不仅要读得字正腔圆，还要读得有板有眼，听老师读（教师配乐、加动作范读），请同学们对老师进行评价。

学生划分节奏，自己和同桌练习朗读后自评、同桌评，最后交流展示。

师评价：①甚谦虚！老师觉得你要再加一颗星。②你甚自信！不过老师觉得这里可以注意语气的恭顺。③听你朗读，感觉你是一个实事求是的孩子，做事一定也是一板一眼。

师：读文言文就得这样铿锵有力，请全班配乐一起读。

又比如以下多形式、分角色朗读指导环节：

师：现在，老师读孔君平的话，你来读杨氏子的话。（学生读后评：应得甚妙！）

师：请两名同学分别饰演孔君平和杨氏子，加动作读一读。（指导：孔君平是在逗趣、调侃杨氏子，要用开玩笑的语气，再读。学生再读后评：有进步）

师：男生读孔君平，女生读杨氏子。（评价：读出小古文的味道了）

师：老师也想跟同学们合作读。我读孔君平，你们读杨氏子。（评价：加上动作，就更有意思了）

师：你们读得如此有韵味，声情并茂。让我们一起来当配音员，胜出的同学有资格进入红领巾广播站的《幽默故事汇》栏目小主播决赛。（播放动画）

教师读旁白，男女生分别读对话。（评价：配合甚默契！你们不愧是小小配音员）

全班读旁白，指名两名学生分别读对话。（点评：我们班的学生甚聪慧，老师目之所及，大部分学生都会背了）

这几个环节以教学目标第（2）点为出发点，基于"教—学—评"一体化的教学策略，评价活动贯穿其中。教师即时了解学生的朗读情况，及时给予评价以促进目标的达成。学生通过教师的多元点评也明确自己有没有学会，由被动学习转化为主动学习，提高了学习的积极性，使课堂呈现螺旋上升的良好态势。

学生学习的目的在于运用，在运用中培养必要的能力。“小小配音员”环节中，学生模拟小古文情境，在真实的互动演绎中，将杨氏子的机智聪慧形象深深印入脑海中。课堂任务与课前情境“学校红领巾广播站《幽默故事汇》栏目招募小主播”这一学习驱动任务互相呼应，课堂环节更加完整统一。新课标提倡评价主体互动化，鼓励学生自评和互评、学生与教师互动评价等等，使评价成为教师与学生共同参与的交互活动。该课例将评价主题进行扩展，为学生创设一个交流的舞台，在平等、民主的互动中体验收获的快乐。

学生小组合作探究、全班交流后，教师这样组织：

师：在刚刚的学习活动中，你们的表现如何？不妨用评价表来评一评。（学生借助评价表评价学习过程）

师：你的组员又是如何评价你的呢？请小组同学相互点评。

（学生评后）师点评：①同学评价得当。在以后的学习活动中，你可以加强与小组同学的合作学习。②你们有不同的看法，在以后的学习中，可以多多磨合。③组员对你的评价很高，相信这节课你一定收获颇丰！

通过学生与学生之间、小组与小组之间、老师与学生之间的多方面评价，课堂气氛被激活了，学生的交流能力提高了，对自我的认识也进一步得到完善。评价主体的互动性使师生成为学习的共同体，使课堂充满激情，充满活力。

三、课后任务星级分层是“教—学—评”一体化的关键

课后任务是巩固知识的必要环节。在“教—学—评”一体化课堂教学实践中，根据学生的学习实际，《杨氏之子》课例设计的课外延伸任务有相应的星级评价标准，为不同层次的学生提供了必要的复习支架。

课后延伸学习的两个小任务以单元目标为统领，将评价植入任务活动中，学生可以自主选择适合自己的学习任务。这样的作业设计使教师的教、学生的学与评三者融合，评价设计不再游离于作业之外，而是镶嵌于完整的“三阶一体”的课堂教学之中，成为教学的有机组成部分，使课堂教学更有效、更有趣。

新课标指出，课程内容应着力培养学生的核心素养，而“教—学—评”一体化是通往新课标教学目标的有效途径。“教—学—评”一体化的课堂教学，研读、细化了课标，找准了教学方向，设置了有效学习任务，做到了评价先行，鼓励了学生自主学习，由此不断深化课堂教学改革，展现语文课堂的魅力，为国家培育具有核心素养的时代新人。

建构指向高阶思维能力的整本书阅读学习任务群

——以《中国民间故事》为例

汕头金中华侨试验区学校　郑冰仪

《义务教育语文课程标准（2022年版）》将国家的教育方针具体细化为本课程应着力培养的核心素养。语文课程培养的核心素养，“是学生在积极的语文实践活动中积累、建构并在真实的语言运用情境中表现出来的，是文化自信和语言运用、思维能力、审美创造的综合体现”。语言建构与运用是语文核心素养的基础，但语言摆脱思维无法建构，语言与思维是融合发展的。本次课程标准修订将“思维能力”作为核心素养的四个方面之一，并单独设置思辨性阅读与表达学习任务群，充分显示出对培养学生思维能力的关注。

教育部部长怀进鹏在2023年全国教育工作会议上重点指出：要把开展读书活动作为一件大事来抓，引导学生爱读书、读好书、善读书。阅读能丰富人的思想，影响人的思维方式，越来越得到重视。新课标主要新增了关于整本书阅读的要求，并在课程内容的拓展型学习任务群中有了整本书阅读的内涵阐释、学习内容和教学提示，这正是为了继承语文教育的优良传统，回归语文阅读教学的正道。可见，整本书阅读是课程内容的重要组成部分，是培养学生核心素养的重要载体。

在学习过程中，学生的思维能力、思维品质有高低之别，因此在进行整本书阅读时，需要教师引导与点拨。美国著名心理学家布鲁姆将认知领域教学目标六个层次中的“识记”“理解”“应用”视为低阶思维，“分析”“综合”“评价”视为高阶思维。语文教学不能满足于低阶思维的培养，而应积极研究提升学生思维能力和思维品质的策略措施。

一、中国民间故事中的思维因素

（一）想象丰富

中国民间故事是古往今来智慧的结晶，充满浪漫主义气息。曲折的情节、丰富的想象、神奇的情境、被赋予神力的角色，这些都有利于教师引导学生发现想象补白之处。在阅读民间故事时，学生将自觉追踪故事中的人物形象。当学生走进人物的故事、产生情感共鸣之际，教师可为学生创设语言实践机会，助力学生梳理、内化文本语言，同时发展想象力，激发具有创造性、有灵性的智慧表达。通俗易懂的故事类文本有利于学生选取片段进行改编并演绎，富有挑战性的任务会充分激发学生的阅读积极性，从而投入到创造实践中去，让创造性思维助力学生语言能力与解决问题能力的双提升。

（二）三段式叙事特点

民间故事经久不衰、流传至今，得益于其有一个显著的叙事特点——三段式。反复的叙述，层层递进但结构相似的情节，一波三折的故事吸引了千百年来的读者，带动了千百年的口耳相传。于学生而言，阅读有显著叙事特点的民间故事，有利于积累各种阅读信息资源，迅速实现对文本的整体感知与概括，提升认知性思维能力。于教师而言，认知性思维的有效培养将有利于发掘学生研读的深度，引导学生将感知到的新资源、新材料、新见解融合起来，在对文本材料的整合与分析中学会由浅及深地阅读，形成理解性思维。综上，民间故事是培育思维能力的沃土。

（三）体现劳动人民的价值追求

民间故事为何能流传千古？除民间故事具有娱乐的功能，是人们茶余饭后的聊天素材之外，更重要的原因是，读民间故事，品味其深意，能给我们的人生带来启发。光怪陆离的故事是时光的沉潜，是劳动人民心中的一些寄念，蕴含着劳动人民对生活的思考。如中国四大民间故事之一的《梁山伯与祝英台》，表面看是爱情故事，但究其背后的深意，是劳动人民对封建婚姻制度不满的控诉，最后的破茧成蝶是人们在对抗中万般无奈之后存留的一丝丝希冀和期盼。悲中有喜的故事蕴含劳动人民对生活的辩证思考，他们在现实与理想之间不断寻找一个平衡点，而对幸福的追求是永恒的主题。

中国民间故事以其沉淀千年的思索告诉当下的我们，每个时代都有苦难，但从不缺乏发声与抗争，因此应该辩证看待生活的困苦，去感受中华文化内在的力量，去探究幸福的密码，去发现那份追寻光的力量。

二、指向高阶思维能力的整本书阅读任务群教学设计与实施

（一）教学设计

1. 设计理念

2022年版新课标对整本书阅读任务群的功能定位是：引导学生在语文实践活动中，根据阅读目的和兴趣选择合适的图书，制订阅读计划。综合运用多种方法阅读整本书；借助多种方式分享阅读心得，交流研讨阅读中的问题，积累整本书阅读经验，养成良好阅读习惯，提高整体认知能力，丰富精神世界。

根据上述可知，整本书阅读强调学生对阅读进程的把控。因此，在学习任务群启动阶段规划项目学习时间轴，制订详尽的共读计划，将有效推进师生共读，助力学生有步骤、有规划地阅读一本书。在教师的引导下，

学生的元阅读能力也会有质的提升。借用各种阅读方法将阅读的思维外化，让学生对自己的阅读过程一目了然，进而明确自我阅读的困惑点、兴趣点、感悟点，有目的、有针对性地调整自己的阅读过程。毋庸置疑，共读计划是学生自我探索、自我发现、自我调节、自我解答、自我反思的有效载体。共读进程中，教师所提供的初步阅读策略得到了学生的选择与实践。更难能可贵的是，此环节使学生获得恒久、有深度的生命体验，为进一步提升思维品质提供了优良的载体。

阅读教学是语文教学的重要组成部分，但整本书阅读不能仅停留在阅读层面，还需要考虑如何组织多样的读书交流活动，引导学生掌握阅读方法，形成阅读习惯，拓宽阅读视野，从阅读输入走向阅读输出。

由于思维具有隐蔽性的外在特性，需借助语言表现，整本书阅读是培育学生思维能力的重要方式。教师可借助整本书中的美点、趣点、哲理点、矛盾点、关联点等，作为教学内容，以学习主题为引领，以学习任务为载体，设计关于思考、发言、交流与书面表达等的教学活动，整合学习内容、情境、方法和资源等要素，构建整本书阅读学习任务群，充分拓展学生思维的广度与深度。

整本书阅读学习任务群为思辨性阅读与表达学习任务群提供了广阔的实践天地。整本书阅读能够将多重实践活动融合在一起，实现“识字与写字”“阅读与鉴赏”“表达与交流”“梳理与探究”的有机统一，实现教学活动的多元化。学生可以调动多种感官，全方位参与到解决问题的智能培育体系中，最终实现整本书阅读学习任务群与思辨性阅读与表达学习任务群的有效对接，促进学习任务群之间的交叉延伸和相互渗透。

2. 设计内容与目标

基于以上分析，在五年级上册民间故事单元“快乐读书吧”教学中，我们充分利用整本书阅读提供的广阔学习场域，通过阅读与鉴赏、表达与交流、梳理与探究等语文实践活动，对接思辨性阅读与表达任务群，使阅读教学成为学生思维发展的主要阵地。我们设计了适宜的学习情境，以“走进民间故事文化馆”为主要情境，创设了以“在民间故事中探究幸福的密码”为主题的整本书学习任务群；又以中国四大民间故事为例，细分为阅览馆、活动馆与探究馆三个板块，从思维能力入手，设计不同难度的教学活动。借助三个板块导引展开思维层次的培育，让思维能力处于不同层次的学生都可以获得思维品质提升的机会，让学生循序渐进地获得阅读能力的提升。（如表 1）

表 1　指向高阶思维能力的《中国民间故事》整本书阅读学习任务群一览表

母任务	子任务	任务目标	任务情境	学习活动
在民间故事中探究幸福的密码，锻炼解决问题的能力，提升高阶思维能力	阅读《中国民间故事》	创设情境，聚焦梳理整合的思维能力	走进四大民间故事阅览馆	1. 读读故事：完成批注、21 天阅读记录表、好书推荐表 2. 说来听听：借助屏风书等思维导图讲故事 3. 试着写写：完成读书卡，梳理中国民间故事的主要特征
	创编《中国民间故事》	巧设活动，指向批判性思维能力与创造性思维能力	走进四大民间故事活动馆	1. 奇书台：用自己独特的方式讲述最喜爱的民间故事，全班点评 2. 乐剧场：写剧本，演一演
	探究《中国民间故事》	探究幸福，关联解决问题的能力	走进四大民间故事探究馆	1. 探究一：人物形象背后有什么深意？ 2. 探究二：《梁山伯与祝英台》是喜剧还是悲剧？什么是幸福？

我们还制定了以下教学目标：

（1）在回顾中巩固梳理故事脉络的方法，在比较中概括民间故事的相同点，锻炼整合、概括等思维能力；

（2）通过创编故事和演绎故事锻炼创造性思维能力；

（3）联系生活及文本，锻炼解决问题的能力，感受民间故事给人们带来的力量。

（二）教学实施

1. 创设情境，聚焦梳理整合的思维能力

“读读故事”阶段，我们开展导读课分享师生共读计划，让学生掌握项目进展，使用项目管理流程策略，规划学习任务时间轴，制订整本书共读计划，为架构思维课堂、让思维培育具象化奠定基础。创设“走进四大民间故事阅览馆”的情境，以阅读打卡的形式激发学生阅读兴趣，点燃阅读之火，激发学生对阅读的持续性期待；借助 21 天阅读记录表激励学生进行整本书阅读；借助三色批注，即红色笔画好词、蓝色笔画好句、绿色笔画有意思的句子，培养学生对文本局部内容的信息处理能力；同时让学生记录好书推荐表，除记录好词好句之外，鼓励学生写清楚好书的主要内容与推荐理由，积累起各种阅读信息资源，为后续的阅读思维层级发展做好铺垫。

设置“说来听听”活动，旨在让学生选择自己最感兴趣的故事，借助思维导图、屏风书等示意图梳理故事情节，按照一定的顺序，比如故事的起因、经过、结果，说说这个故事讲了什么。这部分着重锻炼学生的整合梳理能力。教师提供相应的图形组织器，可使学生思维可视化，快速掌握思维技能，不断提高在课堂上应用高阶思维技能的水平。教师布置思维导图等作业，旨在降低学生内化文本语言的难度，让大部分学生都能参与其中并获得提升。绘制思维导图，不仅能提炼民间故事的情节线索，培养学生的概括能力，发展归纳思维，还能激发学生深度阅读的兴趣。

设置“试着写写”活动，借助读书卡，让学生比较四大民间故事，找出它们的共同点，把握四大民间故事的特征。这部分训练的是学生的分析概括能力。通过引导学生在阅读表象的基础上，全面而细致地掌握文本有

价值的信息，使整个阅读理解变成思维的生长过程。

2. 巧设活动，指向批判性思维能力与创造性思维能力

本环节以“走进四大民间故事活动馆”为主要情境，引导学生深入阅读民间故事，再选择喜欢的故事内容进行加工再创造。通过“奇书台”即创编讲故事，以及“乐剧场”即戏剧演绎，指引学生在原文给定的有限信息之外，发散出新颖的思想，创造出有价值的作品。在此过程中，学生的创造性思维得到了训练，学生在想象中内化文本语言，实现文本输出，获得了新思考，加深了对文本的领悟。在讲述与演绎故事的过程中，学生理解、运用语言文字，解决了书面语向口语转化的思维难题。活动搭建交流互动平台，架起衔接 3～4 学段的桥梁，通过任务群对学生进行了思维训练。学生在阅读与讲述故事的实践中发现问题、解决问题，促进深度交流与思维碰撞，从而促进语言与批判性、创造性思维的双发展、双提升。

文本语言与表达的关系，是深度学习过程中阅读内化与创造输出的循环系统。在本阶段，通过创新创意表达策略、布置多元任务，多维度内化了文本语言，落实了思维训练。学生在活动中逐步学会运用分析、综合等高阶思维能力创编演绎故事，从而使语言运用、思维能力、审美创造在实践活动中得到叠加提升。

3. 探究幸福，关联解决问题的能力

本环节的主题是“走进四大民间故事探究馆”。这部分不再只停留在对文本内容和写法的了解层面，对文本材料给予了主观性、建设性与生成性的评价。在这个层面，主要设置了两个探究活动：一是人物形象背后的深意，完成人物身份及象征表；二是辩证思维的训练，即探究《梁山伯与祝英台》是悲剧还是喜剧。目的是引导学生联系文本与生活，锻炼解决问题的能力，同时感受民间故事给人们带来的力量。又提出疑问“什么是幸福”，训练学生发散思维，引导学生联系现实生活进行深入探究，实现知识间的纵横关联。探究式学习带动了师生、生生思维碰撞，活动让学生获

得了知识的真实体验，收到学以致用的效果。

三、指向高阶思维能力的整本书阅读任务群评价

依据美国心理学家斯腾伯格的“三元智力”理论，思维可分为三个层次，即收集、整理与应用。基于综合思维的三个层次划分，高阶思维可以分为理解信息、概括洞察和发现应用。理解信息指向思维能力的梳理整合，这也是高阶思维的初级技能。概括洞察需要学习者依据所得信息提出自己的见解，并融合对问题的思考与运用。最后一个层次是学生对知识的内化，明白所学知识与现实生活之间的联系，是对知识的一种再创造，是解决问题能力培育的关键一环。根据以上理论与教学目标，从梳理整合、批判性思维、创造性思维与解决问题这四个思维能力对学生展开学习过程性评价。（如表 2）

表 2 《中国民间故事》学习任务群评价表

《中国民间故事》学习任务群评价表（评价等级为 1 ~ 5 星）					
班级:＿＿＿＿＿＿	姓名:＿＿＿＿＿＿	座号:＿＿＿＿＿＿			
训练内容	思维能力	评价内容	自评	互评	师评
读	梳理整合	认真完成三色阅读或批注	☆☆☆☆☆	☆☆☆☆☆	☆☆☆☆☆
		完成 21 天阅读记录表			
		完成好书推荐表			
听	批判性思维	认真听课，记录要点	☆☆☆☆☆	☆☆☆☆☆	☆☆☆☆☆
		用心倾听，乐谈感悟			
		积极思考，敢于提问			

（续表）

训练内容	思维能力	评价内容	自评	互评	师评
说	创造性思维	介绍故事	☆☆☆☆☆	☆☆☆☆☆	☆☆☆☆☆
		创编故事			
		演绎故事			
做（探究）	解决问题	自我探究： 民间故事特征概括； 悲剧、喜剧探讨； 理解幸福的含义	☆☆☆☆☆	☆☆☆☆☆	☆☆☆☆☆
		小组探究			

书籍如浩瀚无垠的大海，阅之，心境自然，万千思绪在不经意间涌动。整本书阅读对于提升思维能力、拓宽阅读视野具有深远的意义。

落实整本书阅读，以任务群形式感受文本魅力

——以《俗世奇人》整本书阅读指导为例

汕头市澄海实验小学　陈卫丰

《义务教育语文课程标准（2022年版）》指出课程内容主要以学习任务群组织与呈现。按照内容整合程度的不断提升，分为基础型、发展型和拓展型三个层面。两个拓展型任务群从内容到呈现都有创新意义，“整本书阅读”是拓展型学习任务群，是从“篇”到“本”的拓展，与其他任务群多以单篇文本形式呈现相互补充，重在引导学生认识到整本书阅读是高质量语文学习的重要内容并需付诸行动，让学生感受语言文字的魅力。那么，如何将任务群形式运用于整本书阅读，提升学生的阅读能力呢？下面以《俗世奇人》为例，谈谈如何进行整本书的阅读。

一、学习任务群视角下整本书阅读教学的意义

首先，要认识到整本书阅读的重要意义。小学阶段是学生养成良好行为习惯的重要阶段，进行整本书阅读是学生精神成长的重要途径。一本书和一篇文章的阅读，它们的作用不可相提并论。对于文章，学生可能囫囵吞枣地看一遍就可以完成，但是在整本书阅读中，就必须集中注意力思

考，注意人物与人物之间的关系，局部与局部、整体与局部之间的关系，这样有助于在阅读过程中养成注意力集中和勤于思考的习惯，让身心得到成长，还可以积累到大量的词汇，对写作和语感的培养具有非常重要的意义。既然整本书阅读如此重要，那么我们在阅读之前，就必须对整本书有一个大致的了解，以便更好地指引学生进行有效学习。

本文以《俗世奇人》整本书阅读指导为例。作者冯骥才介绍了天津卫的风土人情，反映了老百姓的市井生活，也展现了民间艺人的绝活。里面的人物身怀绝技，形象鲜明。每个故事相互独立，有令人大开眼界的能人巧匠，有“津”味十足的大千世界，闻所未闻，让人拍案叫奇。莫言说：“冯老的《俗世奇人》，阅世即阅人，那些小人物的浮世悲欢，酸甜苦辣，着墨不多，但让人过目不忘，值得再三拜读。”如此一说，学生兴趣盎然，我们便引导他们走进俗世，走进历史，走近一个个鲜活的人物。总之，培养学生整本书阅读的能力，有助于全面提高学生的阅读水平和阅读能力，提高小学语文教学质量。

二、学习任务群视角下整本书阅读教学的策略

1. 以学习任务群为引导，设计任务清单

新课标强调创设真实而丰富多样的学习情境，设计富有挑战性的学习任务。这就需要我们结合学生的实际以及新课标的要求，设计整本书阅读学习任务群，与学生的真实需求建立联系，而且完成任务的过程必须与核心素养的培养指向是一致的。以下是《俗世奇人》整本书阅读学习任务群的设计。（见表 1）

表 1 《俗世奇人》整本书阅读学习任务群设计表

类型	学习任务	目标指向
课内阅读	1. 有感情地朗读课文，体会文章是怎样表现“刷子李”的高超技艺的，感受独特的语言韵味。 2. 领悟并学习作者刻画人物形象的方法，感受人物形象，体会作者抓住正面和侧面描写人物的方法	感受人物形象，激发学习兴趣
整本书阅读	1. 自主制订阅读计划。 2. 恰当使用阅读策略，自主批注阅读。 3. 结合文本，发挥想象，感受生动的人物形象	培养学生自主阅读习惯，引导学生运用不同阅读方法，感受文本魅力
读后交流	1. 分小组交流书中的奇人奇事。 2. 梳理作品的基本内容，交流书中生动的片段描写。 3. 针对作品中感兴趣的话题展开交流	在语言实践中提升学生的综合素养，感受乡土文化，建立文化自信，形成正确的人生观和价值观
成果展示	1. 每个小组制作不同的人物思维导图。 2. 整本书阅读后，完成《俗世奇人》阅读笔记卡。 3. 分享读书心得和阅读经验，小组之间进行奇人奇事课本剧比赛。 4. 亲子共读，师生共读，同伴共读，建立读书共同体	在活动展示中提升学生的自主、合作、探究能力，感受阅读、分享的乐趣

任务设计很好地为孩子的自主阅读作出了指引。阅读小组在领取任务后，制订小组学习计划，安排每个人足够的时间进行自主阅读，并且通过集中与分散的方式来完成整个学习任务。

2. 以学习任务群为引导，以课内阅读为起点

《俗世奇人》中的《刷子李》是统编版语文五年级下册的课文，我们以此文为整本书阅读的切入口，以点带面进行阅读指导。这篇课文的教学

重点在于让学生感受故事中的“人物奇”“写法奇”“语言奇”和“情节奇”，我们可以通过设置悬念——为什么一个粉刷匠有这么多“奇”，引起学生的阅读兴趣。师生间的每一次对话，学生的每一次分享交流，都体现了培养学生语言建构和运用能力的要求。引导学生用标点符号来表达曹小三的心情变化，这一环节体现了对学生思维灵活性的培养；引导学生体味作品“津”味儿的语言特色，又恰到好处地培养了学生对文化传承的理解。通过对整篇文章的学习，学生品读了文本，也感受到了平凡人的不平凡。让学生了解人物描写的方法，掌握阅读的方法，从而对整本书的阅读和作者产生浓厚的兴趣，这又启发了学生对作品的审美和鉴赏。《刷子李》的设计作为深度学习的范例，为后面整本书阅读起到了很好的铺垫作用。通过学法迁移，学生能够触类旁通，对后续学习产生积极的影响。

3. 以学习任务群为引导，开展整本书阅读活动

整本书阅读，首先要重视序言和目录在整本书阅读中的作用。《俗世奇人》中的序写道：“这些奇人妙事，闻若未闻，倘若废置，岂不可惜？近日忽生一念，何不笔录下来，供后世赏玩之中，得知往昔此地之众生相耶？”据此，我们知道此书的由来和旨趣。而目录又让我们一目了然，大致了解了各个篇目描写的人物，比如力大无边的张大力，鉴画专家蓝眼，医术精湛、行医规矩奇特的苏七块，以酒为乐的老女人酒婆，等等。学生平时往往不太愿意去看这些目录，通过有目的的阅读指引，相信学生的阅读习惯会慢慢地发生改变。其次，在整本书的阅读过程中，批注、圈画、做笔记也是阅读的好方法，可以加深我们的印象。有不懂的或是体会深刻的地方可以在文本旁边做旁注，留下阅读的痕迹。在引导学生做整本书阅读时，教师可以通过“谁的故事最精彩？”“谁是最美朗读者？”“谁是小作家？”等活动，有效地激发学生阅读整本书的动力，有效地提升学生整本书阅读的水平。

三、学习任务群视角下，整本书阅读注重交流互动

学习任务群视角下的整本书阅读，不仅要求学生能够理解书中的内容，而且要求学生能够将书中的内容与他人进行交流、分享。比如，可以在温馨的书房里，约上几个好伙伴，读读写写，做旁注，画优美的句段，感受文字的魅力和小组合作的乐趣；或是与爸爸妈妈共读，在分享中感受阅读的快乐。

整本书阅读要合理利用阅读推进课，这可以起到阅读把脉的作用。学生一段时间内的阅读情况怎样？是否碰到阅读的困惑？同学之间可以在课上敞开心扉，各抒己见。课堂的交流可以主动而热烈，既有学习方法的分享，又有人物形象的点评。在教师的引导下，学生明白阅读整本书的四个步骤——读出俗与奇，品出匠与艺，悟出品与德，写出神与韵。课堂上学生进行情感的交流、思维的碰撞，在谈话中了解了别人的看法，也提升了自己的思维能力和认知水平。

整本书阅读还要开设阅读分享课，这是阅读成果的展现。每一次与书相伴，我们都要学会总结并懂得分享。在《俗世奇人》的分享课上，学生有的制作了人物名片，有的写了读后感，有的画了思维导图，有的录制了朗读视频，还有的组织了读书沙龙：我的“奇”遇 、书中的“奇”遇、书外的“奇”遇。有学生在读完《俗世奇人》之后，写下了《杨巴献茶显机智，一张巧嘴化危机》的读后感，文中写道：

> 作者将杨巴的心灵嘴巧、精明体现得淋漓尽致：“他眨眨眼，立时猜到中堂大人以前没喝过茶汤……‘中堂大人息怒！小人不知道中堂大人不爱吃压碎的芝麻粒，惹恼了大人’……”多么精明！多么机敏！再看看书上冯骥才自画的杨巴形象——略粗的眉毛，小眼睛，尖嘴猴腮，那感觉一下子就出来了！抬眼一看，杨巴似乎就活生生地立

在面前。合上《俗世奇人》，闭上眼睛稍作休息，刚一闭眼，苏七块、刷子李、泥人张等人物就在脑中不断盘旋，挥之不去……

这些由阅读走向习作的分享，是阅读的延伸，加深了我们对文本的理解和感悟，也拓宽了我们的视野。通过这样的实践探究，学生的语言、思维、文化审美能够得到更好的发展，真正实现整本书阅读的功效。

四、学习任务群视角下，整本书阅读需要评价

评价是对学习本身作出一系列的价值评判。在整本书的阅读过程中，要注意考察阅读的全过程，以学生的阅读态度、阅读方法、思维导图和阅读笔记卡等为依据进行评价，引导学生从阅读方法、阅读习惯等方面进行自我反思、自我改进。评价以鼓励为主，既充分肯定学生的发现和创造，又引导学生进行自我反思，不断提高学生的阅读能力。

以下是《俗世奇人》整本书阅读的评价细则，既有对小组合作学习表现的评价，也有对学生个人学习成果的评价，更有指向学生关键能力的评价。（见表 2）借助评价表，可以激发学生学习的兴趣，同时为高质量学习提供判断标准，使整本书阅读更加有目的性和系统性。

表 2 《俗世奇人》整本书阅读评价表

序号	任务	评价细则	等级
1	思维导图	人物绘画生动，内容脉络清晰，条理性强；人物特点呈现突出	☆☆☆☆☆
2	阅读笔记卡	书写工整，表达清晰，能梳理出基本内容，有一定的感受	☆☆☆☆☆
3	故事讲述	能借助关键词用自己的话讲述，过程自然、自信、大方、生动，有创新性	☆☆☆☆☆

（续表）

序号	任务	评价细则	等级
4	人物评价	能根据文本细节，对人物发表自己的看法，对他人的观点进行补充；尊重不同的看法	☆☆☆☆☆
5	小组合作	能积极参与小组共读活动，具备自主、合作、探究精神；能分享阅读方法及所思所想；有集体观念	☆☆☆☆☆

整本书阅读任务群引导学生通过阅读整本书，拓展阅读视野，积累阅读经验，形成适合自己的读书方法，提升阅读鉴赏能力，养成良好的阅读习惯。著名作家三毛说过："读过的书，哪怕不记得了，却依然存在着，在谈吐中，在气质里，在胸襟的无涯，在精神的深远。"通过《俗世奇人》的阅读案例，引导学生更加注重整本书的阅读，自觉接受文化的熏陶，有利于学生形成正确的世界观、人生观和价值观。学生品味的语言越多，接受的文化越丰富，受到的影响也就越大。整本书阅读让学生感受到了语言文字的魅力，提升了学生的语文核心素养。

基于核心素养的学生整本书阅读“自主三读法”探微

——以《鲁滨逊漂流记》整本书阅读为例

汕头市华侨试验区金湾学校　蔡媛媛

一、“自主三读法”的提出

（一）“整本书阅读”概念的界定

自2022年版新课标发布以来，整本书阅读作为学习任务群的重要内容，成为语文教学研究的一大热点。早在1941年，叶圣陶就第一次提出整本书阅读的概念。他在《论中学国文课程标准的修订》中提到：“把整本书作主体，把单篇文章作辅佐。”2011年版课标也指出：“提倡少做题，多读书，好读书，读好书，读整本的书。”

新一轮基础教育课程改革背景下，语文课程中的整本书阅读与一般意义上的整本书阅读有所不同。根据徐鹏《整本书阅读：内涵、价值与挑战》一文中的界定，可以这样认为：“整本书阅读”的“整”具有完整、整体的意思，既包括对全书脉络的通盘把握，又包括对全书内容的周延思考；“本”是阅读的数量单位，既可以是独立的一本，又可以是相互关联的多本；“阅读”，可以是深读、浅读，也可以是精读、泛读，还可以是课内读和课外读。

特级教师王崧舟对整本书阅读的重要意义是这样解读的："整本书阅读作为拓展型学习任务群之一，在扩大学生阅读空间、养成终身阅读习惯、提升阅读思维品质、发展整体阅读素养上，发挥着独特而重要的作用。"因此，基于核心素养的整本书阅读应该是内嵌于语文课程中，具有综合性、自主性、探究性的一种学习活动，指向学生语言运用、思维能力、审美创造、文化自信等方面的发展。

（二）"自主三读法"的内涵

阅读是个性化的过程，"自主"即体现阅读者的个性化和主体性。"三读法"指的是学生在整本书阅读过程中采用通读、精读、研读的阅读方法。通读是学生对整本书的"素读"，即自由自主地阅读，并完完整整地读完；精读指学生对整本书的精彩片段或重要篇章个性化、多角度的阅读；研读是学生带着特定目的、话题的研究性阅读。通读整本书，要把握主要内容、整体框架、基调色彩等；精读整本书，要关注整体与局部、局部与局部之间的关系，要从整体的视角理解和把握每一个局部；研读整本书，要从不同阅读视角梳理、整合整本书的阅读成果。

"自主三读法"的提出，旨在解决学生在整本书阅读中面临的缺乏方向感、缺乏读书方法、缺少深度思考的问题。通过"自主三读法"进行整本书阅读，学生更能全面了解作者的成长经历、思想变化，了解书中人物形象的特征；与作者产生情感共鸣、思想交流，把作者对人生、历史、文化的看法，与自己的阅读经验联系起来，并逐渐内化为自己的人生哲学，从而综合提升语文课程核心素养，达到真正意义上的深度阅读、高阶阅读。

二、"自主三读法"的探索与实践

《鲁滨逊漂流记》是广受学生喜爱的一本冒险小说，编排在统编版语文六年级下册的“快乐读书吧”中，阅读主题是“漫步世界名著花园”。该单元的语文要素是“借助作品梗概，了解名著的主要内容，并就印象深刻的人物和情节交流感受”，这是对六年级上册小说单元的进一步拓展和延伸。以这部经典名著为例，笔者引导学生进行了“自主三读法”的探索与实践。

（一）通读感知

1. 导读激趣，任务驱动

好的导读是阅读成功的一半。导读的任务在于让学生了解整本书的梗概、作者生平及创作背景，激发学生浓厚的阅读兴趣，让学生带着一些已知信息去读；同时又得抛出一些问题，以具体任务驱动求知欲，让他们带着解惑的心理去读。

“在远离人类的荒岛上，一个人该如何生存下去？有一部小说就用它的妙笔生花和令人惊叹的想象力，为我们描绘了一个水手 28 年的荒岛生活，这就是《鲁滨逊漂流记》。”这样的导读引入，先把学生带入故事情境；然后通过读封面、看插图、读序言、看目录，了解整本书的基本框架和大概内容；最后通过剧透精彩的片段，引起学生浓厚的兴趣。学生在整本书阅读前自主查阅作者生平、创作背景等资料，并根据导读任务指引制订整本书阅读计划。

2. 摘抄批注，勤动笔墨

“不动笔墨不读书”，写好读书笔记是最基本的阅读任务。在通读整本书的过程中，首先要边读边做好摘抄记录，或在书中进行圈点批注。《鲁滨逊漂流记》之所以一经发表就风靡全球，除故事本身的曲折离奇、引人入胜之外，更因为这本书饱含生命、生活、生存的哲理，比如：“我们之所以感到不满足，都是由于对已经得到的东西缺乏感激之心。”“这正是一般不谙世事的年轻人常走的路。总是要经过多年的磨炼，付出沉重的代价之后，才会明白自己的荒唐。”……鲁滨逊的这些话，教给我们生活的智慧，值得我们摘抄、领悟，一读再读。

3. 把握内容，梳理情节

对于篇幅较长的名著，可通过拟订小标题的方式梳理情节。《鲁滨逊漂流记》整本书的主要内容，可用小标题概括为以下几个部分：首次出海遇难、被海盗俘虏、经营巴西种植园、流落荒岛、搭救“星期五”、智救落难船长、回到英国。“流落荒岛”这个部分的内容又可以概括为搭建房屋、驯养山羊、种植粮食、制作陶器、制造木船、绕岛航行这六个小标题。在整本书阅读中，善于使用小标题，能帮助学生抓住关键信息，把握主要内容，梳理主要情节，有效训练学生的概括能力。

通读过程中还可制作时间轴来整合关键节点。时间轴，顾名思义，以时间为轴，在轴上记录先后发生的事情。时间轴上的时间应该怎么选取呢？图 1 是《鲁滨逊漂流记》大事记，轴上的年份都是非常重要的时间点，是重要的事件发生、重要的地点出现、重要的人物登场的时候。绘制时，时间轴上的文字力求简洁明了。通过这个时间轴，我们看到鲁滨逊前后经历了四次出海航行，一目了然。

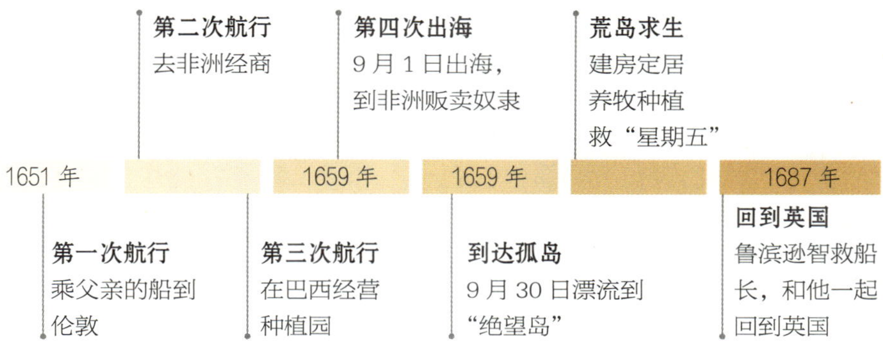

图 1 《鲁滨逊漂流记》大事记

（二）精读探究

1. 品读重点，深入探究

意大利作家卡尔维诺说：“经典是那些你经常听人家说‘我正在重

读……’，而不是‘我正在读……’的书。”《鲁滨逊漂流记》无疑是一部值得逐字逐行多次阅读的小说。在通读一遍了解整个故事的大致经过之后，学生自主选取某些章节或者感兴趣的部分进行精读。

比如鲁滨逊在流落荒岛之后遇到了哪些困难，处于怎样的境遇，他又是如何解决的呢？在“流落荒岛”这一章里我们可以找到一部分答案：最初到达荒岛，鲁滨逊的生活非常简单，为了预防危险发生，他前期只能在树上过夜。所幸发现了淡水和破碎的半条船，并且在船上找到了很多生活必需品，安定下来以后他在岛上探索，熟悉了荒岛环境，发现岛上只有野兽和飞禽。再后来鲁滨逊开始搭建房屋，积极建设荒岛，尝试捕捉并驯养山羊，维持自己的生存。对于重难点问题的探究，学生可以学习运用思维导图，一方面进行图文并茂的归纳记录，另一方面多元发散自己的思维，训练全面综合思考问题的能力。（如图 2）

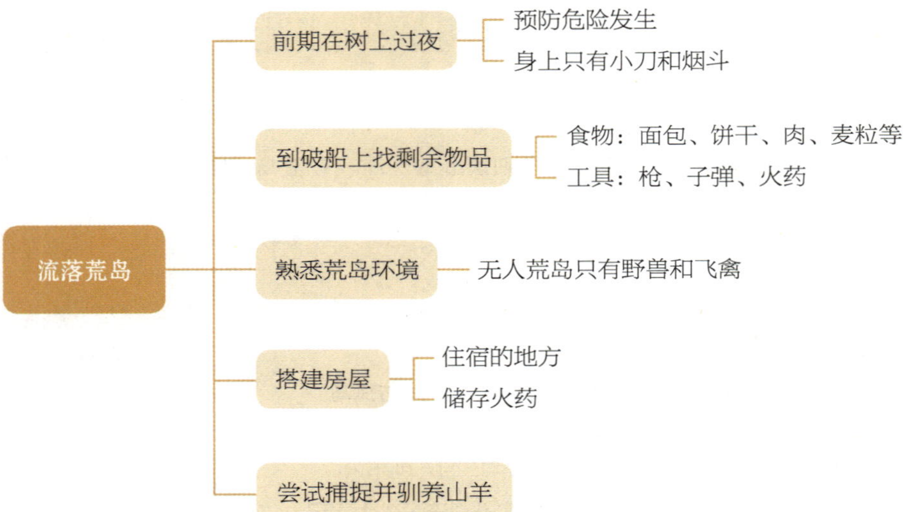

图 2　思维导图示例

2. 多元角度，评析人物

对于人物形象的分析也是精读阶段的一个重要任务。首先，可以引导学生借助人物关系图梳理故事中出现的人物，用箭头表示人物之间的关系，箭头上要用非常简洁的语言进行描述，说明人物之间是如何相互影响的，如鲁滨逊救了“星期五”，船长得到鲁滨逊和“星期五”的帮助而获救。（如图 3）

接着，可以引导学生重点把握主要人物的性格特征。本书主角鲁滨逊是一个极具个性色彩的人物，是一个集冒险、坚忍、毅力、智慧、勇于进取、开拓创新于一身的英雄。除了鲁滨逊，书中还有一个重要的人物，就是“星期五”，作为鲁滨逊的仆人和最亲密的朋友，他是一个知恩图报、忠诚、有责任心、适应能力强的人。我们可以利用气泡图来呈现多角度评析人物形象的结果，在交流课上进行分享展示。（如图 4）

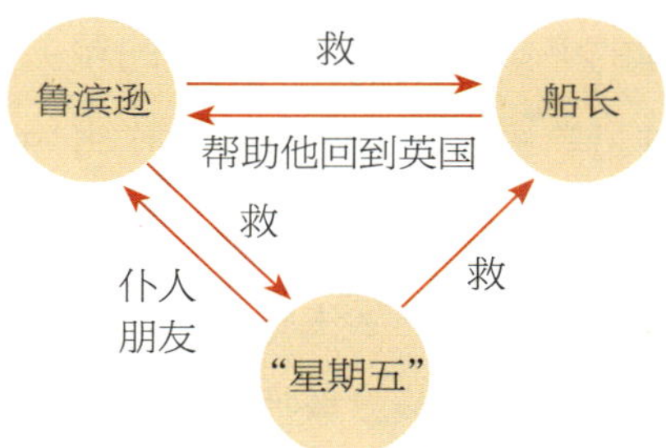

图 3 人物关系图示例

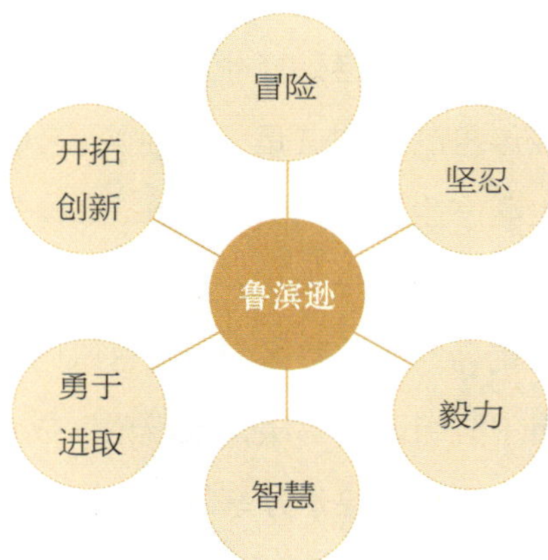

图 4 人物气泡图示例

解读人物的形象，还要让学生学会从细节入手，借助书中精彩的片段进行探究，从不同角度举例说明人物的特征。比如：为什么说鲁滨逊是充满智慧的人？结合统编版语文六年级下册第五课《鲁滨逊漂流记》节选的内容进行分析：鲁滨逊身处困境的时候，他把坏处和好处以表格的形式罗列出来对比，由此可以看出鲁滨逊是一个既乐观积极又充满智慧的人。鲁滨逊在书中说道：“如果大家能把自己的处境与处境更糟的人相比，而不是与处境更好的人相比，就会对上帝充满感恩之情，而不是怨天尤人了。如果能够做到这一点，不论是发生了什么情况，大家多不会整天抱怨了。”如果鲁滨逊没有这种乐观和智慧，就很容易在荒岛困境中产生消极的情绪，一蹶不振。

（三）研读拓展

1. 创设氛围，质疑研讨

在通读感知、精读探究的基础上，启发学生自主质疑，提出一些问题做进一步的研讨。学生往往不会在读完整本书之后才有问题，而是边读边产生问题，因此可以要求学生在阅读过程中把问题写下来，通过小组讨论、教师把关，甄别问题的价值，最后筛选出大部分人比较关注的问题，以小组的形式开展探讨活动。在此列举几个有代表性的问题：（1）鲁滨逊一次又一次绝处逢生，安全脱险，是上帝的恩赐吗？（2）在荒岛上一直陪伴鲁滨逊的书是《圣经》，这是一本怎样的书？这本书对鲁滨逊的荒岛生活产生了怎样的影响？（3）小说采用的是第一人称叙述方法，作者为什么使用第一人称？这种叙述手法有什么优点？（4）如果你独自一人流落荒岛，你会怎么面对？这些问题从学生中来，又回到学生中去，让学生自主分组研讨解决，或辩论，或查阅，或聆听，或记录。教师应积极创设自由阅读、快乐分享的氛围，让学生在研讨中碰撞出思想的火花，并善于发现、保护和支持学生在阅读中的独到见解。

2. 拓展阅读，拓宽视野

整本书阅读，既要读通、读懂整本书本身，又不能只囿于整本书，而是要从读整本书到读一类书，从整书细读到群书共读。在完成整本书阅读后，我把《鲁滨逊漂流记》电影版推荐给学生观看，借助影视作品这种多媒体资源，引导学生与原著进行互文性比照。比如，书中哪些描写在电影中是没有的？或者推荐群文书单，引导学生拓展阅读其他历险小说，如《蓝色海豚岛》——它被誉为女版《鲁滨逊漂流记》，进行对比阅读和进一步探究。我们的最终目的不是读整本书，而是要以整本书为核心，辐射、联结与整本书有关的多种阅读资源，引导学生将阅读视角拓展到更广阔的空间。

3. 分享收获，展示成果

经过反复阅读和多次交流探究，引导学生撰写读后感，把自己独到的感受和见解落于笔尖，也可以自选一个研讨的角度写成小论文。教师可设立整本书阅读成果展示区，及时更新学生的阅读收获，展示整本书阅读小报、读书笔记、思维导图、时间轴、人物分析图、创意书签、对比阅读图表等，鼓励学生发挥自身的阅读潜能，完成个性化的阅读任务。教师要关注学生阅读整本书的全过程，以学生的阅读态度、阅读方法、阅读习惯、阅读成果等作为依据进行评价，促进学生在整本书阅读中不断反思自己，改进自己，逐步养成良好的阅读习惯，掌握整本书阅读策略，树立终身阅读的理念。

整本书阅读是一个长时间的、持续性的阅读过程，教师从上好导读课，设计导读单，组织读书分享会、交流研讨课，指导读后感撰写到阅读评价，整个过程需要付出很多的心血。但只要教师肯下功夫，着眼于学生语文核心素养的综合提升，积极引导学生用“自主三读法”开展整本书阅读，学会整体通读、选段精读、专题研读，帮助学生保持阅读的兴味，在持续阅读中培养整本书阅读思维，学生在习得方法之后，在自主进行整本书阅读时就会更加有方向、有目标、有思考，从而达到点、线、面、体全面发展，实现一本书与一类书的比较整合，个体阅读与集体交流的互相融合。

“双简”为高效，以评促“生长”

——以《王戎不取道旁李》教学为例

汕头市濠江区赤港小学　陈世颖

提及语文学习，“死记硬背”四字总是如影随形，似乎这就是学好语文的不二法宝。这让我一个身处一线的语文教师总心生不服：为什么语文就不能与数学一样，通过课堂上的理解、消化，从而被熟知掌握呢？

语言文字是人的心灵之声、生命之声，是人的意识、情感、思想的直接表达，是人的判断、思维、价值的直接体现。它不仅仅是一种符号，还有鲜活的情景画面、跃动的情感与文化。因此，我认为，语文教学并非只是单纯的语言技巧的教学，不能仅仅关注语言技能的培养，还要注重它所包含的本体文化精神。所以，语文教学应围绕学生自身现实生活，合理设置学习任务群，以语文实践活动为轴，以主题为引，创设丰富多样的学习情境，设计富有挑战性的学习任务，并依据新课标所提倡的评价过程性与整体性，发挥评价的导向性作用，引导学生感悟和体验语言文字背后的文化底蕴。以下我以《王戎不取道旁李》一课的教学过程为例，谈谈自己的一点见解。

一、行军先行粮

如果说战场是战士的阵地，手术台是医生的阵地，农田是农民的阵地，那三尺讲台必然是教师的阵地了。诚然，教学的有序开展离不开课堂，有课堂的地方便有讲台。但除了讲台，教师的教学工作是否就无施展之地了呢？该怎么做，才能以最简之法、最少的精力投入，获得最大的“教”与“学”效益呢？作为一名教师，在寻找答案的道路上，我从不敢懈怠应对。而当细读《义务教育语文课程标准（2022年版）》时，我想我终于寻得方向、觅得方法了。

新课标指出：“设计语文学习任务，要围绕特定学习主题，确定具有内在逻辑关联的语文实践活动。”因此，针对语文教学，若我们能有意识地以学习任务为载体，从语文教学情境、内容、方法、资源等着手，立足课堂，延及课外，合理整合，必能发挥最大的教学效益。由此可见，有效的教学，须规划先行。

格兰特·威金斯在《理解为先模式——单元教学设计指南（一）》中认为，“教学是达到最终目标的一种手段，规划先于教学。因此，成效最高的教学在开始时就明确预期学习结果，并且还要有学习真实发生的证据”。思想是行动的指挥棒，目标是行动的方向。有了明确的教学目标作为导向，教学才不会偏离正确的轨道。这不仅适用于教师的教学工作，同样适用于学生的学习生活。学生唯有在清晰知晓学习目标后，才能在明确的目标指示下，不偏离学习的既定靶心。鉴于以上的考虑，结合当前“双减”政策的要求，如何以学习任务群为依托，营造轻松的氛围，使语文教学“简”而高效，落实好语文核心要素的四个方面呢？

2022年，我有幸来到深圳市盐田区庚子革命首义中山纪念学校（以下简称“中山纪念学校”），进行为期一学期的跟岗学习。在认真学习过程中，结合自身教学经历，我意外收获了另一种新型的教学模式——生长式教学。

一直以来，我跟很多一线老师一样，由于陷入同一个“局”中，由此生出同一种感觉，那就是“这点也得讲”“那点也不能漏”……因此，在课堂上总是放不开，一节课既要讲讲生字怎样写，又要说说这些词可以怎么用，还得教教句型的转换，甚至有的时候还要讲解文本内容，引导学生体会人物的品质……这么饱和的课堂，不但老师讲得累，学生听得也累。而在与中山纪念学校的赵老师交流过程中，我发现她似乎没有这种烦恼。她的课堂着力点非常明确，要么是“学会写”，要么是“学着读”……我不禁疑问：这样“缺料”的课堂，能是高效课堂？通过与赵老师的多次沟通，再加上同行推荐，我拜读了贾桂强老师的《生长式语文课堂》，发现赵老师的教学似乎与贾老师所提出的生长式教学有着异曲同工之妙。这“简单”的教学，可真不简单。它旨在减去冗繁，简化教法，简便学。而这“双简”教学，要想取得高效，则必须基于师生各自十分明确的目标：课堂外，我该做什么；课堂上，我得怎么做！

我不禁也想试试这种教学模式。我想，这样的教学模式不仅解放了学生，同样解放了教师，让师生都切实得到减负。老话说：“行军先行粮。”一切容易都来源于不易。课堂的轻松，课堂的简单，全仰赖于课前、课外教师的钻研。教学《王戎不取道旁李》一课前，我将教师用书翻了一遍又一遍，最终一条“让学生演一演”的教学建议跃入我眼中。那一刻，一个大胆的“培养演员”计划浮现于脑海。我想：何不把课文化为剧本，确定一个主题，创设具体的情境，让学生在情境的驱使下，因明确具体的学习任务而学会主动思考表达内容和形式呢？这样，把原来的零碎教学变为整体学习，让学生的学习不再被动，促使其积极探索、整合、表达，那新课标所提倡的语文核心素养不就在潜移默化中轻松得到落实吗？于是，基于新课标提出的“设计语文学习任务，要围绕特定学习主题，确定具有内在逻辑关联的语文实践活动”这一要求，我将为本篇文言文拟定的学习任务群定位为“思辨性阅读与表达”，设计了以下几个活动：找一找——了解学习古文的方法；读一读——初步感知文本内容；想一想——故事中的人与事；讲一讲——他的故事我来讲；演一演——切身感受最深刻。

其中，“找一找”的设置，基于四年级学生的古诗学习熏陶，以及他们在三年级时对《司马光》等小古文的学习，对文言文的语感早已有所积淀。因此，在这个基础上，让其合作寻找学习古文的方法，试着理解课文在讲什么，既有利于培养学生合作学习、搜集筛选资料的能力，又有利于减少课堂上机械讲、无趣听的画面，提高课堂教学效率。

而“读一读”的设置，则必须一分为二地看待。授课前的“读一读”是学生借助已有知识储备对文本的解读，这是“生—本”间的互动。此时，学生对文本的理解还停留在表面，有赖于课堂上教师的引导。课堂上的“读一读”则是“师—生—本”间的融合。这有别于学生的自我读文，除了文本内容，还可以挖掘到更多的语言技巧。人们常说：“书读百遍，其义自见。”课前、课上的一次次读文，不仅能让学生感受到中华语言文字各种各样的美，还能让爱思考的学生有新的发现和感悟。有了思维火花的碰撞，便有了“一千个读者有一千个哈姆雷特”的独特感受，这便是促进学生思考的动力。在你一言我一语的交流过程中，我看到了他们眼中不一样的王戎，有的说：“读了‘诸儿竞走取之，唯戎不动’这句，我发现王戎还真聪明，能发现别人发现不了的……”有的说：“读了‘树在道边而多子，此必苦李’这句，我觉得王戎这人一定十分谨慎，到了一个地方会左看看、右瞧瞧，仔细观察。”……学生语言的碰撞、思维的互触，以“读”促“思”，不正是我们所期待的吗？

有了以上基础，在“想一想”环节，学生便会自发地联系生活实际，想象当时的情景，从而拥有独属于自己的见解。而这一过程，便催生了“原来这种意思可以这样来表达”的体验。这样，语言的表达技巧便被收入囊中。这难道不比教师拼命讲解“用某某词语、某某方法来表达某某感受”来得更好吗？

而有了课前学生的合作交流学习，课堂上教师就可改变过去多讲、讲多的局面，从而将“减”出来的讲解时间，用来让学生多“说”。学生在“讲一讲”的准备、实施过程中，思维空间得以丰富，语言表达得以进一步得到锻炼、提升。

二、沃土育好苗

美国著名教育学家杜威曾提出“教育即生长”，我国著名教育学家叶澜也曾说：“要让课堂焕发生命的活力。”追求充满“生长力”的课堂，不但是当前教育界的强烈呼唤，也是当下教育教学的积极实践方向。有了以上课前的准备，学生在摸索过程中，无论哪个方面的能力，必定得以“生长”。但这种“纯天然的生长”力度与速度，若有了“农夫”有心的除草、施肥，必定可以更加迅猛，产出更多硕果。因此，身为教师，应当把三尺讲台化为生长式语文课堂的沃土，因为唯有沃土方能育好苗。而营造轻松活泼的氛围，不仅可促使生本课堂的诞生，更能促成“生长”课堂的形成，从而改变传统的“讲—听—记”教学模式，形成一个不断向上的教学相长课堂。当然，其中的关键就需要教师舍得“交权”，减去无休止的讲练，放手让学生自己发现问题、解决问题，在他人和自我评价中不断改进。

比如，教学《王戎不取道旁李》一文时，基于课前的自学、第一课时的解析，学生对文本内容已经有了大致了解，第二课时的教学就要“舍得”——舍得把时间让给学生“玩”，舍得少讲点知识。因为只有“玩”，才能激起学生更多的自主学习积极性，学生主动追求的才会印象深刻。因此，课上在引导学生复习文言文学习方法后，我通过“我问你答”“我能填”等小游戏，引导学生回忆文本内容；再通过合作读、古文读等多种形式的读，让文本之义在学生心中“自见”。有了这些铺垫，抓住学生猎奇的心理，让他们给出示的漫画搭配课文中相应的句子，至此，学生对文本基本已能熟记，背诵课文这一教学任务也就轻松落到了实处。此时，再让学生联系自己的生活实际，将故事丰富化就显得极为简单了。

“孩子们看到道边李树结满了果实，压弯了枝头，争着跑过去摘，有的________，有的________，还有的________。只有王戎没有动，他心想：________。”“人们问王戎：________？王戎回答：________。”……随着这些问题的抛出，一石激起千层浪，学生踊跃作答。当一个学生在作答时，我就请其他学生思考：他的补充是否合理？如果不合理，给他提提修改的建议。就这样，不知不觉中，我不仅将“补充语言”“补充心理”等写作方法渗透给学生，还让其学会了辩证思考，锻炼了语言表达能力。而“演一演”则将课堂气氛推向了高潮。学生将短短的文言文丰富化，加入了自己的语言，增添了人物的动作、表情，使得原本枯燥的文言文教学变得丰富多彩、趣味十足。在这个过程中，我进行评价点拨，学生再针对自己的表演和同学的表演，从剧本是否还原，台词的重塑是否合理，表达是否清晰，演员的神情、动作是否配合等方面，提出更好的建议，进行多维度评价。这既加深了学生对文本的解读，又形成了自我个性化的阅读成果，同时思维、情感、表达等都在不同程度上得到了更好、更全面的“生长”。整个学习过程就是简简单单地“读”，快快乐乐地“讲”，再无繁重的“讲—听—记”。

三、一粟衍万子

“那种脱离语文学习的抽象说教，脱离学生生活经验的生硬灌输，不仅无助于学生健康成长，还会使学生养成说大话、空话的习惯，甚至会给儿童的心灵投下双重人格的阴影，影响学生健康成长。”语文教学除了听、说、读、写技艺的传授，还有情感、思维的培养。而知识可以通过独自读书学习获得，学识则需要在与人交流、探讨中积累，所谓“独学而无友，则孤陋而寡闻”。

春种一粟，秋收万子。在学生内心埋下一颗种子，一旦有了春的滋润，便可枝繁叶茂、蓬勃生长。在《王戎不取道旁李》课堂上，“演一演”的设计，彻底激起了学生的表演欲。由于我所执教的这班学生，是一群活泼可爱、个性十足且表现欲极强的学生，短短的四十分钟，未能给予每个学生表现的机会，这使得部分学生下课之后，颇有“怨言”。于是，我趁机跟他们说：“老师可以提供机会，圆你们当‘演员’的梦想，只不过这一次的‘剧本’在《世说新语》这本书里，书中有许多类似《王戎不取道旁李》的小故事。如果你们有本事把它读懂、读好，透彻理解，便能获得一次表演的机会。有没有信心呢？”此话刚落，那些急于表现的孩子便热情高呼“没问题”。于是，在学习这篇课文后的一周里，忙碌充斥着学生的生活。他们读《世说新语》，从中挑选“剧本”，寻找合作伙伴，进行台词、表情、动作等的设计……忙得不亦乐乎，而我只不过是他们的“艺术顾问”。

整个过程，学生互相寻找资料，解读课文。遇到难以理解的地方，则通过电话等寻求我的帮助。在服装设计的过程中，我还趁机说了我国民族服装的演变过程，让学生思考：演出服究竟该如何选择才合适？为了弄清楚这点，有些平时不爱出风头的学生变成了“服装顾问”。为了不负这一称号，有关中华民族服饰演变的书，也成了他们课后研读的对象。由此，越来越多不同种类的书出现在学生的手中。在“演一出好戏”这一主题下，全班同学各司其职：文学功底强的解读文本，动手能力强的制作道具……一时间，读书不再是一件枯燥的事情，老师给予的各项任务也不再是痛苦的烦恼。这使我真切地感受到，“我要学”威力大于“要我学”的真正含义。阅读作业总算是得到真正的落实了。不仅如此，探究、合作等能力的培养，五育并举的落实也在悄然进行中。一切准备就绪，舞台必须搭好。为了不影响正常功课的学习，我们利用课后延伸服务的时间，让学生彻底过了一把演员瘾，也让他们对书中一个个生动的人物形象愈发感兴趣。这些人物身上的优秀品质、精神面貌无声感染着学生。整个班集体积极好学的气氛愈发浓厚，互助友爱的现象越来越多了。

惊喜可不止于此，我还意外发现：表演结束后，学生自发组成小组，凭借在《王戎不取道旁李》一课中学到的评价方法，对自己的演出——从剧本的改写到台词的遣词造句，从服装的配置到舞台环境的布置……进行了多维度评价，并且小组与小组间互相评价，不断完善自己的剧本。看到这一幕，我无比欣慰。这不就是语言文字的实践吗？这样的创作，持之以恒，学生还会害怕写作吗？一本本书，一个个鲜活的人物，无声的教育，难道不比我们声嘶力竭的空喊，更有直击心灵的教育力量？

走廊上不断减少的那些打闹的身影，校园阅读角越来越多全神贯注的眼神，课堂上如林般举起的小手……不禁让我感慨：只要立足生活实际，根据核心要素，明确主题，确定学习任务群的内容，以语文实践为轴，合理设置学习任务，那简简单单的教，也可以让枯燥的读、写丰富多彩！简简单单的学，也可让学生轻轻松松满载而归！这才是切实的“减负”。

著名教育学家苏霍姆林斯基说：“课堂是点燃求知欲和道德信念火把的第一颗火星。”简化繁杂无关的教学内容，简化冗杂过度的学业，学生可以在丰富多样的学习情境中，完成基本的学习任务，并能正视他人的评价，不断完善自身，从而更好地完成富有挑战性的学习任务，不断拓宽自身个性化“生长”的空间，这不失为教与学的一剂良方。因此，使学生“生”于课堂，“长”于课外，促使其全面发展，是我们继续努力的方向。

总之，新课标的颁布，“双减”政策的落实，对一线教师来说，既是挑战，也是机遇。如何准确把握新课标的精神，通过学习任务群优化教学模式，创造性地简化教学，赋“评”新生，创造更大的“生长”空间给学生，进而推动语文教育教学新样态的有效践行，考验着每一个语文教育工作者的智慧。

基于学习任务群的小学语文教学实施策略与案例研究

汕头市龙湖区金晖小学　李柔臻

语文是小学教育中非常重要的一门学科，它涵盖了阅读、写作、听说等多个方面，对学生语言表达能力和思维发展起着至关重要的作用。随着教育理念的不断更新和教学方法的不断改进，学习任务群作为一种新的教学策略逐渐受到教育界的关注，它的产生与新课程改革的背景密切相关。作为一种以任务为导向的教学方法，学习任务群旨在整合学习情境、内容、方法和资源，通过一系列学习项目引导学生在实际语言运用中提升语文素养。这种教学策略不仅能够激发学生的学习兴趣，提高学习动力，还能培养学生的自主学习和合作学习能力。本研究的目的是探讨基于学习任务群的小学语文教学实施策略，并通过案例研究验证其有效性和可行性。同时，也希望通过本研究对学习任务群这一教学模式的进一步探索，为教育教学领域的研究提供新的思路和启示。

一、学习任务群与小学语文教学的关系

学习任务群是一种以任务为导向的教学模式，它的核心理念是将学习

过程组织成一系列相互关联的任务，学生需要通过完成这些任务来实现学习目标。学习任务群的设计依据学科的特点和学生的认知规律，结合学生的年龄、兴趣和学习需求，使学习过程更加有针对性和灵活性。

作为一种高效的教学策略，它可以与学科的特点和学生的认知规律相结合，应用任务导向、渐进推进、合作学习和自主学习等原理。这种教学模式与小学语文教学关系紧密，并能够为其带来积极的变革，具体体现在以下几个方面。

首先，任务导向的教学目标与小学语文教学的多样性相契合。学习任务群明确学习目标，并将学习内容划分为不同类型的任务，例如阅读理解、写作练习、口语表达等，这样的任务设置可以帮助学生明确学习重点，有针对性地提高语文技能。

其次，渐进推进的学习过程与小学生认知水平的特点相适应。小学生的学习能力和注意力有限，学习任务群将复杂的学习内容分解为小任务，从简单到复杂、由浅入深的任务设计，能够逐步推进学生的学习过程，有助于学生逐步掌握语文知识和技能。

同时，合作学习在小学语文教学中具有重要地位。学习任务群中的合作学习可以鼓励学生在小组中共同讨论、交流，培养他们的语言表达和理解能力。在合作学习中，学生之间可以相互学习，共同进步，这有助于增进学生的学习兴趣和合作精神。

最后，学习任务群强调学生的自主学习，培养学生的学习自觉性和学习动力。在小学语文教学中，学生可以根据个人喜好选择不同类型的任务，比如选择自己感兴趣的阅读材料或写作主题。这样的自主选择能够激发学生的学习兴趣，促使他们积极参与学习。

综上所述，学习任务群与小学语文教学密切相关，并且可以通过任务导向、渐进推进、合作学习和自主学习等原理的应用，促进学生在语文学习中全面发展，提高语文素养和表达能力。这种教学策略能够激发学生的学习兴趣，培养学生的自主学习和合作学习能力，为小学语文教学带来积极的变革。

二、小学语文教学中应用学习任务群的策略

1. 确定学习任务群

在确定学习任务群时，教师应结合教学大纲和学生的实际水平进行考虑。教学大纲规定了教学内容和学习目标，教师可以根据大纲中的要求确定学习任务群的主题和内容，确保学习任务群与教学目标一致。同时，也要考虑学生的年龄、认知水平和兴趣，确保学习任务群能够吸引学生的注意力，激发学生的学习兴趣。

学习任务群的构建原则是确定任务的关键。教师应遵循渐进推进原则，将学习内容分解为一系列逐步递增的任务，使学生可以循序渐进地掌握知识和技能。任务导向原则也非常重要，每个任务应该明确学习目标，让学生知道完成任务的意义和目的，从而增强学习的目标感。此外，合作学习原则能够促进学生之间的交流和合作，培养学生的团队合作和沟通能力。同时，学习任务群也要给学生一定的自主选择权，让学生根据兴趣和需求选择任务，增加学生的学习自主性和积极性。

2. 厘清学习任务之间的关系

学习任务群的任务之间应该有联系与衔接，形成有机的整体。这样，学生在完成一个个小任务的过程中，能够逐步积累知识和技能，更好地完成后续任务。此外，学习任务群还可以与其他学科内容进行关联，促进跨学科学习。例如，在语文学习中可以结合历史或科学知识，拓展学生的学科知识。

3. 综合评价和反馈

对学生的综合评价和及时反馈是学习任务群实施中不可或缺的环节。综合评价应该涵盖学习成绩、学习态度、学习动力、合作学习表现等多个

方面，以全面了解学生的学习情况。评价方法可以采用考试、作业、小组讨论、口头报告等多种形式。同时，教师应该给予学生及时有效的反馈，指出学生的优点和进步之处，同时提供具体的建议和指导，帮助学生改进不足，不断提高学习水平。（如图 1）

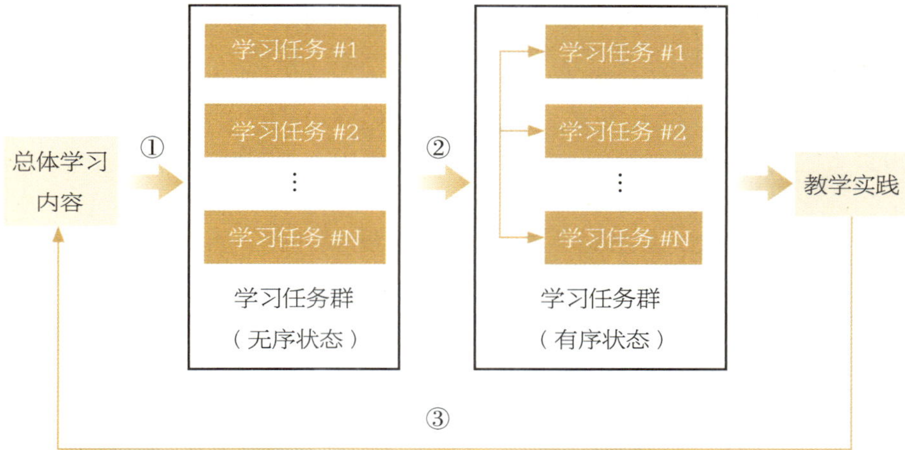

①确定学习任务群；②厘清学习任务之间的关系；③综合评价和反馈。

图 1　学习任务群的应用策略

三、案例研究

《义务教育语文课程标准（2022 年版）》提炼的六个学习任务群，涵盖了语文课程内容的不同层面，旨在帮助学生形成全面的语文素养。这六个任务群分为三个层面：基础型、发展型和拓展型学习任务群。任务群的设计具有情境化、实践性、实用性和综合性等特点，通过多层次的训练，让学生由浅入深地掌握语文知识和技能。

统编版语文教材每个单元都有一个明确的主题，这为教师设计学习任务群提供了很好的素材和依据。在同一个单元内，不同的学习任务相互联系，构成一个完整的学习体系，学生可以通过多个任务的学习，逐步深入了解单元主题，形成对主题的全面理解。这样的教学模式使学生在学习过程中不断深化对主题的认识，增强学习的连贯性和综合性。

表 1 以语文六年级下册第四单元为案例，基于基础型学习任务群进行主要分析。

表 1　语文六年级下册第四单元学习任务群实施案例

<table>
<tr><td>单元概述</td><td colspan="2">《古诗三首》是三首咏物诗，立意深远，表情达意含蓄，三位诗人借咏叹马、石灰、竹石，表达自己的人生志向。《十六年前的回忆》是一篇回忆录，还原了一位革命先烈在危难时刻为了民族解放和人民幸福从容赴死的感人形象。《为人民服务》是毛泽东同志于 1944 年 9 月 8 日在张思德同志追悼会上所作的演讲，阐述了中国共产党立党为公的根本宗旨。《董存瑞舍身炸暗堡》表现了革命英雄董存瑞不畏牺牲、视死如归的革命精神。这些课文综合训练学生关注人物的外貌、神态、言行，体会人物的品质，同时引导学生接受革命文化教育，汲取精神力量，从而树立远大理想，培养高尚的道德情操。习作要求是“选择适合的方式进行表达”，要求学生综合运用小学以来学到的表达方式，有目的地表达自己的观点。本单元的设计紧紧围绕语文要素展开，基于学生的语文能力发展，搭建学习支架，创设真实情境，通过项目化实践，将本单元的学习重难点充分依托教材与阅读材料有选择地重组、改编，并尝试自主开发设计，增强教学内容的关联与递进。设计中自然地渗透革命传统文化，促进思维能力和审美体验的双向融合，从而达成文与道的和谐统一</td></tr>
<tr><td rowspan="2">步骤一：设定任务群</td><td>确定学习主题</td><td>本单元以“理想和信念”为主题，语文要素是“关注外貌、神态、言行的描写，体会人物品质”和“查阅相关资料，加深对课文的理解”。本单元四篇课文，围绕这些语文要素多角度、多层次地展开。经过梳理，我们发现本单元的核心知识指向“感受革命事迹，树立远大理想”，从而确定本单元的主题为“走近时光里的英雄”</td></tr>
<tr><td>分析课文特点</td><td>本单元涉及多种文学形式，通过这些不同的文学形式，学生可以在感性认知中得到多方面的启迪，培养文学素养，提高对语言和文字的理解能力</td></tr>
</table>

（续表）

步骤二：分解任务	制订任务目标	为每个学习任务明确学习目标，确保任务能够对应教学大纲中的学习要求
	任务一： 触摸英雄	阅读本单元的四篇课文，自主进行字词学习，把认为难写或易写错的字词抄写下来，并查找相关的资料，完成前置导学单
	任务二： 对话英雄	进行阅读教学。 （1）引导学生理解诗人的情感、志向，领悟诗人通过具体的事物表达志向的方法，即学习“咏物诗”，了解诗中事物的象征意义。 （2）重点落实“关注外貌、神态、言行的描写，体会人物品质”这一语文要素。完成相关阅读训练，重点放在“体会人物品质”上。 （3）初步认识议论文的写作风格和主要表达方式——分层论述证明论点。 （4）以神态、语言、动作描写的词语教学为主，帮助学生从细节描写中感悟人物大无畏的品质。积累语言的同时，从革命精神中感知责任使命，构筑时代担当
	任务三： 寻访英雄	回顾本单元阅读训练重点和每一课的学习要点，理解外貌、神态描写对塑造人物形象的突出作用。通过练习，理解“日积月累”中五句俗语的含义。在习作环节，让学生学会根据表达内容选择适合的表达方式，自由写作
	任务四： 礼赞英雄	写作提升教学
步骤三：综合评价		（1）学习成绩考核：设计小测验或考试，考查学生对课文的理解和记忆。 （2）学习态度观察：教师观察学生在学习过程中的表现，包括是否积极参与讨论、主动提问、认真完成作业等，评价学生的学习态度和参与度。 （3）学习反馈问卷：设计问卷，让学生对学习任务群进行反馈。询问学生对任务设置、学习内容、教学活动等方面的意见和建议，以了解学生对学习任务群的评价和反馈。 （4）学习目标达成度评估：根据学生的自我评估和实际表现，进行目标达成度评估

在本次学习任务群中，阅读理解、词汇拓展和写作练习是三个核心方面。本次学习任务群的核心主题是“理想和信念”，围绕四篇课文展开，目标是让学生感受革命精神，树立远大理想，培养高尚的道德情操。任务一“触摸英雄”要求学生认真学习字词，阅读课文并查找相关资料。任务二“对话英雄”重点让学生理解人物品质，提高写作能力。任务三“寻访英雄”要求学生回顾学习要点，理解描写人物外貌、神态的重要性，并进行自由写作。任务四“礼赞英雄”则是写作提升阶段，学生可以综合运用之前学到的知识和技能，自由表达观点和看法。在综合评价中，通过考试、观察学生学习态度、设计问卷和学生自我评估，全面了解学生在学习任务群中的表现和学习成果。

总的来说，阅读理解、词汇拓展和写作练习在学习任务群中相辅相成，旨在全面提升学生的语文素养和能力，使他们在语文学习中能够更加自信和熟练地运用所学知识。

基于上述分析，可以看出该实施策略具有较高的有效性。学习任务群的设计巧妙地结合了阅读、词汇拓展和写作等不同学习任务，通过多层次的学习过程，能够帮助学生深入理解主题，增强学习效果。

同时，该实施策略也具有较高的可行性。学习任务群的设计基于统编版语文教材的主题单元，教师可以根据教材内容灵活设置学习任务，适应不同学生的学情和水平。此外，学习任务群的设计不仅符合语文教学的理论要求，也符合学生的学习兴趣和需求，有利于学生主动参与学习。教师在实施过程中只需合理安排教学时间和组织形式，便可有效地开展学习任务群教学。

四、结论与展望

基于学习任务群的小学语文教学是一种有效的教学策略。通过将学习内容分解成多个任务，并使任务之间相互联系和衔接，学生能够逐步深入理解主题，掌握语文学习方法，提高核心素养。在小学语文教学中，学习任务群的设计有助于激发学生的学习兴趣和情感投入，增加学习的趣味性和实践性。同时，任务群的实施也有助于提高学生的综合素养和跨学科思维，帮助学生在不同学科领域中形成综合学习能力。

展望未来的研究，可以从以下几个方面进行深入探讨。

一是探究学习任务群在不同年级和不同主题下的应用效果。可以通过多个案例研究，进一步验证学习任务群在小学语文教学中的有效性和可行性，探究其在不同年级和不同主题下的应用效果，为教学实践提供更多可借鉴的经验。

二是研究学习任务群对学生学习动机和情感态度的影响。除了学习效果，通过比较学习任务群和传统教学方式的差异，可以了解学习任务群对学生学习动机和情感态度的积极影响，为提高学生学习积极性提供理论支持。

三是教师角色与学习任务群的关系。学习任务群的设计和实施离不开教师的引导和指导。研究教师在学习任务群中的角色和作用，探究教师如何灵活运用学习任务群，更好地满足学生的学习需求，有助于提高教师教学效果和教学满意度。

四是推广学习任务群在其他学科教学中的应用。学习任务群作为一种综合性教学策略，也适用于其他学科的教学。研究学习任务群在其他学科教学中的应用效果，能够为跨学科教学提供新的思路和方法。

综上所述，基于学习任务群的小学语文教学是一种值得推广和深入研究的教学策略。在未来的研究中，可以进一步探究学习任务群的应用效果和教学机制，以促进教学实践的不断改进和提高学生的学习质量。

新课标中"守正创新"的教学实践与探索

汕头市澄海广益小学　陈晓娜

《义务教育语文课程标准（2022年版）》指出："积极利用网络资源平台拓展学习空间，丰富学习资源，整合多种媒介的学习内容，提供多层面、多角度的阅读、表达和交流的机会，促进师生在语文学习中的多元互动。充分利用网络平台和信息技术工具，支持学生开展自主、合作、探究性学习，为学生的个性化、创造性学习提供条件。"新教材倡导自主、合作、探究的学习方法，注重培养学生的实践能力和创新精神，要求加强语文和生活的联系，也加强语言文字的运用，从而构建出富有活力且开放的教材体系，全面提高学生的语文素养。

在小学语文教学中，我多数时间是担任小学高年级特别是毕业班的教学工作。在多年的语文教学实践中，我深深意识到，教育的意义绝非仅仅在于思想文化的传播，更有着不可替代的政治功能——教育是养才立国之本。全面提高学生的语文素养，必须将信息技术与新教材体系中的所学、所教、所思相融合，并将其广泛用于小学语文教学过程中，以起到事半功倍的作用。

一、互联教学助手（动画演示），强调“阅读与表达并重”

如果学生没有一定的阅读方法，在阅读的过程中总是摸索，就会读不进去，或者读不下去，心中的疑惑长时间得不到解决，阅读信心就会逐渐丧失。统编教材强调“阅读与表达并重”，例如统编版语文三年级上册第四单元《胡萝卜先生的长胡子》，这个诙谐幽默的故事就采用了绘本的编排方式。我在教学中采用“先观察图画，再展开想象进行预测，最后进行文本比较”的方法。

开始时，我以“观察胡萝卜先生长什么样子”为题目，在课上以动画形式展示了胡萝卜先生的图片。形象生动的动感图片一出现，就激发了学生的学习兴趣，又提高了学生后面学习文章的注意力。学生通过观察图画，发现胡萝卜先生的胡子好长，然后就有学生提出问题：它的胡子为什么会这么长？长胡子可以干什么？干了好事还是坏事？接着大家分小组进行讨论、大胆预测，并把预测的内容写在小卡片上。最后回归文本阅读，找答案，直接验证此前预测的内容是否正确。通过图文结合阅读，学生了解到故事中胡萝卜先生的胡子是漏刮的一根胡子，因吸收了果酱的营养，飞快地生长起来。胡萝卜先生为长胡子发愁，后来因不断帮助了别人而感到快乐。一开始，学生在仔细观察画面（播放相应动感画面）、理解故事的同时，能用较连贯的语言大胆表达阅读信息；接着，学生回顾前面预测的内容，进行比较，通过故事学习了解文章的教学目标，即了解胡萝卜先生是怎样主动帮助有困难的人的；最后，通过“画图画，讲故事”的方式对故事进行续编，达到训练自主学习和探究能力的目的。

在教学中增强活动性和指导性，使学生有话可说，有方法可依，同时达到本单元所要求培养的“一边读一边预测，顺着故事情节去猜想；学习预测的一些基本方法”的语文要素。在加强学生口头表达能力的同时，也悄悄地为本单元口语交际（“名字里的故事”）和习作（“续写故事”）奠定了基础。三年级学生的写作能力在每一课的教学中不断得到提升，写作信心也与日俱增。通过这样一课一练、一课一得，学生能够在平时的阅读课中培养写作能力，动起笔来也就水到渠成了。

二、互联教学助手（授课投屏），用心“巧设语文活动”

语文活动形式多样，传统的有旁批、阅读提示等形式，但是统编教材的设计比较注重启发式、引导性问题，特别强调学生自主性、启发性的阅读。

例如在统编版语文三年级上册第六单元《海滨小城》的教学中，要求重视培养学生的自学能力。我提前教给学生一些学习方法，鼓励他们选择适合自己的学习方法，主动地学习。以该课第四自然段为例，先让学生找出本段的中心句，接着让他们边读课文边理解这个自然段的意思，然后引导学生动手画思维导图。第一步就是要在纸的正中间画一个圆，写上本段的主题（关键词）——庭院，之后让学生发散自己的思维，不给他们设限，让他们按照自己的思路生出“树枝”。学生除了找出“树木的种类多”，还找出“桉树叶散发出的香味浓”“凤凰树开的花好像笼罩在一片片红云中”等重要句子。这样，他们从纸张的右上角开始，按照顺时针的方向，不断地填上“树多、叶香、花美”等词语。教师通过课件演示将思维导图展开，助力学生思维的开发和记忆的加深，从而让学生体会到庭院的特点。同时通过投屏展示学生的思维导图，给大家一个互相学习的机会。

我以这种方式引导学生进行全文学习，以思维导图的方式巧妙地设计语文活动，学生因此被我“不怀好意”地“骗上”这艘奇妙之船，开启这次奇妙之旅。在教学过程中，学生做到“多思”“多读”“多讲”“多动手”，教师只起到“教一帮一扶”的诱导作用，不仅加强了学生的语言训练，还培养了他们的逻辑思维和欣赏文章的能力。

三、互联教学助手（视频导入），领悟“新教材赋予的新期望”

作为一线的语文教师，必须提高自我的思想认识，努力将新教材“立德树人”这一理念润物无声地融入日常的教学中，对学生的思想观念进行正确的引导，树立用童心、童眼、童言说真话、做真人的价值观。那么，怎样解开学生心灵的束缚，激发学生自由写作呢？

写作是学生情绪表达最好的方式之一。用笔与自己对话，与世界交流，写出心中的愉悦或不满，这是鼓励儿童写情绪作文的动机之一。当儿童有了情绪，要给予他足够的空间和安全感，鼓励大胆个性的表达。这样，蕴藏在心底的真言就会被激发出来，许多写作技巧无师自通，时常能有惊人的表达。

例如在统编版语文三年级上册第七单元的口语交际“身边的‘小事’”教学中，我提前引导学生观察、拍摄身边发生的小事，发现生活中的不文明行为或令人感到温暖的行为，让学生积极表达自己的想法，然后组织交流共享会，培养学生小中见大、平中见奇的思维方式。接着，展示学生提前搜集的小视频，如镜头一中，蔡小妍同学就谈到自己爸爸在开车送她上学时玩手机的不良行为，觉得有可能导致生命危险；镜头二是林小诺同学拍摄上学路上同学家长横穿马路时没有走人行道，认为可能导致车祸；还有钟小琪同学拍摄的晨练时看到阿姨踩草坪、破坏绿化环境的行为；另外，许小荧同学拍摄到小区里帮忙推门的好心人，以及马路上迷路，遇到好心人帮忙打电话给家长；等等。通过这些镜头，引导学生留心生活，把自己的感受大胆地展示、表达出来，把自己的想法真实地记录下来。视频中的语言有个性，表达有创造力，充满了灵气，也符合小学中年段学生的习作训练要求。

学生从小浸润在母语的环境里，有着无穷的语言潜能，只要有合适的机会，让他们抓住当下的语言情绪，情感表达一定会喷薄而出。课堂上通过分享这些视频，学生写作的自信心增强了，也愿意与他人分享写作的快乐，这样最原始的表达冲动就形成了。著名特级教师孙双金说："我认为一堂好课应上得学生'小脸通红，小眼发光，小手直举，小嘴常开'，这是充满生命活力的具体体现。"是啊！儿童的写作情绪被唤醒了，那么"真作文"就变成"真性情"，儿童也就成为"真人"。学生心灵的束缚被解开了，自由写作的激情也就被释放了。

当然，在信息技术与学科高度融合的同时，教师也要进一步加强学生的自我道德修养。站在保护儿童的立场上，适时引导学生注意表达的分寸感，做到不伤害他人，不伤害自己，这样无形之中就将彬彬有礼、仁德有序的文明行为，多元包容、以和为贵的相处态度，海阔天空、任我驰骋的自由人格，推己及人、善心善行的友爱之举植根于学生的心灵深处。教师引导学生时尽心尽力，就可以静待文化的种子在学生的心田生根、发芽、长叶、开花、结果，则无愧于"人类灵魂的工程师"的美誉。

德国教育学家雅斯贝尔斯说过："教育本质上意味着一棵树摇动着另一棵树，一朵云推动着另一朵云，一个灵魂唤醒另一个灵魂。如果教育未能触及人的灵魂，未能引起人的灵魂深处的变革，那就不能称其为教育。"有幸参与统编教材三年级语文的学习、教学，真切地感受到这一套视野开阔、立意高远的新教材在秉承中国传统文化教育的同时，也有与时俱进的创新精神，能够让社会主义核心价值观无声地浸润学生的心灵。当然，我也深深体会到这套教材对语文教师的更高要求，身为师者，我们自身语文素养、文化底蕴亟待提高。在今后的教育教学工作中，我将更加注重信息技术与学科的高度融合，将信息技术运用于现行教学模式中，自觉树立主动学习研究的专业意识，不断探索、勇于尝试，努力做新教材和先进教学模式的探索者、先驱者，努力为祖国的教育事业贡献自己的一份力量，永不辜负培育社会主义事业接班人的光荣使命！

轻叩诗歌大门

——四年级下册诗歌单元阅读教学浅谈

汕头市潮南区陇田镇溪西小学　戴爱珊

诗歌不但丰富了我们的知识，还愉悦了我们的心情；诗歌不但能让我们用美丽的眼睛去看世界，还教会我们许多；诗歌是文学宝库中的瑰宝，叩击着一代又一代人的心灵……

统编版语文四年级下册第三单元为诗歌单元，这个单元该如何展开教学呢？“文学阅读与创意表达”学习任务群，赋予了诗歌教学一个崭新的视角，从“诗歌朗读—丰富意象—朗诵比赛—诗歌创作—诗集合编”层层深入，能使诗歌学习向深度发展。

一、诗歌朗读

在诗歌阅读教学中，我们要重视朗读，让学生在朗读中感受诗歌的韵味和语言表达的独特性。朱光潜曾说：“诗和音乐一样，生命全在节奏。”只有通过读，才能将这种节奏感演绎出来，内化为生命的节奏，融入心灵的感受。如在教学冰心的《繁星（七一）》《繁星（一三一）》《繁星（一五九）》时，应将朗读贯穿始终，让学生先初读一遍，读准字音、正确停顿和“啊”的发音（注意引导学生联系语境来发音）；之后，让学生反复朗读，引导他们初步感知现代诗歌“悦耳动听，很有节奏感”的特点，如《繁星（一三一）》中“光”“香”“响”的韵脚，再如苏联著名诗人叶赛宁的《白桦》以“桦、花、洒、画、霞、华”等字入韵，读起来朗朗上口，富有韵律感。

在诗歌朗读中，还要进一步指导，如《繁星（七一）》“这些事——是永不漫灭的回忆”，这里的破折号暗含着绵长的思绪，朗读“这些事”时声音要稍微拉长，让此处的空白镜头勾起学生对童年往事的回忆，为诗歌补白；还得关注三个结构相同的短语“月明的园中，藤萝的叶下，母亲的膝上”，把诗人对母亲的依恋和母爱的温馨，用舒缓饱满的情感朗读出来；再如《繁星（一三一）》第一句“大海啊！”要读出深情的呼唤，接着三个连续反问句的强烈情感要逐渐增强。艾青的《绿》以配乐朗诵的形式进行朗读示范，让学生边听边想象，促使学生进入诗歌营造的奇特景象之中，指导学生在第二节中抓住绿的词语和省略号，读出绿的不同和丰富，在第三节中三个“是绿的”和一个“也是绿的”要读出相同句式的语调变化，让整个自然空间都充满绿色，第四节和第五节要结合关键词语，读出景象的变化。

二、丰富意象

诗歌有着丰富的想象空间和美的创造力，这是阅读教学最为重要的环节。艾青的《绿》给我们留下了很多想象空间，他笔下的绿，竟然是倒翻了的墨水瓶，想象多么独特！“好神奇的墨水瓶啊，像个魔法师，它会变幻出什么样的绿来呢？”这样一提问，学生的好奇心被激起，对诗歌的学习也就充满了热情。“刮的风是绿的，下的雨是绿的，流的水是绿的，阳光也是绿的。”风雨本无色，在诗人的眼里为什么都是绿的？由此质疑，促使学生从诗人的视角展开想象，感受这充满生机的绿色世界，体会诗人的独特感觉。

新颖奇特的意象，音乐性强，富有民歌韵味、韵律和节奏，具有优美神奇的声、色和运动感……这是叶赛宁诗歌的特点。《白桦》一诗，意境宁静优美，富有画面感，要让学生在朗读中想象画面，勾勒这株白桦树，感受白桦的形象。这棵白桦挺立在“朦胧的寂静中”，挺立在“灿灿的金晖里”，挺立在“姗姗来迟的朝霞下”，这是怎样的画面？引导学生将文字描述转化为画面，既丰富了想象力，也将白桦高洁的形象勾勒了出来。

三、朗诵比赛

想让学生轻叩诗歌大门，爱上现代诗歌，只通过课文学习远远不够，还得推荐几本诗歌集让他们进行课外阅读，如冰心的《繁星》《春水》，泰戈尔的《飞鸟集》等，鼓励学生通过各种媒介阅读现代诗歌，丰富自己的阅读面，感受现代诗歌的魅力。

课外阅读现代诗歌之后，可以开展一场朗诵比赛，让学生通过比赛，展示自己对现代诗歌的诠释，把诗歌的韵律、感情通过朗诵演绎出来，从而加深对诗歌的了解，激发对现代诗歌的阅读热情。

四、诗歌创作

学生阅读现代诗歌时，可以要求他们把自己感兴趣的现代诗歌摘抄下来。通过摘抄诗歌，学生把自己的个性融入诗歌中，从而带来美的感受，陶冶情操。

经历诗歌学习、阅读、朗诵比赛、摘抄整个学习流程，学生有了比较丰厚的诗歌底蕴。此时是让他们尝试诗歌创作的最佳时机，应鼓励他们大胆创作，把自己童年的喜怒哀乐、看过的美丽风景、经历过的独特乡村生活，用诗一般的语言描绘出来，让诗歌展现学生心中的梦。如郑宝仪同学的《童年》：“童年，梦一般的生活，灿烂的笑容，写满了童趣的脸；童年，踏足诗一般的田野，摘上心爱的野花，奔跑在小径上；童年，放飞梦幻般的风筝，追逐在夕阳下，嬉笑在村庄的广场上……”童真童趣跃然纸上。郑欣彤同学的《母亲》：“母亲啊！哪一次我的风雨里，没有你撑起的伞？哪一次我的泪水里，没有你递来的纸巾？哪一次我的困难里，没有你高大的身影？”让学生尝试创作，我们会有意想不到的收获。

五、诗集合编

接下来，合编小诗集。我们可以根据班级实际情况，分组合编小诗集，让各小组在班级上交流怎样合编，并展示、分享合编的小诗集。小诗集的合编能充分展示学生的个性，如《诗海拾贝》《自然景物》《四叶草》《万物复苏》——学生根据编辑的诗歌给小诗集起了名字，凝聚了他们的智慧。合编小诗集也就为我们本单元的诗歌阅读教学画上了一个完美的句号。

为了践行“文学阅读与创意表达”学习任务群，我们轻叩诗歌大门，为四年级诗歌单元阅读教学赋予了崭新的意境。

一路阅读，一路花香

——浅谈如何激发孩子的阅读兴趣

华南师范大学附属濠江实验学校　杨佩燕

2022 年版新课标指出：“语文学习任务群由相互关联的系列学习任务组成，共同指向学生的核心素养发展，具有情境性、实践性、综合性。”而“整本书阅读”被设定为独立的拓展型学习任务群，被提到了更重要的位置，既保留了之前提倡的读整本书时的理念、方法，还让整本书阅读概念的外延得以扩展，使其成为贯穿中小学语文教学的重要类型，成为对语文学科中识字与写字、阅读与鉴赏、表达与交流、梳理与探究等各项实践活动的一次聚合。

小学生正处于人生的一个重要起步阶段，除了靠教师课堂上有限的传授，更需要依靠课外阅读去采集知识，将知识的精华化为甘露。而为了让学生在课外能广泛地阅读，教师在教学中必须激发学生的阅读兴趣，加强对学生课外阅读的指导，引导学生养成良好的课外阅读习惯，使课外阅读成为学生内在的心理需求，成为学生生活中的一种体验，成为他们一种自觉的生活方式。

一、定期推荐，养成阅读习惯

我们要当好学生阅读道路上的引路人，定期向学生推荐有利于身心健康发展的读物。推荐时，要尊重学生“个性化阅读”的需求特征，同时推荐的读物要符合学生的心理年龄特点、知识水平和认知特点。

小学中高年段的学生，对世界的认识比低年段时期更加广泛。这一阶段的学生能试着从不同的角度看待同一个问题。因此，我们应该鼓励学生多看些新闻时事、多读报，为学生推荐或提供富有文学哲理的历史故事或人物传记，如《小故事大道理》《鲁滨逊漂流记》等；推荐有悬念、神秘、超自然的科幻读物，如《哈利·波特与魔法石》《格列佛游记》《海底两万里》等。像五年级上学期开学初，我就向学生推荐了《中国民间故事》《大鱼之道》《彼得·潘》这三本必读书，而《欧洲民间故事》《非洲民间故事》则作为选读书。寒假期间，我根据“4·23 世界读书日”的活动安排，推荐学生阅读《非法智慧》《你是我的妹》《梅花魂》《芝麻开门》《小学生食育》等，让他们选择喜欢的书，假期进行整本书的阅读和读后感创作。五年级下学期开学初，我就向学生推荐了《西游记》《城南旧事》《夏日历险》《消失在醒来之后》《小学生小古文 100 课》这五本必读书，而《三国演义》《水浒传》《红楼梦》则作为选读书。暑假期间，我根据“暑假读一本好书”的活动安排，推荐学生阅读《天牛的假期》《人“菌”恩仇》《小“恐龙”救妈妈》《寻找自己的天空》《点亮星空的人们》等。

通过有目的、针对性的推荐，学生闲暇时间不留阅读空白，促使他们逐渐养成阅读的习惯。

二、延伸课外，扩大阅读范围

在传统的阅读教学模式中，教师只教课本上的内容，使学生的课外阅读范围受限。课堂上，我们采用群文阅读（1+X）的方式，希望把更多的作品引入课堂，增加学生的阅读量。如在教完《猎人海力布》后，课文还留下一个悬念："据说现在还能找到那块叫'海力布'的石头呢！"学生们个个瞪大了好奇的眼睛，我顺势说道："民间故事就是有这么多神奇的地方，大家感兴趣的话，找找这些民间故事来读一读吧，然后把这些故事与同学分享。"学习《梅花魂》后，我深情地说："思念家乡，眷恋祖国，是每一个漂泊在外的中华儿女的共同情怀。课后，请你们找一找陈慧瑛的《梅花魂》读一读，看看从中你们又能感受到怎样的爱国情。"学习《刷子李》后，我引导学生："大千世界，无奇不有，你们还想了解更多奇人奇事吗？不妨去读一读冯骥才先生的《俗世奇人》。书中人物荟萃，一个个奇人身上发生的一桩桩趣事，肯定会令你拍案叫绝。"学生已经被冯先生那生动的描写折服，我向他们推荐《俗世奇人》，他们也就兴致盎然了。

这样的阅读拓展，让学生的阅读不再局限于教材，实现了课内外阅读的有效结合。我们可以根据教学需要，及时推荐合适的图书。根据作品的题材、立意、情感、修辞、人物的刻画方法等，将相互关联的多篇文章进行归纳、整合，再让学生进行迁移阅读。这样细化分类的阅读模式具有指向性，激发了学生的阅读兴趣，消除了学生阅读的畏难心理，降低了学生自主阅读的难度，有效增加了阅读量，扩大了阅读范围。

三、指导方法，保持读书兴趣

当学生带着浓厚的兴趣阅读时，我们需要教给学生一些行之有效的阅读方法，如：（1）批注法。让学生在阅读的书上，勾画出自己喜欢的语句，并写下感受。（2）摘抄法。让每个学生准备一本"摘抄本"，摘抄文中的好词佳句。（3）准备"读书记录卡"，在阅读时将精彩的句段摘抄到卡片上，并记录自己阅读的感受，定期在班上交流或展示。

除此之外，我还重视课外阅读课的指导。例如在开展《水浒传》整本书阅读时，我和学生共同制订阅读推进计划，包含阅读时间、阅读内容、阅读任务、阅读要求和检查方式等。对五年级学生而言，读懂《水浒传》并非易事，此书人物众多，结构复杂。于是，在学生完成《水浒传》第一阶段阅读（第 1～40 回）时，我就及时开展《水浒传》“以读促思”的阅读推进课。针对这本书，我主要引导学生学会“勾连情节”“究同存异”。在课堂上，首先引导学生关注章回体小说的特点，接着了解武松、鲁智深、林冲几个人物的绰号及其来历。有一个学生就讲道：“武松血溅鸳鸯楼后，为了躲避官府的抓捕，改作头陀打扮，所以人称‘行者武松’。‘行者’是那时对游方道人的一种称呼。”另一个学生补充道：“武松本是打虎英雄，但因其大哥被人毒害，而动手杀人，不得已逃跑。后来武松剪了头发，穿了皂直裰，将界箍儿箍起，挂着化珠，便化名‘行者’。”通过学生的讲述，我发现学生懂得勾连“武松打虎”“血溅鸳鸯楼”等相关情节，明确了人物绰号的来历。“以读促思”更能加深对人物的认识。学生继续讲述其他英雄人物的绰号来历时，我引导他们对武松、鲁智深、林冲几个人物进行两两比较，达到“究同存异”的目的。

课上，我还拓展引导学生思考：《水浒传》众多打虎英雄中，为什么武松最为人称道？我引导学生勾连相关情节“景阳冈武松打虎”“黑旋风沂岭杀四虎”，比较两人不同的起因、动机、杀虎工具、结果等，让学生通过对比明确人物特征的不同。从中我总结出《水浒传》的阅读方法——把握小说特点、在情节中记绰号、在比较中明形象，再一次激发了他们探究、阅读的渴望。

这样的阅读推进课，目的是推进学生自主阅读不断深化，帮助学生习得自主阅读策略。学生不仅读懂了人物的经历，也为下一阶段读懂水浒英雄个体生命轨迹、概括群体遭遇背景、探究作品主题思想做了铺垫，对于提高阅读理解能力是大有裨益的。

四、开展活动，增强阅读信心

为了让学生看到阅读给自己带来的变化，体会到阅读的好处，从而进一步激发阅读的兴趣，我在班级开展了丰富多彩的读书活动，如讲故事。在阅读《窗边的小豆豆》《青铜葵花》《草房子》这些故事性较强的书时，我会鼓励学生将书中精彩的情节用讲故事的方式与大家分享。这个讲故事的活动一般会在早读课上进行，大概十分钟。上台的学生生动地讲述故事内容，其他学生从中了解内容，认识人物，对所听的故事留下主观的印象，对还未讲的故事或未讲完的故事产生强烈的好奇心，进而产生阅读的兴趣。上台讲故事对学生也是一种考验、一种展示，有助于学生获得成就感。

除此之外，我们还可以用活动任务的方式来激发学生的兴趣，同时可以检验阅读成果。如阅读人物众多的书时，可以让学生制作“人物形象卡”（有图有文字）。以《西游记》为例，许多学生制作了孙悟空人物形象卡，但各不相同，有的学生将孙悟空画得威风凛凛，文字描述是孙悟空的各种神通广大和斩妖除怪的技能；有的学生将孙悟空画得调皮可爱，文字描述体现了人物敢作敢为的特点。不同的学生有不同的阅读体验，学生通过图文更加明晰心目中的人物形象。阅读哲理性较强的书时，可以让学生制作书签，记录所感所悟。将书签夹在书中，挂在墙头，时刻提醒自己，勉励自己。阅读人物众多、情节复杂的书时，可以让学生绘制思维导图。我们还可以尝试亲子共读喜欢的篇章，将这一过程制作成音频或视频，给孩子更多展示的机会，激发孩子去阅读、创造。

我们还开展了师生同写读后感的活动，图书是《城南旧事》，有的学生在读后感中这样写道：“我深切体会到作者对北京和在北京度过的童年时光那种一去不复返的悲伤心情。那些温暖纯真的记忆，永远刻在心底，令人追忆一生。童年是如此短暂，我们要好好珍惜美好、欢快的童年……”有的学生这样写道：“童年多么令人留恋，可它却用层层烟雾将人遮住；童年多么令人回味，它像一片羽毛，越飘越远。童年是快乐的、有趣的，也是生命中最珍贵的回忆，我想好好珍惜我那天真无邪的童年，让童年成为我一生中最美好的回忆。”而我作为老师这样写道：“一切都算过去了，英子似乎已经忘记了，但英子永远也不会忘记。那单纯美好的幸福不再，那往事流过英子的童年，流到了英子的心里。生命是不断的相遇，又是不断的告别。成人的世界背后总有残缺……现实再坚硬，也有包藏柔软的部分；现实再辛苦，也有蕴含快乐的可能。有时候，我们需要像孩子那样，去了解、接纳。多一份童真，多一份真诚，才能成全自己与他人。”通过这种感受对比，学生体会到成人与孩子视角的不同，能够往更深层次思考。师生之间也能产生思维的碰撞、情感的共鸣。

开展学生喜欢的读书活动，能够激发他们的阅读兴趣，充实他们的读书生活，也能增强他们阅读的信心。

五、创设氛围，共度阅读时光

每个学期我们都会积极动员全班学生创建班级的“图书角”，让班里的同学将自己看过的或正在看的书带来学校，保存于班级的“图书角”；增设图书管理员，建立图书目录。“图书角”的创建，丰富了学生课外阅读的内容，让阅读随手可得。

我们利用每周的一两节午写课及一节阅读课开展读书活动，这也是学生的“快乐阅读时光”。在阅读课上，学生自由阅读喜欢的课外书，提出自己感兴趣的问题。如在阅读《西游记》时，有些学生就会问我：“为什么唐僧总是被妖精欺骗？”我笑着说：“这是唐僧性格上的弱点，也是他的特点，你们再继续看，就会发现答案。”“孙悟空神通广大，为什么总还要去请其他神仙来帮忙呢？”“这就是小说的有趣之处，所谓一物降一物啊！”我解答道。在读《草房子》时，有些学生就会问我：“为什么桑桑在夏天最热的时候，把棉袄穿在身上？”我说：“是啊，因为他一直感到奇怪，为什么冰棒裹在棉被里不会融化，他以为夏天穿得越厚越凉爽……你们想知道他还干了哪些稀奇古怪的事吗？快去书中找答案吧！”听完我的讲述，学生阅读的兴趣就更浓了。在这段阅读时光里，他们可以抛开作业的烦恼、学业的压力，真正享受阅读的乐趣。

平时，我还鼓励学生利用碎片时间阅读，如早读课前、下雨天的课间、放学后等爸妈来接的时间……利用短暂的闲暇时间，可以坐在教室里，可以坐在小庭院的圆凳上，可以坐在操场的长椅上，带着喜欢的书，在轻松自由的环境中无拘无束地畅读。学生遨游在课外阅读的天地中，可能闻到“花香”，也可能听到“鸟语”；可能尝到“甘甜”，也可能嚼到“苦涩”，享受沉浸在书中的美好，读书就成了一件乐事。

总之，在课外阅读中，我们要持之以恒地创造条件，激发学生的阅读兴趣，开阔学生的阅读视野，拓展学生的阅读理解与探索空间；让阅读充满花香，引来一群群天真可爱的小学生，让他们汲取知识的灵气，汲取丰富的精神食粮，在知识的滋润下茁壮成长。

关注核心素养，优化课堂评价

——小学语文课堂教学评价的有效性探究

汕头市潮阳区贵屿龙港小学　彭贤铃

为了在语文教学中落实学生的核心素养培养，教师有必要思考并探究新的领域。当前的小学语文教学已经度过了新一轮的改革与创新，在一定程度上回归了学科教学的本质，但是，要想让其育人价值更好地发挥出来，仅仅回归本质还不够，还要做到超越，即走向课程的整体性、个体核心素养的发展。新课标提到，课堂教学评价应注重学生的个体差异，留意学生反映出的情感态度和价值观，通过正向性的鼓励让学生体验到学习的快乐，进而开发学生的更多潜能，帮助学生认识自己、提高信心，从而实现有效发展。因此，在关注学生核心素养这一前提下，如何优化课堂评价、保证评价有效性成为一个值得研究的问题。

一、注重人文，评出语文味

（一）接受差异，尊重个体

在之前的教育教学中，学生被假定为没有差异的统一体，所实行的也是统一性的方式方法，这种情况是导致教学低效的重要原因。客观而言，目前教育最大的问题就是没有将学生当作独立的个体，人才的培养愈发倾向于流水线的操作。由于成长环境、能力水平等各方面因素的差异，每个学生的个性都是不同的，那么作为教育的主导者，教师应自觉认可学生个体差异性的存在，并在此前提下做到真正地尊重学生、理解学生，认识到学生的主体地位，从而在课堂教学中对学生作出人文性的评价。

例如，教统编版语文五年级上册《慈母情深》这一课时，对于作者后来的做法——“那天，我用那一元五角钱给母亲买了一听水果罐头”，有学生提出了异议，表示作者这么做浪费了母亲的心血，但大部分学生认为作者是出于感恩之心，这么做没有错。面对学生的争论，教师可以这么说：“看来大家都有做评论家的潜质啊！但是谁对谁错一下子不容易判断出来，不如每个人将自己的依据整理成文，通过辩论让大家明白你的思路吧。”这个案例教会我们，在面对个别学生时，我们务必要给予学生更多的尊重、包容与赏识，积极发掘他们的闪光点，并给予充分肯定与表扬。特别是在课堂教学中，教师对后进生的人文性评价能够帮助他们重拾信心，主动投入课堂学习中。

（二）有效评价，评出语文味

记得教统编版语文四年级上册《为中华之崛起而读书》这一课时，我将教学评价与课文内容相结合，以凸显小学语文课堂教学评价的语文味。具体而言，在学生解决生字词问题、全面梳理文章大意并带着感情朗读全文后，我评价道：“读得真好，在你们身上，老师仿佛看到了少年周恩来发出震耳欲聋呐喊的身影，希望你们在以后的学习生活中也能够学习少年周恩来，树立崇高的理想信念，响应‘少年强则国强’的口号。”这样做的目的是提高学生的成就感和自信心，让学生愈发认识到语文课堂教学评价的独特性。

从这个过程可以看出，语文课程与其他课程相比最大的区别在于，具有鲜明的语文味。而想要体现这种语文味，除课堂提问之外，最重要的方式恐怕就是教学评价了。因此，只有将教师、学生、课文三者进行结合，生成有效评价，才能让语文课堂实现语文味。

二、体现理性，评价有方法

在进行小学语文课堂教学评价时，教师要多发掘学困生的优点，这样可以提高学困生的自信心，有助于他们不断完善自我，使其更加积极向上。同时，教师要注意指出学生错误的方式，以免伤害学生的自尊，打击学生的积极性。为此，教师需要有智慧、有艺术地进行评价与点拨。

例如，在一次短文朗读中，一个学生的读音存在一些问题，教师是这样评价的："整体读得非常好，但是还有一个小问题，老师想给你提个醒，'露'是一个有着'多件外衣'的多音字，它只有在特定的词中才读'lòu'，在本文中它应该读'lù'。"听了教师的评价，该生又读了一遍，这次读得非常准确。在这个过程中，面对学生不尽如人意的朗读，教师并没有一味否定，而是通过善意的提醒给了学生第二次机会，这样一来，学生不仅及时查缺补漏，还提高了积极性，而教师也在不经意间又传授了一个小知识点，这样的课堂评价相信是有效的。

三、重视民主，评价燃火花

新课标再次强调，学生才是课堂的主人。因此，在小学语文课堂教学评价中，教师应主动将课堂归还给学生，以此回归教育的本质。

（一）小组合作，互评互助

我们可以按照座位分布将班级学生分为多个学习小组，采取四人一组、组长轮流的互评制度。在日常学习过程中，组长不仅要负责收发作业，还要定期对小组内各个成员的课堂表现进行评价。在这个过程中，绝大多数学生都能够采取"互相欣赏、互相激励"的评价方式，即使个别学生存在发言不准确的情况，评价者也会从提出建议的层面进行评价，以此确保评价的正向性。相应的，如果被评价的学生觉得评价不恰当，也有权表达自己的观点。实践证明，相比于教师单一的评价，这种自评、互评产生的效果往往更加精彩，有助于生成高品质的课堂。

（二）民主和谐，活跃氛围

在以往的小学语文课堂教学评价中，口头评价基本上是唯一的形式，考虑到小学生的学习特点和发展规律，这显然是不够的。为此，教师应辅以表情、动作、手势、眼神等肢体语言，以此提高评价的生动性和真实性，让学生切身感受到教师的诚恳态度。

教统编版语文四年级上册《陀螺》这一课时，教师对学生提出了这样一个问题："同学们，这个'奋力抽转自己的冰尜儿'是什么样子呢？"学生开始做"抽"的动作，但是由于拘束，做得很不自然，教师见状，不慌不忙地做出"抽"的动作，不仅力量感十足，表情也很丰富，还用眼神鼓励学生，于是学生也跟着教师的动作放开了姿态，在动作演绎中加深了对课文的理解。在这个过程中，教师通过恰当的动作、丰富的表情和鼓励的眼神调动了学生的学习热情，不仅点燃了学生的思维火花，还让课堂更有温度。

在小学语文课堂教学中，教学评价的有效性能够促进学生各方面能力的提升，有助于发展学生的核心素养。因此，教师有必要在尊重理解每一个个体的前提下，通过人文、理性、民主的评价深入学生群体，培养学生的核心素养，进而润泽学生的心灵。

浅谈新课标背景下
引导学生品读古诗词的几点做法

汕头市龙湖区金晖小学　杨畅

古诗词以凝练见长，以意境见美，是我国宝贵的文学遗产，也是中华优秀传统文化教育的重要内容。“腹有诗书气自华”，古诗词一直以来就是语文教学内容的重要组成部分，是学生了解中国文学、提高文化素养的优秀资源。

《义务教育语文课程标准（2022 年版）》明确提出了语文课程立德树人的根本任务，要求以促进学生核心素养发展为目的。通过语文课程的学习，让学生认同并热爱中华文化，继承和弘扬中华优秀传统文化，建立文化自信，成了重要的课程目标。在这样的时代背景下，培养小学生对古诗词的学习兴趣，学会欣赏古诗词的美，成为提升学生核心素养的重要途径。

如何在语文教学中引导学生品读古诗词，让学生感受古诗词的魅力？下面是我在教学实践中的一些做法。

一、反复吟诵，感受诗词语言之美

反复吟诵，是感受诗词画面美、意境美、语言美的重要途径。诗词吟诵，可以不拘形式，不拘表达风格，以自己的理解尽情发挥，怎么理解就怎么读。例如，《登鹳雀楼》是一首脍炙人口的五言绝句，我把教学过程设计为：读诗、唱诗、吟诗。

首先，让学生齐声朗读诗句，整体感知诗的内容。由于这首诗的节奏、韵律明显，学生的朗诵一开始就显得有板有眼、字正腔圆。

接着，出示这首诗的曲谱，让学生根据曲谱唱诗，随着悠扬的乐曲，感受登高望远的境界，从而感悟到古人积极进取、不断开拓的精气神。磅礴的音乐配合着诗句开阔深远的意境，展现出来的感染力是独特的、无穷的。

最后，让学生自由吟诗，直抒胸臆。学生有的微闭着眼，小声吟哦；有的浑然忘我，大声唱诵。有一个学生别出心裁地用潮汕方言把诗句诵读了出来——潮汕方言素有古汉语“活化石”之称，用潮汕方言吟诵古诗词，声律和音韵自然流畅，尤有味道。这个学生的吟诵得到大家的一致赞许。

各种形式的反复吟诵，能够把诗中蕴含的情感揭示出来，从而激活自身的情思和联想。这样的诵读，既能感动自己，又能感染别人。

二、创设情景，感悟诗词意境之远

汉语是最富有诗意的语言。简短的几个字，所代表的不是简单、具象的东西，而是深远的意境和丰富的情感。例如，当说到“小桥流水”，我们想到的不只是具体的桥梁和溪流，而是仿佛能看到“江水绿如蓝”，仿佛能听到吴侬软语，我们感受到的是一种恬适和宁静。这是文化的积淀和表达，是只可意会而不可言传的意象之美。

让学生感悟其中的意境，是语文导学的一个重要任务。在诗词品读中，我注重创设情景，让学生置身其中，慢慢体会、理解和感悟。针对低年级的学生，我主要带领他们找到文字韵律之美，以循环往复的诵读、轻快悠扬的旋律，让学生自然而然地沉醉于诗的情景、意境之中。对于高年级的学生，则必须通过语境的创设，让他们不仅对诗中的画面了然于心，还懂得用自己的心灵去触摸诗的意境，进入诗词的境中之境。

孟浩然的《春晓》语言生动、韵律简单，三岁小儿也能朗朗上口。面对小学五年级的学生，我要求他们不能只停留于字面或文义的理解，而是要捕捉诗中丰富的意蕴、题旨和情趣，读出诗人感情的微妙变化。诗中那风声雨声，那遍地落花，那处处啼鸟，有动静结合，体现出时间的跳跃、阴晴的交替，都是诗人未宣之于口的感情。学生要感受这些情怀，进入诗人的思想领域，读出诗句的厚重韵味。

单从字义着手，学生很难体会诗人的心情，朗读时会缺乏感情。经过思索，我这样引导他们解读诗句：

首先，让学生欣赏一段剪辑的音乐，轻快的乐曲中有潺潺流水声，有声声鸟鸣，还夹杂着风吹拂树叶的飒飒声和雨打芭蕉的瑟瑟声。

接着，让学生说说听音乐后的感受，任其畅所欲言，老师不做指导。

然后，出示精心挑选的春景图，师生一边欣赏一边交流。

最后，让学生闭上眼睛，用心灵聆听那春天的乐音，自由诵读。经过这一系列的引导，学生朗诵时感情把握准确，读出了节奏，读出了语感，读出了韵味。学生在老师的引导下，融情入景，情景交融，自然而然地引发了自身的情思和联想，感悟到诗词深远的意境。

三、拓展思维，再现诗词神韵之深

古诗词中往往深藏着十分丰富且能贯通古今的人生意蕴，这种内蕴之美，因个人感悟不同而有所差别——各种各样的视角、切入点，各式各样的理解和情绪，没有规定的标准。“词无达诂”，大概就是这个意思。所以，在品读过程中，我鼓励学生运用多种有自我特色的审美手段去再现诗词的神韵，尽情地拓展思维，让自己的理解、感受通过再创造，能够传达给别人。

贺知章的《回乡偶书》后两句是“儿童相见不相识，笑问客从何处来”，全诗就在这“有问无答”之处悄然结束，让人有太多联想。这淡淡一问中，包含了诗人无穷的感慨。学生见解也各不相同。有的学生说：“这是诗人在久别还乡时感慨自己一生坎坷，表达久客伤老之情，哀伤溢于言表。”有的学生说：“诗人当时还算是衣锦还乡，不至于愁苦满怀，应该是面对儿童笑问有一种对岁月流逝的无奈之感，以及对自己的调侃之情。”也有的学生认为，诗中所描写的是一个富于戏剧性的儿童笑问场面，极富生活情趣，作者为这一有趣味的生活场面而感动，应该是面带笑容的……

我鼓励学生尽情表达，赞赏学生的独特见解，并因势利导，引导学生沿着自己的思维，挖掘诗中蕴藏的神韵。

我先向学生介绍了贺知章生平的一些事迹，略谈了当时的社会背景。学生在讨论中得出共识：贺知章并非一个纯粹的“悲情诗人”，当时确实是辞官告老还乡；对这首古诗的理解，不能只听“一面之词”，各种解读可兼而容之，大家的看法各有特色。

我再让他们根据自己的理解来朗诵诗句，把自己当成诗人，用自己的感受触摸诗人的心灵，与诗人对话。学生很快进入忘我的境地，以自己个性化的感悟和理解，处理朗诵的语气，在朗诵中体现出自己对诗意的独特解读。他们读得入情入境，让听者也产生了共鸣。

课后，学生有的把自己的所思所感写成读书笔记；有的查找了诗人详细的生平事迹，写上自己的解析，以此印证自己的看法……学生兴致勃勃，甚至想要举行一个小小的辩论会，继续讨论和交流。

在思维拓展中，学生既把握了整首诗的神韵，又深化了对诗中神韵的理解。更重要的是，在这一过程中，学生运用自己各方面的知识经验，与诗词联系起来，去“想诗”，去再创诗的意境，从而激活了自身的情思和联想。

蕴含着丰富文化内涵的古诗词，不仅自身具备审美价值，还兼有思想、伦理、科学、文化等方面的旨趣。在反复的入情入境诵读中，学生能够感受到诗词之美，体会到意境之远，品味到神韵之深。在感知、品味诗词语言的过程中，学生的思维能力与审美创造能力得到发展与提升，在悄无声息中，丰富了情感世界和精神世界，使心灵与诗情共振，并内化为自身的气质与人格。

第三章

任务赋能言实践

学习任务群概念下的教学案例和作业设计以培养学生核心素养为目标，立足单元整体，基于学生立场和学习过程，充分体现人文主题和语文要素的双线组元，以教学案例和作业设计改革促进教学改革的实践探索，为减负增效赋能。

学习任务群概念下的教学案例

有“境”趣浓情生 有“评”更易学成

——以“趣味故事会”口语交际教学为例

汕头市濠江区赤港小学 陈世颖

一、案例背景

《义务教育语文课程标准（2022年版）》指出：“语文课程应引导学生热爱国家通用语言文字，在真实的语言运用情境中，通过积极的语言实践，积累语言经验，体会语言文字的特点和运用规律，培养语言文字运用能力。”其中特别指出，应“增强课程实施的情境性和实践性，促进学习方式变革”。因此，作为一名语文教师，为了更好培养学生的语文实践能力，需要结合2022年版课标所提出的语文学习任务群的课程结构，以生活为基础，以主题为引领，以学习任务为载体，积极创设语言实践活动，为学生搭建交流表达的平台，引导学生开口说，让学生在参与听、说、读、写等语言实践活动中，获得情感体验，习得语文知识，形成“语”“文”能力。而口语交际课作为学生语言运用的实践与检验阵地之一，尤其值得我们重视。

根据新课标理念，在统编版语文三年级下册第八单元口语交际课上，我以“趣味故事会”为主题，构建了相关的学习任务群，采用创设情境法、示范引领法、以评促说法、以导助说法的教学方法，通过创设具体的语言情境，引导学生在模仿中学习口头表达的技巧，促进语文要素在潜移默化中层层递进，落实到位。

二、案例描述

（一）创设情境，“趣”味横生

同学们，老师听说“六一”儿童节学校想要开展一次“故事大赛”，正烦恼不知请哪位同学代表我们班“出战”呢！你们能帮老师这个忙吗？

今天这节口语交际课，我们就来开一场“趣味故事会”，看看谁是我们班的“故事大王”，能代表我们班夺下学校“故事大赛”冠军！瞧瞧谁拥有一只“金耳朵”，能记住一个个趣味十足的故事！

（板书课题：口语交际——趣味故事会）

（二）围绕“趣”字，初步交流

1.“单”为媒介，交流品“趣”

（1）相信通过预习，同学们一定准备了许多有趣的故事和我们分享。哪位同学愿意先来给我们讲讲你带来的故事呢？其他同学注意听，把他说的故事名称和主要内容记下来，想一想他的故事哪个地方最吸引你，把你最感兴趣的地方或想进一步了解的地方记录下来吧。

（2）结合预习单，小组交流记录。

“趣味故事会”预习单	
班级：	姓名：
故事：《　　　　　　》	阅读次数：
主要内容：	
最有趣的片段：	
记住故事的好方法：	

（3）同学们，好故事要和更多人分享。请在认真听故事的过程中，将自己感兴趣的地方或者想进一步了解的地方写在评价单里，老师还会在你们当中寻找最认真的听众哦！

“趣味故事会”评价单
我最想听：__________的《____________》
理由：____ ____ ____ ____

2. 巡视指导，适时奖励

（1）小组交流时，教师根据学生的不同表现及时点拨。

（2）寻找听得认真、用心记录的学生，颁发“最佳听众”奖章。

（三）多向互动，提升“趣”味

1. 出示视频，观看“偷师”

同学们，有个小伙伴听说我们班在开展故事会，他也想来参加。让我们来听听他带来的故事吧！在听的过程中，想一想：刚才我们班讲故事的同学和视频中的同学，谁把故事讲得更有趣，更吸引人？为什么？

2. 创设情境，“趣”中巩固

（1）明确任务，学以致用。

现在，我们的故事会马上就要开始了。让我们也用上述视频中同学的好方法来讲讲自己的故事吧！请大家以小组为单位，在小组中讲故事。讲故事的同学注意尽量用生动的语言打动小组成员。其他同学要认真倾听，尽量不要打断，听完后有礼貌地提出你没有听明白的地方或提出你的意见，并与同学讨论。

（2）有依有据，“评”中知“趣”。

同学们，通过刚才的交流，相信你们一定能扬长避短，把故事讲得更生动有趣。请根据同学们给你的建议，再把这个故事讲一讲。其他同学在听时，想一想他哪里进步了，然后根据老师给你们的评价标准，在小组中选出你心目中的“故事大王”和“最佳听众”。

3. 全班交流，推荐代表

（1）各小组“故事大王”参加班级“故事大王”竞选，选出各小组的“最佳听众”作为小裁判。

（2）进行班级“趣味故事会”，小裁判根据评价标准，选出班级“故事大王”。

（四）总结延伸，“趣”上加“趣”

1. 总结收获

2. 布置作业

（1）在家里开个小小趣味故事会。

（2）把今天听到的趣味故事讲给家里人听。

三、案例分析

统编版语文教材采用“双线组织单元结构”，兼顾人文主题和语文要素两条线索，力求做到两者的协调统一，强化语文学习的综合性和实践性，让学生自主、合作、探究学习，自主阅读，自由表达，以培养创新精神和实践能力。而统编版语文三年级下册第八单元导语为“有趣的故事，留下的不仅是开心的笑声，还有许多的思考”，为我们揭示了本单元的人文主题。另两条单元提示——“了解故事的主要内容，复述故事”和“根据提示，展开想象，尝试编童话故事”，则点明了本单元语言运用与训练的重点。“趣味故事会”是本学期的第四节口语交际课，它是根据单元主题“有趣的故事”安排的一个话题，指向复述能力在生活中的实际运用，通过组织学生听、讲、记有趣的故事，帮助学生在实际运用中规范口头语言，提高口语交际能力。教材从两个方面对本次口语交际课提出了要求：一是讲故事要运用合适的方法，即在熟记故事内容的基础上注意语气、表情转化，加上适当的手势等，把故事讲得更吸引人；二是能认真听别人讲故事，记住主要内容。

鉴于以上，基于新课标，本次口语交际课，我注重过程性评价，先引导学生在课外阅读积累，并借助预习单筛选自己觉得有趣的故事，然后在课堂上组织学生听、讲、记有趣的故事，说说别人做得好的地方以及需要改进的地方，帮助学生在实际运用中规范口头语言，提高口语交际能力。

为了发挥最大化的教学效果，不管是备课还是上课，学生需求都是我最关注的。鉴于本单元的语文要素是“了解故事的主要内容，复述故事”，而听故事、讲故事都是学生喜闻乐见的形式，因此，教学本单元前，我便拟定了“趣味故事会”这一主题，提前让学生明确接下来这一单元的学习与“有趣的故事”有关，如何了解故事内容、怎么讲好故事等是接下来要完成的学习任务。在明确学习任务后，整个单元的学习，不管是课内还是课外，“故事”无处不在。如：这个故事有趣的地方在哪儿？作者是怎么让“趣”在读者面前展现的？……预习单很好地帮助学生记录了这些阅读体会。而当这些体会感受进入课堂时，对于单篇课文的理解，不管是以个体的形式呈现，还是以整体的形式整合，都有助于学生了解“故事”这一文本创作的结构等元素，帮助其进行有效学习。

经过一个单元的单篇课文学习，学生已经掌握了一些复述的方法，为口语交际课的“讲故事”打下了基础。但讲故事毕竟不是简单地复述故事，还要有表情、语气、适当的手势等加以辅助，才能把故事讲得更吸引人。对三年级学生而言，这还是比较困难的，更何况学生的表达水平存在差异。思及此，在本次口语交际课的教学课堂上，我采用了阶梯式的教学方法，用激励性的评价语言鼓励学生，引导学生认真听别人讲故事，记住主要内容，再自然、大方地把故事讲给别人听，并用合适的方法，借助语气、表情、手势等把故事讲得更吸引人，从而提高学生口语交际能力。

四、评价与反思

1. 创设情境，趣浓情生

2022年版课标指出，语文课程的核心素养为“文化自信”“语言运用”“思维能力”“审美创造”四个方面，而这四个方面的落实有赖于六大学习任务群的有效落实。其中，“语言运用”这一核心素养的实现有赖于“基础型任务群”——语言文字积累与梳理。唯有足够的量的积累，才能实现质的飞跃。因此，在开展口语交际课前的这段时间，我引导学生大量阅读课内课外童话，在积累语言文字的同时，用心品读，感受每个故事的异同点，从而促进思维能力、审美创造能力的提升。

“口语交际是听与说双方的互动过程。教学活动主要应在具体的交际情境中进行。”因此，上课伊始，我创设了“庆六一”故事会的情境，鼓励学生积极参加，为班级争光。学生一下子就被吸引了，跃跃欲试。就这样，在我所创设的生动、活泼、和谐、融洽的交际氛围中，学生产生了强烈的交际欲望，为接下来口语交际课的顺利进行打下了坚实的基础。

2022年版课标指出：“语言文字是人类社会最重要的交际工具和信息载体。”多角度引导学生乐说、善说，是语文教师的职责所在。因此，教学前，我先通过单元导语“有趣的故事”，提前让学生在课外进行自主阅读，并选择一个自己觉得有趣的故事，然后借助本单元学过的方法如表格、图示等，将故事内容梳理清楚，将阅读过的“有趣的故事”填写在预习单上。上课时，结合预习单进行交流，并完成评价单。这样，通过小组交流、全班汇报，加上适时引导、点拨，我不仅了解了大部分学生感兴趣的故事，还让学生回顾了记住故事主要内容的方法，巩固了本单元所学，将单元语文要素扎扎实实地落实到位。这样的梯度设计，让学生在轻松的氛围里更好地体会故事的趣味性，进一步落实 2022 年版课标倡导的“乐于用口头、书面的方式与人交流沟通，愿意与他人分享，增强表达的自信心”这个目标。

“口语交际是听与说双方的互动过程”，因此，我播放了一段讲故事的视频，让学生边看边思考：怎样把故事讲得更有趣，更吸引人？引导学生从语气、语调、表情、动作等方面找亮点、提建议，并及时评价。这是本节课的重点，学生在汇报、评价、互动交流中逐步掌握把话说清楚、说有趣的技巧，想要表达的情绪逐渐上涨。这时我再点拨、评价、引导，并相机做好板书，使学生的思维在碰撞中活跃、跳动，而多向互动交际也使得他们在感受所听故事内容的“有趣”中，逐渐觉得讲故事“有趣”。

如此，在听与讲的过程中，浓浓的“趣”必定会让学生乐学、爱说的情绪愈发浓厚，其学习及口语表达的能力便得到了提升。这便是通过创设具体情境，让学生在现实需求中提升语言表达的技能，从而落实 2022 年版课标对“实用性阅读与交流”学习任务群提出的要求：“引导学生在语文实践活动中，通过倾听、阅读、观察，获取、整合有价值的信息，根据具体交际情境和交流对象，清楚得体表达，有效传递信息。”

2. 学评一体，更易学成

语言是思维的载体。为了更好通过“思辨性阅读与表达”这一学习任务群落实“思维能力”这一核心素养，在习得方法和练习的基础上，我让学生以小组为单位，选择小组成员感兴趣的一个故事，轮流说一说，听的成员提建议，进一步完善故事。同时，分别对听故事和讲故事的同学提出要求和评价标准，让学生在听和讲的过程中学会辩证思考，选出小组中的“故事大王”和“最佳听众”。本环节的设计，我紧扣 2022 年版课标提出的学习要求，通过发放评价表格，让“最佳听众”当评委，从小组“故事大王”中选出班级“故事大王”，其他同学既当观众又当监督员的方式，多向互动提升趣味，让学生在真实的语境中融入自我，从而提高口语交际能力。这样循序渐进的实操练习、多向互动的过程性评价，落实了语文核心要素，培养了学生的语言运用能力。

但一节课的结束，并不意味着学习的完结。学习是为了在生活中应用，口语交际能力的培养，不应只局限于课堂。在总结环节，我引导学生说说这节课的收获，让他们运用课堂上学到的方法，在家里开个小小趣味故事会，把自己准备的故事讲给家人听，也可以讲讲今天听到的趣味故事，这样的安排有利于学生口语交际能力的提高和巩固。最后，通过简洁明了的板书，让学生明确本节课的重难点所在，从而更好地掌握知识技能。这样，在“教一学一评”中，学生不仅能修正自己的不足，还能帮助小伙伴改正错误，在互帮互助中提升自身的语言文字运用能力，同时感受祖国文字、语言、文化之美，在不知不觉中形成新的、独具一格的学习模式，收获更多语言文字运用的方法。

在真实情境中开展实用性阅读与交流

——五年级下册《金字塔》教学案例

汕头市龙湖区金晖小学　洪斯嘉　杨畅

一、案例背景

《义务教育语文课程标准（2022年版）》提出了“学习任务群”的概念，其中的“实用性阅读与交流”属于发展型学习任务群，要求通过语言文字信息和阅读内容的选择，在筛选、整合信息中提高学生的实用阅读能力。在教学过程中，应以学生交流为核心，将阅读与口语交际进行有机融合，让学生在真实的社会生活情境中实现实用性阅读与交流，在交流互动中巩固阅读所得。

二、案例描述与分析

（一）教材分析

统编版语文五年级下册第七单元的人文主题是“世界各地”，本单元编排了《威尼斯的小艇》《牧场之国》《金字塔》三篇课文，展现了水城威尼斯独特的城市风光，描写了荷兰安闲的牧场，介绍了古老的埃及金字塔，呈现出一幅幅动人的画卷，体现了世界各地丰富多彩的自然人文景观的魅力，能激发学生了解世界多元文化的兴趣。

《金字塔》编排了两篇短文，分别是散文《金字塔夕照》和非连续性文本《不可思议的金字塔》。结合本单元口语交际中“我是小小讲解员”的话题和要求，本节课围绕“招募金字塔小小讲解员”的主题设计情境任务，落实课程内容中“实用性阅读与交流”发展型学习任务群的要求，开展探究性学习，同时也为本单元的习作“介绍一处中国的世界文化遗产”做准备。

（二）学情分析

五年级的学生已经能够自主识字，有一定的阅读能力，也掌握了一些阅读方法。本节课主要引导学生迁移运用学过的方法进行自主阅读，并分享阅读收获；从作者的语言表达体会作者蕴含其中的感情，进一步提升阅读能力。

（三）教学目标

（1）认识“译、愧”等10个生字。

（2）体会作者的情感，有感情地朗读。

（3）能结合两篇短文所写的内容，说出对金字塔的了解。

（4）初步了解非连续性文本的特点，能说出对两篇短文不同表达方式的感受。

（四）教学重难点

（1）能结合所学的内容，说出对金字塔的了解。

（2）能说出两篇短文在内容、表达方式上的差异。

（五）教学过程

环节一：感受金字塔的意境美

（1）揭示主题，了解情境任务：金字塔小小讲解员招募。

（2）考核项目一：了解金字塔的特点。

①默读短文《金字塔夕照》，思考：夕阳下的金字塔有什么特点？

②学生自学后反馈，师生交流，了解金字塔的特点“金”，教师相机指导朗读。

（3）考核项目二：朗读优美动听，讲解流畅。

组织学生开展形式多样的朗读，体会作者对金字塔的赞美之情，同时为完成接下来的考核任务做好充分准备。

（教师相机板书：景色美、意境美）

环节二：体会金字塔的智慧美

（4）考核项目三：感受金字塔的不可思议。

非连续性文本看似内容零散，其实仔细阅读，我们会发现篇章之间、语段之间、图文之间都有一定的联系。（在学生了解非连续性文本特点的基础上，引导学生仔细阅读《不可思议的金字塔》，思考材料之间的联系，整理信息，完成“金字塔小小讲解员考核单”中考核项目三的思维导图）

根据思维导图，结合课前所搜集的资料，小组交流讨论：你会用一个什么关键词向游客讲解金字塔的不可思议？

（教师相机总结关键词，学生上台板书）

（5）考核项目四：探究问题式批注。

关注材料中的问题式批注，你觉得游客还希望了解关于金字塔的哪些信息？他们会跟你提出什么问题？试着把你的回答写下来。

环节三：体会不同的表达方式

师：阅读第一篇散文，同样写金字塔的高大雄伟，散文是怎么写的？

生：远远望去，它像漂浮在沙海中的三座金山，似乎一切金色的光源，都是从它那里放射出来的。

生：你看，天上地下，黄澄澄，金灿灿，一片耀眼的色调，一幅多么开阔而又雄浑的画卷啊！

师：同学们发现了吗？表达方式不同，可是读着读着，我们却能读到某些相似的感受，不同当中又有相同，散文会让我们沉浸在作者的描绘和感受之中。而非连续性文本换了一个角度去追寻金字塔，更理性，也更直观。读着读着，我们会情不自禁为作者那些精准的解释说明所折服。从非连续性文本中，我们可以看出金字塔充满科学的智慧之美，让人赞叹。（教师相机板书：智慧美、科学美）

师：作为一名小小的讲解员，你更喜欢用哪种方式来讲解？请说说你的理由，并试着用你喜欢的方式来讲解。

附：金字塔小小讲解员报名表

金字塔小小讲解员考核单

金字塔小小讲解员报名表

你向往无边的大沙漠吗？你能想象出神秘的金字塔是如何建造的吗？亲爱的同学们，暑假学校将开展游学活动，走进埃及，探寻古老金字塔的秘密。此次活动需要5位小小讲解员随行。假如你乐于表达，善于交流，欢迎你报名金字塔小小讲解员招募活动。赶紧来报名吧！

金字塔小小讲解员报名表			
★基本信息			
姓名		年龄	
★招募要求			
查一查有关金字塔的资料，整理后写下来：			

（续表）

短文	具体内容	介绍方式	表达效果
《金字塔夕照》		以文字为主	语言优美，情感浓郁
《不可思议的金字塔》	介绍了胡夫金字塔以及建造金字塔时的古埃及		

金字塔小小讲解员考核单

想要成为讲解员，除了搜集充分的资料，还要学会整理资料，提升自己的语言表达能力。让我们完成考核单，成为一名合格的讲解员吧！

金字塔小小讲解员考核单

★考核项目一：了解金字塔的特点

★考核项目二：朗读优美动听，讲解流畅

★考核项目三：仔细阅读两则材料，根据材料中的内容，结合课前所搜集的资料，小组交流讨论：金字塔的不可思议表现在哪里？

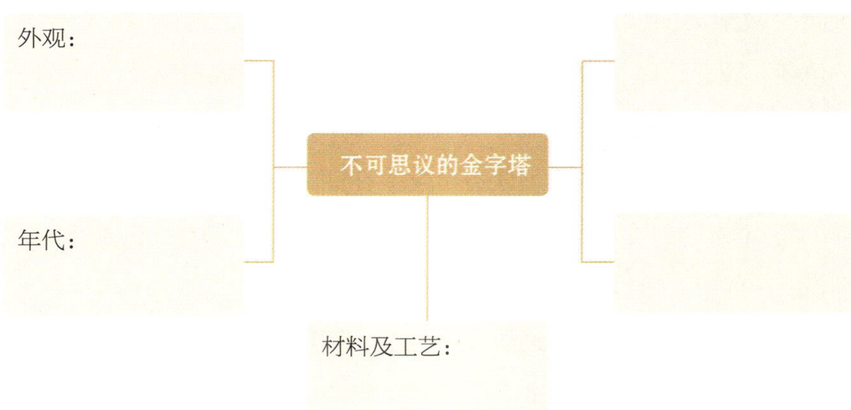

在我看来，金字塔最不可思议的是它的__________。（用一个关键词概括）

（续表）

★考核项目四：关注材料中的问题式批注，你觉得游客还希望了解关于金字塔的哪些信息？他们会向你提出什么问题？试着把你的回答写下来。

三、评价与反思

1. 创设情境，落实实用性阅读与交流

此次教学案例以创设“招募金字塔小小讲解员”的情境，让学生确立“角色”概念，以“考核单”的任务形式驱动整节课的教学。在第一个环节中，通过阅读文本，设置考核项目一和考核项目二，感受金字塔的特点，完成提升朗读能力的学习任务。学生在朗读中提炼关键信息，了解金字塔的特点是“金”，提升了朗读能力，为完成第二个环节的考核任务做好准备。

在第二个环节中，教师通过复习回顾，引导学生回顾散文《金字塔夕照》的情感表达方式并认识非连续文本的特点。继续以任务形式驱动，落实实用性文本阅读，引导学生关注材料中的信息并学会整合信息，体会金字塔的不可思议之处。最后，将两篇短文整合对比，引导学生发现不同文

本的情感表达方式的不同，并联系“小小讲解员”的任务要求，让学生试着用自己喜欢的方式来介绍金字塔。

2. 开展探究式教学

实用性阅读不仅要有具体真实的生活情境，更要让学生在情境中通过自身的探究实践活动完成学习任务，实现实用性文本的运用，提高语文运用能力。此次教学案例中，引导学生重点关注非连续性文本中的问题式批注，开展探究式教学。在教学过程中，学生通过课内文本阅读与课外搜集资料相结合，在情境式任务的驱动下，展开对神秘金字塔的探究，也为课后“推测金字塔是如何建成的”这一思考题做好准备，同时也激发了学生的探究兴趣。这样的探究实践活动过程，将课内教学与课外活动相结合，将学习与生活相融合，实现了实用性文本在日常生活中的应用价值。

总之，实用性阅读与交流的最终目的是提高学生在实际生活中的信息整合能力、语言交流能力及实践探究能力，让学生的核心素养在实用性文本的阅读中不断得到提升，让学生在真实的情境中将学科知识与生活实际相结合，不断提升语言交流表达能力，以更好地适应当今社会发展的趋势。

展开想象翅膀　编绘彩色之梦

——二年级下册《彩色的梦》教学案例

汕头市华侨试验区金湾学校　蔡媛媛

一、案例背景

《义务教育语文课程标准（2022年版）》总目标提出："积极观察、感知生活，发展联想和想象，激发创造潜能，丰富语言经验，培养语言直觉，提高语言表现力和创造力，提高形象思维能力。"第一学段的学生要学会"展开想象，获得初步的情感体验，感受语言的优美""能较完整地讲述小故事""对写话有兴趣，留心周围事物，写自己想说的话，写想象中的事物"。

统编版语文二年级下册第四单元围绕人文主题"童心"，精心编排了四篇课文，体裁多样，内容充满丰富的想象，富有童真童趣，有儿童诗《彩色的梦》、儿童散文《枫树上的喜鹊》、儿童故事《沙滩上的童话》、自述性散文《我是一只小虫子》。本单元的语文要素是"能根据情景展开想象，仿照课文相关段落或语句，把想到的内容写下来"；教学目标是"能根据提示，用上提示的词语编故事"，旨在培养学生丰富的想象力和语言运用能力。教材在四篇课文的课后练习及语文园地中都对此设置了多角度、多层次的练习。与“想象”有关的语文要素出现了两次：二年级上册第七单元“展开想象，获得初步的情感体验”；二年级下册第二单元“读句子，想象画面”。从“展开想象”到“想象画面”，再到“把想象的内容写下来”的编排思路，体现了由易到难、螺旋上升的逐步培养要求。

二、案例描述

《彩色的梦》是一首充满想象、充满童真稚趣的诗歌，全诗共四个小节，语言简单、优美，朗朗上口，文章洋溢着浓厚的童趣，运用自由、夸张的表现手法，大胆地描写了彩笔勾画的不同梦境，表现了儿童对大自然的赞美与向往。这首诗歌贴近学生的生活，且富于想象力，容易激发学生自主学习的兴趣。学生通过与文本进行对话交流，提升思维能力，实现基础认知提升和把想到的内容写下来的目标要求。学生之前已学过一些诗歌，有了一定的阅读经验，掌握了一些阅读方法。二年级学生的心理特点是喜欢想象，且已具备从“展开想象”到“想象画面”的能力。但是，本诗歌写得比较含蓄，并不容易理解。

三、案例分析

片段一：创设情境，畅谈彩色的梦

课前与学生交流，引出话题：小朋友们，昨晚睡得好吗？有没有做一个美美的梦呢？谁来讲讲你的梦？让学生畅所欲言，说出自己的梦境，在交流中感受梦境的新奇、梦幻。接着，引出任务情境：这节课我们就围绕“彩色的梦”这个主题进行诗歌创作，评一评谁的梦境能成为“最美彩色梦”。

【评析：课前交流环节，通过引导学生交流梦的内容，打开学生的话匣子，激起学生学习的兴趣，引出“最美彩色梦”诗歌创作比赛的情境任

务，让学生带着任务进入课堂学习，争当“最佳小诗人”。】

片段二：细读想象，品析彩色的梦

指名读第一、二小节，进行生生互评，教师适时指导朗读。以舒缓的语气朗读描写彩笔绘画的句子：“大块的草坪，绿了；大朵的野花，红了；大片的天空，蓝了。”读出排比语句的气势渐强，想象画面的明丽色彩。重读“大块”“大朵”“大片”等词语，读出语言的跳跃和作画的欢畅惬意。明确“蓝——得——透——明”中破折号的作用：表示声音的延长，读的时候音稍拉长。

接着引导学生抓住关键词理解诗歌内涵。

师：“彩色的梦”指的是什么？

生：彩色铅笔。

师：原来彩色的梦是彩色的铅笔，他们在干吗？一起读——

生：“我有一大把彩色的梦，有的长，有的圆，有的硬。他们躺在铅笔盒里聊天，一打开，就在白纸上跳蹦。”

师：有的同学常常会把最后这个词读错，读成“蹦跳”。我们平时经常说“蹦蹦跳跳”，是诗里写错了，你们同意吗？

生：不同意。

师：两个词的意思是一样的，那为什么要写成“跳蹦”？

生：比较押韵。

师：谁的韵脚？

生：梦。

师：“梦”的韵母是 eng，“蹦”的韵母也是 eng。写诗的时候有些词换个位置就能让它押韵了，这样读起来更加朗朗上口。彩色的铅笔在铅笔盒里聊天，他们会聊些什么呢？

生：可能会聊主人下次会用谁。

生：可能会聊下一期要画什么内容。

生：绿色的铅笔可能会说："我画草地好还是画树木好呢？"

师：我听出来了，每一支铅笔最想做的事情就是画画。他们除了跳蹦，还会在白纸上干什么呢？

生：跳舞。

生：赛跑。

生：转圈。

师：你们的想象力真丰富！多么自由、欢快的彩色铅笔啊！

【评析：本环节重点通过朗读，以读代讲，让学生在朗读中走进文本，并抓住关键词句感悟梦境的内容。为了达到正确、流利、有感情地朗读课文这一目标，在学习课文时，我抓住诗句中关键的字词，引导学生品味理解，在理解中适时指导朗读，读出标点符号的语气，读出自己的感受。】

片段三：想象创作，编绘彩色的梦

师：这些可爱的彩色铅笔到底画了哪些彩色的梦？请同学们边读边用横线画出来。谁能用自己的话概括一下？

生：有绿色的草坪、红色的野花、蓝色的天空。

师：哦，真棒！原来彩色的梦里有绿草坪、红野花、蓝天空。这些都是小朋友用彩色的铅笔在纸上画出的一幅幅美丽的风景呀！瞧，彩色铅笔的脚尖一滑，来到了——

生："大块的草坪，绿了；大朵的野花，红了；大片的天空，蓝了，蓝——得——透——明。"

师：蓝得透明，这是怎样的一种蓝？

生：湛蓝。

生：很干净。

生：就像被洗过一样。

师：是啊，太美了。作者用他的彩色铅笔为我们描绘了彩色的梦境，让我们看到了那么多美好的事物。现在请大家展开想象的翅膀，想一想：如果让你用彩色的铅笔画画，你想画什么呢？仿照第二小节在漂亮的卡片上写上几句话吧！

脚尖滑过的地方，

__________的__________，__________了；

__________的__________，__________了；

__________的__________，__________了，

__________________________________！

师：听着轻音乐，我们的思绪仿佛飞到了天空，飞到了宇宙。谁来描绘一下你那奇特、美好的梦境呢？我们一起来评选“最美彩色梦”吧！

【评析：本环节注重读写结合，引导学生联系生活实际，发挥联想和想象，把自己想到的内容说出来、写下来。在仿写过程中，引导学生敢于展开想象，乐于表达自己的想法。通过仿写练习，提高学生的思维能力、想象能力及语言运用能力。】

四、评价与反思

本文作者运用拟人的手法、丰富的想象使表达更加生动形象，彰显出语言的表现力，贴近儿童的内心世界。本单元的教学重点是运用所学的词语，把想象的内容写下来，旨在培养学生丰富的想象能力和语言运用能力。因此，本课教学重点是品读诗歌，重在欣赏、体验，在读出感受的基础上引导学生自由想象，仿照课文说一说、写一写。读写结合既培养了学生的读写能力，又加深了学生对课文内容的理解，有效提高了学生的语言表达能力，发展了学生的思维能力，较好地完成了本课的教学目标。

新课标要求第一学段的学生“诵读儿歌、儿童诗和浅近的古诗，展开想象，获得初步的情感体验，感受语言的优美”，从中可看出第一学段

的诗歌教学应该重在积累、熏陶感悟，而非透彻的理解体会。鉴于此，我带领学生反复朗读，从多个角度、多个关键词去感受诗歌之美，从中获得初步的情感体验；通过有节奏、有韵律的诗歌语言，再现、组合、创造意象，发展了学生的想象力。

凸显要素　读写共生

——以《夏天里的成长》为例

华南师范大学附属濠江实验学校　杨佩燕

一、案例背景

统编教材习作单元为学生呈现了丰富的习作知识，体现了为写而读、读写共生的内在编排逻辑。《夏天里的成长》是六年级上册习作单元的第一篇课文，语文要素是“体会文章是怎样围绕中心意思来写的”。课文围绕“夏天是万物迅速生长的季节”这一中心句，选择了各种各样的事物进行描写，字里行间充满着浓郁的“生长感”。

二、案例描述

在本课教学中，要避免将语文要素当作静态的作文知识去教，应根据课文的结构特点，通过“哪些事物让你感受到了生长”以及“作者写了各种各样的事物，为什么不觉得凌乱呢”这样的问题，和学生一起去发现“语言生成规律”。在此基础上，让学生活学活用，多角度打开思维，思考诸多特定时间、特定环境里的生长现象，将“围绕中心意思选材”转化为能迁移的知识。

本课教学要体现大单元整体教学的理念。本单元的习作是选择其中一个汉字确定中心意思，从不同的方面或选择不同的事例来写。这个任务置放在整个单元框架之内，它的完成需要通过若干个学习模块，体现了一个动态生成的过程。在设计《夏天里的成长》这节课的教学时，一方面要找到阅读和写作的契合点，学习课文的表达方法；另一方面应告诉学生本单元的主要任务是写一篇作文，要有意识地聚焦语言形式，提前做好习作的谋划。

三、案例分析

片段一：读课文，悟成长

前面的学习已经找出了全文的中心句，并了解了围绕全文中心句各部分的内容。在这一部分，为了让学生明白作者是怎样围绕中心句把事例写具体的，我引导学生抓住文中列举的几种事物和表示时间的词语，体会作者如何采用不同的事例，运用对仗、夸张等修辞手法，将夏天动植物迅速生长的特点表现出来。

师：请同学们自由读课文，进一步感知作者具体描写了哪些事物在夏天里的生长。（学生自由读文，教师板书课题）

师：这些生物在夏天的生长有什么特点呢？哪句话能说明这个特点？（在学生回答的基础上出示："生物从小到大，本来是天天长的，可是夏天的长是飞快的长，跳跃的长，活生生的看得见的长。"）

师：请同学们自由读课文的第二自然段，看看作者描写了哪些事物在夏天里"飞快的长，跳跃的长，活生生的看得见的长"？

生：瓜藤，一天就可以长出几寸。

师：哪些词带给你感受？品味词语"一天""几寸"。如何"快"呢？——眼见为实。（播放视频）老师为大家带来了一段植物生长的视频，让我们去感受一下。看，瓜藤生长得多快，这也说明了夏天的长是"飞快的长，跳跃的长，活生生的看得见的长”。

师：“你到竹子林、高粱地里听声音，在叭叭的声响里，一夜可以多出半节。”“叭叭”是什么词？

生：拟声词。

师：好的词是立体的，有画面感的。通过这个“叭叭”你们仿佛看到了什么？谁能通过朗读让大家感受到竹子、高粱那拔节的声音？（指名读）

师：我们是六年级的学生，学语文不能仅仅停留在浅表的内容理解上。（出示完整的一句话：“你在棚架上看瓜藤……一夜可以多出半节。”）看看这个句子，你们能发现什么特点吗？

生：一是说清楚写的是什么，二是写出了时间，三是写出了变化。

师：还有哪些例子呢？

生：“昨天是苞蕾，今天是鲜花，明天就变成了小果实。”苞蕾的变化特别快。

师：真的长得这么快吗？你们发现了什么？

生：作者为了突出植物长得快，用了夸张的手法。

师：这确实是——“飞快的长，跳跃的长，活生生的看得见的长”。

生：“一块白石头，几天不见，就长满了苔藓；一片黄泥土，几天不见，就变成了草坪菜畦。”这句话很有节奏感，面积从小变大，由一块石头到一片泥土。

师：能读出这种生长的节奏感吗？

（学生有感情地朗读）

师：嗯，生长的感觉读出来了！带着感情去读课文，与作者的交流仿佛更深入了。

生：“邻家的小猫小狗小鸡小鸭，个把月不过来，再见面，它已经有了妈妈的一半大。”

师：“个把月”是多长时间呢？（一个月左右）如果是你们，一个月能长高多少呢？小猫小狗小鸡小鸭却已经有妈妈的一半大了，它们的长可真是“飞快的长，跳跃的长，活生生的看得见的长”。

师：“一天”“一夜”“昨天”“今天”“明天”“几天”“个把月”这些词语是表示什么的呢？（时间）一个个表示时间的词语，就像不断跳动的计时器，将生物的快速增长表现得淋漓尽致。生活中你是否也观察到生物飞快地生长呢？用表示时间的词语，仿照文中的句子说一说。

（学生跃跃欲试）

生：昨天是鸡蛋，今天是小鸡，明天是公鸡。

生：一天不见，小溪就涨满了水。几天不见，瓜架上就长出了许多小南瓜。

生：昨天是水滴，今天是河流，明天就变成茫茫无际的大海。

…………

师：真是活学活用！有了对生活的细致观察，能够运用转瞬即逝的时间词语，表现事物的飞快流逝，相信在以后的习作中，你们肯定能写出与众不同的表达。

师：这么多的植物、动物在夏天里的变化，从小到大，从无到有，生长飞快，给人留下了深刻的印象。你们能说说作者选取的这些事物有什么特点吗？

生：这些事物很平常。

生：这些事物很普通。

师：是的，这些事物是夏天里最常见、最能体现生物飞快生长的，像这样具有代表性的事物，就叫作典型事物。

（师生合作朗读第二自然段）

师：朗读过程中，我眼前仿佛出现了那一幅幅生动的画面。这种夏日里的成长，不只是时间的跳跃，更是生命的跃动。

【评析：“哪些事物在夏天里，飞快的长，跳跃的长，活生生的看得见的长呢？”这一问题既指向提取信息的阅读学习，又指向文学审美体验。在阅读理解过程中，引导学生关注表达方法，比如同样是表现植物的生长，瓜藤、竹子、高粱分别从视觉、听觉的角度写出了长度和高度的变化。这一部分教学，旨在揭示文本内在的逻辑结构，帮助学生初步建立写作文时要围绕中心意思展开的概念。】

片段二：悟成长，懂写法

这一环节引导学生模仿片段一的学习步骤，自己学会学习。通过对课文语言文字的感知和学习，进一步感悟作者围绕中心意思写作的方法。

师：学习是有方法的，刚才我们是怎么学习的，谁来说说看？

生：品读中心句，感悟特点。

生：读具体事例，感受如何围绕中心句来写。

师：请大家根据学法，进行第三自然段的自学。

师：这一自然段的中心句是哪句？

生：“随着太阳威力的增加，温度的增加，什么都在生长。”

师：你们从中读出了什么关键信息？

生：读出了夏天的生物之所以会比其他季节生长快，是因为温度高。

师：围绕这个中心句，作者是如何展开描写的？

生：“草长，树木长……变宽变深。”

师：你们很会品读句子了。这篇课文的语言像诗一般优美，这句特别明显，它其实就是一首诗——

草长，
树木长，
山是一天一天地变丰满。
稻秧长，
甘蔗长，

地是一天一天地高起来。
水长，
瀑布长，
河也是一天一天地变宽变深。

（引导学生齐读）

师：你能读出每三句前后是什么关系吗？

生：因果关系。

师：你能用“因为……所以……”句式来说说吗？（指名学生说）

师小结：是的，随着温度的增加，什么都在生长。请继续说。

生：“最热的时候，连铁路……像是高起来。”

师：这里包含一个科学的道理，是什么呢？

生：热胀冷缩。

师：这也正是作者引用的那句俗语的意思——不热不长，不热不大。同学们，俗语的引用，让我们更形象地感受到——（引导学生读）“随着太阳威力的增加，温度的增加，什么都在生长。”

师：朗读并体会这一片生机勃勃、热闹的景象。朗读这一段时，该用什么语调？

生：欢快！

师：好，一起来欢快地朗读这一段。（男女学生赛读）

师：夏天真是——

生：“万物迅速生长的季节。”

【评析：第三自然段以渗透学法为主要手段。这一段的语言轻快明了，充满诗意，将部分句段改成诗歌的格式，就能感受到文章表达的方式。长短句交错，读起来节奏感强，学生对文字的体会也更加深刻。作者列举的事物并不常见，通过学习，让学生开拓思维，进一步了解作者的写作思路

和方法。】

片段三：悟成长，学道理

这一部分是为了让学生理解课文的主旨。教学中应先让学生理解谚语的意思，体会谚语的作用，这样最后一句话的理解便能水到渠成。

师："一过夏天，小学生有的……总是要长。"这是看得见的长，背后还藏着看不见的成长，想想是什么？

生：知识、能力、智慧……

师："六月六，看谷秀。""处暑不出头，割谷喂老牛。"这两句话是什么意思？

"六月六，看谷秀"，农历六月初六到处可以看见齐腰深、秀出穗的谷子，谷穗吐金后让农民欣喜不已。

"处暑不出头，割谷喂老牛"，处暑的时候，如果谷子还没有出穗，就没有收成的希望了，就像无用的荒草一样，只能割谷喂老牛了。

师：谚语，只有寥寥几字，却体现着中国古人的智慧。如果农作物到了该长的时候不长，或是长得太慢，就没有了收成的希望。所以，农民都会在植物生长的最佳时期，让植物茁壮成长，这样秋天的时候才会有好的收成。由物及人，作者得出了什么结论？其实我们人也是一样——

生："要赶时候，赶热天，尽量地用力地长。"

师："人也是一样，要赶时候，赶热天，尽量地用力地长。"这句话你们是怎么理解的呢？你们读懂"时候""热天"的意思了吗？

生：指人生的关键时候，热天是指人的关键时期的环境。

师：我们人生的夏天正是青少年时期，正是同学们你们这个年龄段，因此要珍惜时间，抓住机会，努力学习，增长本领，将来才能成为有用的人。在这里，老师想送给同学们两句谚语"补漏趁天晴，读书趁年轻""一日无二晨，时过不再临"。（相机板书：人生道理、珍惜时间、抓住机会）

师：请用心读一读最后一段，希望能给你们带来启迪。（学生齐读）

【评析：这一环节在问题的引领下，学生进一步理解内容，从中获得启迪，明白作者由物及人的创作意图，对课文的认识上升到一个新的层面。】

片段四：明规律，显要素

为了引导学生联系课文，深入探究课文的写作奥秘，我引导学生进行如下学习。

师：同学们，你们看，课文写了这么多事物，却没有凌乱的感觉，这是为什么呢？

生：作者写到的事物很多，但都是围绕“夏天是万物迅速生长的季节”这句话来写的。

师：请你把这句话写在黑板上。（指名学生写）这句话除了能出现在文章的开头，还可以放在哪里？

生：还可以放在文章的结尾。安排在文章的开头，可以起到总领全文的作用；安排在文章的结尾，可以起到总结全文的作用。

师：中心句可以放在不同的位置，那第二、三自然段可以互换吗？

生：我认为不能互换，第二自然段写的是我们生活中熟悉的事物，第三自然段写的事物有点让人意想不到。

师：说得太好了，这就是表达的“陌生化”。

师：我们一起来回顾一下本文的写作特点：（1）写法上围绕中心意思来写；（2）选取典型事物；（3）本文从三个方面层层递进，围绕中心来写，使中心意思表达得更全面、更充分、更深入。

【评析：“课文写了这么多事物，却没有凌乱的感觉，这是为什么呢？”这个问题牵一发而动全身，学生从构段、构篇的视角，将文本的内在结构“可视化”，找到了文章的写作“密码”，为后续的迁移运用打下了坚实的基础。】

片段五：学方法，练写作

俗话说："学了就用处处行，光学不用等于零。"我们要善于向世间万事万物学习，竭尽全力，用力地长。这一环节我引导学生模仿作者的写法，围绕中心意思来写一写。

师：在作者梁容若笔下，夏天的立意是"成长"。那么一年四季，你会选择哪个季节，用哪个关键词立意？请选择其中一个季节，仿照课文，写一写自己的感悟。

（学生思考，小组讨论，自由发言）

生：我可以写"秋天里的收获"。

生：我写"春天里的希望"。我可以这样写——田野的生机、小河的声音、校园里的热闹。然后围绕这几个方面选择事物。

生：我写的中心句是"冬天里的准备"。围绕这个中心意思，我写了三个关键短语——眼见的凋零、暗地里的酝酿、顽强的生长。然后围绕这些关键词选择事物，比如"顽强的生长"，我会选择梅花、迎春花等，这样往下想，就搭建出一个结构。根据这个结构，我就可以写出一篇作文了。

【评析：学以致用，学就是为了用。引导学生学习本文作者的写法，围绕中心意思，选取不同的事例来描述。仿写的内容，有的学生写得很好，是一篇比较完整的文章；有的学生只写了一个片段或者一个自然段，但是基本都能围绕中心来写。不同水平的学生都能得到不同程度的提高，达到训练的目的。】

四、评价与反思

1. 发挥导向，落实要素

在这节课上，我首先让学生明确这堂课的主要任务是什么。这堂课教学的重点和难点非常清晰，就是从不同方面或选取不同事例，表达中心意思。先从单元要求入手，明确本单元的要点，再研读文本，感悟写法，最后总结升华，迁移写法，练习写作。落实这些教学要点时，做到逐步深入、渐次展开。

2. 层层推进，突破难点

本文语言浅显、通俗易懂。例如，课文中讲到了竹子、高粱，讲到了小猫、小狗，讲到了小学生和中学生，这都与学生的生活紧密相关，而且都是学生比较感兴趣的事物，很容易让学生在情感上与作者产生共鸣。因此，教学时我积极创设情境，把学生带入文本之中，学生有了学习的积极性，对学习的渴望会更强烈。

学生都有着自己独特的情感，这种情感被称为个性。在教学过程中，我会让每个学生的个性都有所彰显，关注学生的个性发展。对于学生个性化的回答，我会及时分析引导，既保证激发学生学习的积极性，又抽丝剥茧，引导学生真正理解文本的内涵。

这篇文章的难点是体会人要生长的道理。后面部分的教学，我让学生通过朗读体会人要成长的道理。学生通过读这些浅显的语言和通俗易懂的谚语——之前的教学已让学生充分理解谚语的意思，理解了最后一句话的含义，突破了本课的难点。学生在读中感悟、体会，通过对这两句谚语的理解，加上对生活的体验，再读最后一句，很自然地就理解了这句话的内在含义，突破了教学的难点。

通过对课文的感知和学习，学生体会到了文章所表达的主题思想，这样的阅读教学使学生对课文内涵的理解更加深入、更加精准、更有依据。

3. 写法迁移，学以致用

“夏天里的成长”，一个多么有意思的话题啊！看到这个话题，我们也会忍不住想写一篇关于成长的作文。我想学生也是如此。所以，在习得课文的写法之后，我引导学生学习课文的结构，围绕一个中心句选取素材来写。学生写了“冬天是一个蓄力成长的季节”“秋天里的收获”“春天里的希望”“冬天里的准备”……大部分学生仿写得不错，不乏佳作。之前的学习，已经帮助学生架设起读写桥梁，学生把在阅读课文中所获得的习作知识和技能逐步运用到单项习作的练习之中。这次训练进一步强化了本单元导语“以立意为宗，不以能文为本”这一要求，也初步落实了“从不同方面或选取不同事例，表达中心意思”这一单元习作要素。

总之，统编教材习作单元教学要让学生文艺兼得。在教学习作单元课文时，教师要让文字与学生心灵碰撞交融，让学生把课文读通、读透，让其中的词语句式、谋篇布局以及修辞手法等都能在学生的脑子里形成各种写作的范例；同时还要引导学生探寻作者语言表达的奥秘，让学生知其义，明其法，同时聚焦读和写能力的提升。读与写的相互作用，能不断地生成新的学习资源。随着单元学习进程的不断深入，学生经历了一个完整的习作生成过程，这对于单元语文要素的落实、学生写作能力的培养是大有裨益的。

神奇和想象　感悟与表达

——以《盘古开天地》为教学案例

汕头市潮南区陇田镇溪西小学　戴爱珊

一、案例背景

新课标第二学段“文学阅读与创意表达”学习任务群包括三个方面的学习内容，其中一个是在阅读中感受大自然和人类美好情感，旨在感受文学之美，表达独特感受，促进精神成长；要求引导和帮助学生“感受文学作品语言、形象、情感等方面的独特魅力和思想内涵，提升审美能力和审美品位”。统编版语文四年级上册第四单元课文《盘古开天地》在“文学阅读与创意表达”方面主要体现在“神奇和想象”“感悟与表达”上。

二、案例描述与分析

本案例以神奇和想象为教学主旨，引导学生进行感悟、表达。整个教学过程围绕“回顾复习—想象画面，感受神奇，感受人物形象—小结—复述故事”四个环节进行。

环节一：回顾复习

师（出示幻灯片）：本文按照事情发展的顺序记叙了故事的（　　）、（　　）和（　　）。

生：起因、经过、结果。

师：起因是什么？

生：盘古在混沌中沉睡。

师：经过呢？

生：盘古拿起斧头把天地劈开，天地分开后，盘古头顶天，脚踏地，当盘古倒下后，身体化为了万物。

师：结果呢？

生：盘古用身体创造了美丽的世界。

师：多么神奇的故事，让我们一起走进这美妙的世界，一起感受盘古的神奇力量。

【评析：在回顾复习中抓住了文中主线“本文按照事情发展的顺序记叙了故事的（　　）、（　　）和（　　）”，学生答题后，教师就“起因、经过、结果”逐一追问，在学生的答语中过渡到“多么神奇的故事，让我们一起走进这美妙的世界，一起感受盘古的神奇力量”这句话，把故事的“神奇”特点放大，在学生的思维里植入“神奇”。】

环节二：想象画面，感受神奇，感受人物形象

师：天地未分开时是什么状态？

生：宇宙“混沌”一片，像个“大鸡蛋”，里面“黑乎乎一片”。

师：现实中的天和地是这样的吗？

生：不是，是清朗、辽阔的。

师：“宇宙‘混沌’一片，像个‘大鸡蛋’，里面‘黑乎乎一片’。”这个景象神奇吗？

生：真神奇！

师：盘古醒后，是怎么做的？

生：拿起斧头，对着黑暗劈过去，“鸡蛋”碎了。

师：你感受到了什么？

生：盘古力大无比，勇于开创。

师：“轻而清的东西，缓缓上升，变成了天；重而浊的东西，慢慢下降，变成了地。”请同学们找出句子中的反义词。

生：轻对重，清对浊，上升对下降。

师：接下来，听老师读一读，你们边听边想象画面：“羽毛缓缓上升，泥土慢慢下沉；清水缓缓上升，污泥慢慢下沉。”同学们也来试一试，男生读第一个分句，女生读第二个分句。（学生读）

师：这种变幻神奇吗？

生：天地形成时轻重、清浊分离，这种变幻真神奇啊！

生：好神奇呀！

师：天地分开后，盘古又是怎么做的？

生：盘古“头顶天，脚踏地”，为了不让天地重新合拢，盘古“就像一根柱子，撑在天和地之间”。

师：他的身体发生了什么变化？

生：盘古“随着它们的变化而变化”，身体“跟着长高”。

师：此时你们看到了什么？

生：天在一天天地升高，地在一天天地加厚，盘古也跟着一天天长高，他就像一根柱子撑在天和地之间。就这样，盘古撑了一万八千年。

师：你们有什么感受？

生：好伟大啊！

师：盘古倒下以后，他的身体发生了哪些巨大的变化？（多方式朗读第五自然段：合作读、轮换读、自由读）

教师展示，学生读：

呼出的气息	→	四季的风和飘动的云
发出的声音	→	隆隆的雷声
左眼	→	太阳
右眼	→	月亮
四肢和躯干	→	大地的四极和五方的名山
血液	→	奔流不息的江河
汗毛	→	茂盛的花草树木
汗水	→	滋润万物的雨露

师：从盘古身体的巨大变化中，你们体会到了什么？

生：勇于献身的精神。

师：你们觉得这些排比句写得好吗？为什么？

生：写得好。这些排比句具体、生动地写出了盘古倒下后，他的身体变化为世界上的万物。

生：写得好。这些排比句反映了我国古代劳动人民丰富的想象力，也赞美了盘古为开天辟地而勇于献身的精神。

师：盘古的身体还会有什么变化？请模仿课文中“他的……变成了……”的句式，描绘自己想象到的画面。

教师出示：他的头发，变成了________________；他的肩膀，变成了________________；他的（　　），变成了________________；……

生：他的头发，变成了一片森林。

生：他的肩膀，变成了大海。

生：他的鼻子，变成了山峰。

生：他的肚子，变成了肥沃的土地。

生：他的牙齿，变成了坚硬的石头。

师：你们仿佛看到了一个怎样的画面？

生：我们看到盘古的身体在不断变化，世界也越来越美丽。

师："伟大的巨人盘古，用他的整个身体创造了美丽的世界。"这句话在文中有什么作用？

生：是文章的中心句，揭示出美丽多彩的世界是盘古用生命换来的，总结了盘古开天辟地的伟大功绩，点明了文章主题。

【评析：开启"神奇"之旅后，想象、感悟、表达等"主角"也都上场了。在第二个环节中，当学生抓住了"宇宙'混沌'一片，像个'大鸡蛋'，里面'黑乎乎一片'"这一景象，教师指引他们把现实与想象进行对比，感悟神奇。在追问"盘古醒后，是怎么做的""你感受到了什么"之后，学生把盘古的形象"力大无比，勇于开创"和盘托出。按照逻辑思维顺序，在一问一答中，让学生领悟盘古的伟大与力量的神奇。每一次提问都能让学生有所思，并尽其言。接着来到盘古倒下后的情节，这个情节是对学生想象力、感悟力、表达力的综合训练。教师提出"盘古倒下以后，他的身体发生了哪些巨大的变化"这个问题后，让学生多方式朗读课文，加深领悟，悟出盘古"勇于献身"的精神；同时抓住这个排比句所反映的我国古代劳动人民丰富的想象力，启发学生模仿课文中"他的……变成了……"的句式，描绘自己想象到的画面，拓宽了学生的思维；再进一步提出"你们仿佛看到了一个怎样的画面"，把文字转化成画面，让学生在脑海里自我构图，创作出一幅能动的画面，又将画面输出转化为文字，升华主题。这个思维再创造的过程给了学生锻炼的机会，发展了他们的想象能力和表达能力。】

环节三：小结

师：本文赞美了盘古怎样的品格？

生：赞美了盘古勇于开创、勇于献身的精神。

师：盘古给你们留下了什么印象？

生：勇敢。

生：无畏、顽强。

生：无私。

师：都很不错。盘古是一个勇敢、无畏、顽强、无私的人。那么天地和世间万物究竟是怎样形成的？（播放视频《地球的演化史》）

师：神话本身就是虚构的故事，是超越经验的想象，并非真实的故事。

【评析：教师小结提炼主题，凸显人物形象，完成文本教学。】

环节四：复述故事

师：好伟大的人物，好神奇的故事，请你们来复述一下。

教师出示：

（1）借助重点词句进行讲述。

（2）用表示时间的词语作为线索进行讲述。

用“很久很久以前”引出故事的开始，用“有一天”讲述故事的发生，抓住“天和地分开后”“过了一万八千年”“盘古倒下以后”等表示时间的词语，清楚地讲述故事的经过。

生：很久很久以前，天和地还没有分开，宇宙混沌一片。有个叫盘古的巨人，在混沌中睡了十万八千年。

有一天，盘古忽然醒了。他见周围一片漆黑，就拿起斧头，朝眼前的黑暗猛劈过去，混沌一片的东西渐渐分开了。轻而清的东西，缓缓上升，变成了天；重而浊的东西，慢慢下降，变成了地。

天和地分开后，盘古怕它们还会合在一起，就头顶着天，脚踏着地，随它们的变化而变化。天每天升高一丈，地每天加厚一丈，盘古也越长越高。这样不知过了多少年，天和地逐渐成形了，盘古也累得倒下去了。

盘古倒下以后，他的身体发生了巨大的变化。他呼出的气息，变成了风和云；他发出的声音，化作了隆隆的雷声。他的双眼变成了太阳和月亮；他的四肢，变成了大地东、西、南、北四极；他的躯干，变成了巍峨的高山；他的血液，变成了奔流不息的江河；他的汗毛，变成了茂盛的花草树木；他的汗水，变成了滋润万物的雨露……

人类的祖先盘古，用他的整个身体创造了美丽的世界。

师：同学们以时间为线索，把事情的起因、经过、结果都讲得很清楚，真不错。大家已掌握复述的方法，放学后将故事讲给爸爸妈妈听，下一节课在班上讲一讲。如果你们还有什么神话故事，课后也讲给同学们听听。

【评析：最后一个教学环节——复述故事，教师指导学生借助重点词句，用表示时间的词语作为线索，重新讲述故事，引导学生精准表达，增长了学生的语言智慧，发展了学生的语言个性。】

三、评价与反思

纵观整个教学实施过程，本案例践行了“文学阅读与创意表达”学习任务群的教学要求，不仅围绕学习目标展开，还培养了学生的想象能力、感悟能力和表达能力，同时发展了学生的语言个性。

本案例若能事前设置学习任务单，引导学生勾勒阅读导图，在第二个教学环节展开研读、讨论，让学生用自己的方法理解课文旨意，相信更能将“创意表达”发挥得淋漓尽致。

真情实感　笔尖流露

——以《那个星期天》为例

汕头市澄海广益小学　陈晓娜

一、案例背景

《那个星期天》是统编版语文六年级下册第三单元的第二篇课文，是一篇叙事小说，节选自作家史铁生小说《务虚笔记》。本教学案例旨在研究作者如何在小说这种叙事性文体中写出“我”在那个星期天盼望出去的心情，从而体会作者是怎样表达情感的。

二、案例描述

《那个星期天》是史铁生写自己小时候等待妈妈带他外出的事情。这篇课文从孩童视角出发，描写了“我”的所见所感所思，语言平实质朴，甚至有点儿絮絮叨叨，这一特点把握起来比较容易，但是理解人物当时的心情略有难度。

这是学生小学阶段第一次接触史铁生的文章，作者所处时代孩子们的生活方式对六年级学生来说有点陌生，理解起来有一定难度，所以课前的预备工作很重要。教师要准备充足的资料，可结合一些文字介绍、图片说明、影视资料等让学生提前预习，这对理解当时孩子们的思想状况，理解本文作者当时的心理变化有很大帮助。

三、案例分析

片段一：以疑为砖，激发兴趣

这一环节提前给学生布置任务，让学生搜集一些关于期盼、等候的材料，可以是别人的故事，也可以是自己经历过的事情。播放作者所处年代儿童生活的电影或电视剧片段，在课上分享交流，带领学生一起走进六年级下册第九课《那个星期天》。

师：今天很高兴和你们一起学习，你们曾经盼望过什么吗？当你盼望着某件事时，你的心情是怎样的？下面我们就来看一看，在今天要学的课文中，主人公的盼望是什么？

师：本文作者史铁生，老师在课前查阅了一些关于他的资料，咱们一起来了解一下吧！（参考“教学资源”）

师：课文主要写了什么？是按照什么顺序写的？文中主要人物是谁？

生：课文主要写作者小时候等待妈妈带他外出时的心路历程。

生：按时间顺序——从早到晚；主要人物——“我”和母亲。

师：请同学们梳理文章脉络，依次找出课文中表示时间的词语，感受这一天里作者的心情变化。

生：本文写了“我”等待的过程，在这一天里“我”心情的变化是：兴奋期待—焦急—惆怅—失望委屈。

【评析：这一部分通过学生的切身体验导入新课，引导学生质疑问难，教师可以更好地了解学生的学习情况，使引导和讲解做到有的放矢，还能调动学生的学习积极性和主动性，培养其创新精神。】

片段二：感悟情感，学习写法

这一环节引导学生结合体会拾得写法，鼓励学生把学到的写作方法及时运用到写作中去，提高写作的兴趣和自信心。

师：聚焦课文的第四自然段，思考：作者是怎样把小男孩那种焦急又兴奋的情感表现出来的？请学生根据学法进行自学，找出中心句和具体例子。

生：整个自然段是围绕第一句话来写的。

生："我"在这段时光里做了"跳房子、看云彩走、拨弄蚁穴、翻看画报"等事情。

师：朗诵作者对具体景物的描写，表现"我"焦急兴奋的心情。

（学生朗诵，体会情感）

【评析：通过对第四自然段的学习，学生在表达方法上收获了围绕中心意思举具体事例来表达情感的写作方法。科学合理地设置问题，能有效提升教学质量。教学时抓住课堂上的有利时机提问，能启发学生对课文的深入解读。把情感融入具体的人、事或景物之中，叙述自然而然就流露了情感。课后引导学生用这样的方式自主学习课文其他片段，再运用于单元习作中。】

片段三：品读语言，体悟内心

这一环节主要学习"我"等待母亲带"我"外出却未能出行的过程。在这一天里"我"的心情经历了什么样的变化？可以从哪些关键的字词、句子中感受到"我"的心情变化？作者又是通过什么方法表达了这种心情？

师：课文中"我"的心情经历了细腻而曲折的变化，作者是通过哪些描写手法体现的？

师：默读课文，找出描写光线的句子。思考一下：这样的描写表达了"我"怎样的心情？在句子旁边批注下你的感受。

师：有多少处描写光线的句子？其中哪些词语描写了光线的特点？把它们找出来。品读课文中的句子，想一想：作者为什么要这样写呢？

生（分享学习收获，重点读下面的句子，谈发现）："看着盆里揉动……越来越缥缈，我一声不吭，忽然有点儿明白了。"

师：这仅仅是光线的变化吗？还有什么呢？（指导朗读，读出变化）

生（读重点句子，结合课文插图，体会心理变化）："我现在还能感觉到那光线漫长而急遽……永无休止就像时光的脚步。"

生："漫长而急遽""孤独而惆怅"，还有母亲洗衣服的声音……（学生体会通过具体景物表达情感的写作方法；读描写母亲言行的句子，悟体会）

师：大家发现了吗？这些句子都是描写谁呢？

生：都是描写母亲言行的句子。

师：在那个星期天，母亲没有兑现与"我"的承诺，那她还是一位好母亲吗？读着读着，你们仿佛看到了一位怎样的母亲呢？

生：看到一位辛劳的、忙碌的、没有一刻停歇的母亲，为生活而奔波的母亲……

师：再研读最后一句话。

生：失去常态的母亲在自责，因为迫于生活而不得不不停地忙碌，体会到了母爱的伟大！

师：重温课题，说说"我"为什么对"那个星期天"记忆犹新。

生：第一次盼望对孩子来说很重要。

生：盼望中焦急兴奋、委屈无奈、失望伤感等心理感受，令我印象深刻。

生：母亲没有兑现对"我"的承诺，给"我"幼小的心灵带来痛苦，令"我"难以忘怀。

生：母亲忙碌辛劳的身影，也在"我"的记忆中挥之不去。

师：同学们，从“阳光明媚”到“光线渐渐暗下去，渐渐地凉下去沉郁下去，越来越远越来越缥缈”，再到“光线漫长而急遽的变化”“光线正无可挽回地消逝，一派荒凉”，这不就是“我”的心情的写照吗？

师：接下来请大家默读相关句子。

（学生默读，体会情感）

师：学习了《匆匆》和《那个星期天》这两篇课文，想想它们在表达感情的方式上有哪些相同点和不同点，试着完成下面的学习单。

（学生快速默读这两篇课文，自主完成表格；分享学习收获）

课文	相同点	不同点			获星情况
		表达内容	表达方式	描写手法	
《匆匆》					
《那个星期天》					

【评析：紧扣习作单元的教学目标，把学习的重点放在对文章写作方法的理解和领悟上，在重视培养学生阅读理解能力的同时，引导他们更加关注表达。】

片段四：总结写法，启发收获

这一环节主要教会学生总结写法，读写结合，让学生把学到的写作方法及时运用到写作中去，提高写作的兴趣和自信心。

师：体会文章是怎样表达情感的，进而学会选择合适的内容。同学们，请结合老师的情景提示，写一个小片段，写出真实情感。

情景一：今天学校组织拔河总决赛，意想不到的是我们班夺得冠军——从来没有过的好成绩，你（身为体育委员）还得到了校长的表扬。你背着书包开心地走出校门，一路上……

情景二：在“我是劳动小能手”比赛活动中，你和你的好朋友因分工意见不同而产生矛盾，放学后她生气地说了一句“再也不理你了”，并且自己回家了，留下孤独的你，你看着……

（学生结合情景，动笔练写小片段并展示；分享学习收获）

选择情景	小片段	获星情况

【评析：能够感动别人的都是具有真情实感的表达，希望学生学习作家用心感受生活，用真情表达生活的态度，让思绪在笔下肆意地流淌，让真情在纸上纵情地绽放。】

四、评价与反思

本单元属于“文学阅读与创意写作”学习任务群，结合单元内容和语文要素，学生在单元学习中需要理解的大概念是“情以物迁，辞以情发”。本文作为单元的一篇精读课文，重点是引导学生在具体的阅读实践活动中，通过任务驱动，深入探究，理解感悟作者的情感表达方法，学会迁移运用，尝试富有创意地表达，抒发自己的情感；借助学习支架，梳理文中的主要事件，以及事件发展过程中“我”的心情变化，化凌乱为有序，把握课文的行文脉络，为体会文章是怎样表达情感的做铺垫。在梳理过程中，学生自然而然地迁移运用了“抓关键词句”“提炼概括”等提取信息的能力，阅读能力由此得到了发展。

新课标指出：“教学过程应突出学生的实践活动，指导学生主动地获取知识，科学地训练技能，全面提高语文能力。”据此，本节课主要采用启发式和讨论式教学方法，同时利用多媒体，融入情景教学法，实施探究性学习的教学模式，对重点句子进行品读赏析，结合环境描写理解人物的心理变化。

本单元的人文主题是写出真情实感，单元语文要素是体会文章是怎样表达情感的。教学中我主要引导学生深入文章的字里行间去体会作者一天之中情感的变化，以及他是如何写出这些情感的变化的。通过引导学生画出关键词句、写下读书感受、交流学习所得的方式，围绕关键问题展开教学，既给了学生充分独立学习的时间与空间，又创设了合作交流的情境，激发了他们的学习热情。课堂小练笔能让学生灵活运用本节课所学到的写作方法，为后面的习作教学打下基础。习作单元中精读课文的作用在于引导学生从阅读中学习写作的方法，本单元的两篇精读课文表达情感的方式各有特色，通过对比阅读，借助表格，可以明晰文章在表达情感上的特点，强化直接与间接表达情感的方法，为单元习作做铺垫。课堂教学达到了既定目标，取得了较好的课堂效果。

在对比中品读故事

——以《寒号鸟》第二课时为例

汕头市龙湖区金晖小学 李柔臻

一、案例背景

《寒号鸟》是二年级上册第五单元的第二篇课文，本单元围绕“思维方法”这个主题编排课文。本单元的故事，内容浅显，寓意深刻。本文是一篇运用对比手法写的寓言故事，叙述了喜鹊和寒号鸟对待做窝的不同态度、不同表现和不同结果，说明了美好的生活要靠劳动来创造的道理。只顾眼前、不想将来的鼠目寸光的人，以侥幸心理对待生活，在灾难来临时就会付出惨重代价。本文富有童趣，适合分角色朗读。在教学中，要激发学生的朗读兴趣，使学生在朗读中了解课文内容，感悟课文中蕴含的道理。

二、案例描述

2022 年版语文新课标在对第一学段的要求中指出：“阅读浅近的童话、寓言、故事，向往美好的情境，关心自然和生命，对感兴趣的人物和事件有自己的感受和想法，并乐于与他人交流。”本课教学聚焦单元的语文要素“初步体会课文讲述的道理”，重点在于引导学生结合课文内容或联系实际生活进行思考，在交流讨论中体会其中的道理，以逐步提升思维品质。

因此，我将本课的教学目标列为：

（1）正确、流利、分角色朗读课文，有感情地朗读对话。

（2）知道为什么喜鹊能住在温暖的窝里，寒号鸟却冻死了。

（3）联系生活实际，明白故事蕴含的道理。

教学重难点则为：

（1）分角色朗读课文，读懂课文，知道为什么喜鹊能住在温暖的窝里，寒号鸟却冻死了。

（2）结合课后题，感受和体会语言表达的多样性，学习表达。

（3）联系生活实际，理解故事讲述的道理。

在课堂教学中，我主要抓住以下三个方面进行教学。

1. 关注对话提示语

当我把两次对话整理出来后，不难看出：喜鹊第一次劝寒号鸟，指出该干什么，第二次劝寒号鸟，不仅指出该干什么，还说明了为什么要这么干。在行动上，由“说”变成“来到崖缝前劝”，可谓苦口婆心。在指导学生朗读理解时，可以引导学生把自己想象成喜鹊并思考：你会怎么去劝说寒号鸟？你的心情是怎样的？这个时候也可通过在“说”“劝”前面加上提示语的方式来体悟，再指导学生把体会到的情感用朗读表现出来。这样学生就能够加深对文本的理解，并且能够在情境中表达出来。

2. 关注关键词表达

对于二年级的学生，教师在指导朗读的时候抓住关键词，是一个非常好的方法。在课堂上，我让学生寻找可以感受到喜鹊很勤劳的词语，“一早”写出了喜鹊出去劳作的时间很早；“东寻西找”说明找到适合做窝的材料并不容易，可以让学生联想和想象，喜鹊可能飞过哪些地方，是如何寻找的，从而体会做窝的不易；“忙着”写出喜鹊抓紧时间做窝，毫不懈怠。

寒号鸟却是另一番景象，一个“却”字，写出了和喜鹊完全相反的行为，“只知道出去玩”“累了就回来睡觉”，进一步说明它天性懒惰、得过且过。寒号鸟的表现，除了抓住“躺”“伸伸懒腰”等明显描写出“懒惰”的词语，还可引导学生围绕“傻”“得过且过”等词语进行讨论，引导学生思考：喜鹊真的“傻”吗？从课文哪些地方可以看出寒号鸟“得过且过”，结果是什么？学生有真切体悟后，再有感情地朗读，在此基础上，通过同桌互读、男女生互读等形式练习分角色朗读。

3. 关注课后题

课后思考题一“分角色朗读课文，想一想：为什么喜鹊能住在温暖的窝里，寒号鸟却冻死了？”可以用来理解喜鹊两次劝告寒号鸟的对话。第一次对话是在冬天来临之前，喜鹊劝寒号鸟做窝，寒号鸟因贪玩懒惰拒绝了。第二次则是冬天已至，在寒号鸟挨过一夜寒风后，喜鹊再次劝告寒号鸟做窝，寒号鸟却得过且过，不愿做窝。通过喜鹊和寒号鸟语言的横向、纵向比读，可以走进角色内心，感受角色形象，再由学生分角色朗读，读出不同的语气，表现不同的角色形象，这是教学方法之一，也是语文要素所强调的学习方法。

三、案例分析

片段一：研读课文，抓住关键词

读描写喜鹊和寒号鸟不同表现的句子，比较它们不同的生活态度。

（1）自由读第三自然段，思考：冬天来临前，寒号鸟和喜鹊分别在干什么呢？课件出示：

有一天，天气晴朗。喜鹊一早飞出去，东寻西找，衔回来一些枯草，就忙着做窝，准备过冬。

寒号鸟却只知道出去玩，累了就回来睡觉。

（2）指名学生读描写喜鹊的语句，感受喜鹊的勤劳。

①你感觉这是一只怎样的喜鹊？你从哪些词语感受到它很勤劳呢？你找到什么词语呢？（一早、东寻西找、衔回来、忙着）

②展开想象：哪个同学来当小喜鹊，表演东寻西找。大家看，这只小喜鹊东边找找，西边找找，东边看看，西边瞧瞧，这样就叫东寻西找。你们知道它在找什么吗？它需要找细长的树枝，还要找适合的泥土和枯草，多不容易啊！

③一大早，喜鹊会飞到哪些地方寻找材料做窝呢？（山林、田边、草丛……）喜鹊这么努力地衔回枯草筑巢，真是不容易啊！这真是一只勤劳的喜鹊！

④朗读指导：重读"一早""东寻西找""忙着"等词语，语速稍快，读出喜鹊忙忙碌碌的样子。全班站起来边读边做动作，夸夸这只勤劳的喜鹊。

（3）指名学生读描写寒号鸟的语句，感受寒号鸟的懒惰。

①和喜鹊相比，寒号鸟真是太懒惰了。文中的哪些地方让你感受到它的懒惰呢？

②"却"字写出了寒号鸟和喜鹊完全相反的行为，"只知道出去玩""累了就回来睡觉"进一步说明它天性懒惰。

【评析：巧连生活，抓住关键词语，在品读中理解角色形象，让学生深刻体会喜鹊的勤劳、寒号鸟的懒惰，使学生脑海中的角色形象更加深刻。】

片段二：品读课文，迁移对比

（1）寒号鸟这么懒惰，作为邻居的喜鹊是怎么劝告寒号鸟的呢？寒号鸟听了劝告，说了些什么呢？请同学们自读第三至九自然段，用横线画出喜鹊劝告的话，用波浪线画出寒号鸟的回答。一边读，一边找。

①我们来看看它们的第一次对话。想一想：如果你是喜鹊，你会用什么样的心情劝寒号鸟呢？

②平时谁会用这样的语气对我们说话？像这样一遍又一遍把道理耐心告诉我们，就是劝告。比如说我们在家里不好好吃饭，妈妈会怎样耐心地劝告呢？

③哪只“小喜鹊”来读读看？（指名学生读句子，以评促理解）

预设：请问“小喜鹊”，看到寒号鸟一动不动地躺着，你的心情是什么样的？你能用着急的语气读一读吗？所有的“小喜鹊们”一起读一读。

（2）寒号鸟听了喜鹊的劝告吗？它是怎么说的？大家关注寒号鸟一个动作（躺），我们看书上的插图，来演一演寒号鸟，一起懒洋洋地读一读。寒号鸟还可能有什么动作？（指名学生读，随机点评）

预设：请问“寒号鸟”你此时心里是怎么想的？（懒得听，嫌烦）谁能用嫌烦的语气来读一读呢？刚才选择“寒号鸟”的同学请一起读一读。

（3）冬天说到就到了，它们说的不一样，做的不一样，结果会一样吗？到了冬天，喜鹊在窝里温暖地睡觉，而寒号鸟却在它的崖缝里冻得直打哆嗦。怎样是直打哆嗦，谁能表演给大家看看？

①在冬天，我们的手露在外面，我们忍不住要搓手，可以说“冻得直搓手”；脚也冻僵了，忍不住要跺跺脚，可以说“冻得直跺脚”。一阵寒风吹来，全身都在发抖，可以说“冻得直打哆嗦”。你看，此时寒号鸟在崖缝里搓着手、跺着脚，全身都在发抖呢，你们能不能读出很冷的感觉？

②为什么寒号鸟冻得直打哆嗦呢？这是因为崖缝里很冷，“冷得像冰窖”——这是课文中另一个描写冷的句子。这里运用了比喻，把崖缝比作

冰窖，表示冷的程度很深。你们能不能照样子说一说？

③当寒号鸟在洞里冻得直打哆嗦时，喜鹊却在它的窝里睡得直打呼噜。同学们，我们积累了这样的词语，以后说话就更加生动形象了。

（4）寒号鸟在夜里冻得直打哆嗦，它下定决心要开始做窝，可是第二天早上，寒号鸟有没有去做窝呢？第二天早上，小喜鹊又来劝它了。

①喜鹊的第二次劝告和第一次比较，有什么不同吗？

预设：来到崖缝前劝，说明喜鹊更着急了，你们也能和寒号鸟讲讲道理吗？（学生读一读喜鹊第二次劝告的内容）

②寒号鸟听了吗？我来采访“寒号鸟”，我想问问你住在崖缝里冷吗？你想过做窝吗？

③为什么不做窝呢？你有没有想过，不做窝还会像上一次那样冻一夜的。

④像寒号鸟这样，能睡一会儿是一会儿，能玩一会儿是一会儿，只顾今天快乐，不顾以后难受，过一天是一天，谁能用课文中的一个词语来形容？

⑤请同桌一人扮演喜鹊，一人扮演寒号鸟，读读它们的两次对话。

⑥接下来我要请两个同学上台进行角色扮演，读读它们的两次对话，谁愿意当那只耐心的喜鹊，谁愿意当那只得过且过的寒号鸟？从语气中，我们可以感受到两位主人公的性格是完全不一样的。一、二组扮演喜鹊，三、四组扮演寒号鸟，让我们带着情感，面对面坐着，充当邻居，站起来就当作在杨树上，坐着就相当于躺在崖缝里。

（5）寒号鸟又一次失去了做窝的机会，在大雪纷飞的寒冬腊月，崖缝里冷得像冰窖，寒号鸟睡得着吗？我们一直听到它怎样的声音？它为什么会哀号？（因为它实在太冷了）一个人什么时候会哀号？就是他非常痛苦的时候。它在哀号什么？（个别读，读出有气无力）而且不是哀号一次，而是重复哀号。（教师创设情景导读，学生跟读课文句子）

寒冬腊月，大雪纷飞。寒号鸟躲在崖缝里，发出第一阵哀号：（　　）

寒风像刀子一样刺痛了寒号鸟，它又在哀号：（　　）

大片大片的雪花钻进了崖缝，它快要冻死了：（　　）

终于，它坚持不住了，低低哀号：（　　）

就这样哀号一遍又一遍，这里我们能真切感受到它明天就要做窝了，但是没有机会了。

（6）请大家读课文第九自然段，了解一下寒号鸟的结局。老师要来采访"寒号鸟"：你后悔没做窝吗？为什么？

（7）我们知道了为什么最后寒号鸟冻死了（懒惰、得过且过），而喜鹊为什么能在温暖的窝里。（喜鹊是一只勤劳、肯吃苦的鸟，它早就在为冬天做打算，所以当冬天来临的时候，它能够住在温暖的窝里不受寒冻；而寒号鸟却是一只不听劝告、不肯吃苦、懒惰的鸟，所以当冬天来临的时候，它没有遮蔽风寒的窝，就被冻死了）

【评析：引导学生深入文本，抓住描写喜鹊与寒号鸟不同表现的词句、对话，通过品味理解、分角色朗读等学习方式，在对比中感悟它们不同的生活态度及个性，从而明白导致它们不同命运的原因，了解故事所蕴含的道理。】

片段三：拓展训练，想象说话

寒号鸟就这样被冻死了，大家一定很伤心。如果寒号鸟听从了喜鹊的劝告，这个故事又会是一个怎样的结果呢？我们来重新编一个寒号鸟不会冻死的故事吧！

我们从课文第七自然段开始编：

寒号鸟听了劝告，__________，答道："好喜鹊，__________。"

寒冬腊月，大雪纷飞。北风像狮子一样狂吼，寒号鸟__________。

天亮了，太阳出来了，喜鹊和寒号鸟一起愉快地玩耍。

【评析：这个环节的设计我将课内延伸到课外，从教材延伸到生活，进一步增进学生的体验，加深理解，促进感悟和思考。创编一个与课文结局截然相反的故事，能培养学生的想象力，教导学生怎样做人做事才是正确的，让学生养成良好的人文素养。】

四、评价与反思

细读这篇课文，会发现语言很有特点——简练、有韵律和节奏感，尤其是喜鹊和寒号鸟的对话，以及寒号鸟的叫声，在结构上采用反复的手法，在反复中又有所推进。两次对话的语言特点，深深贴合学生的心理特征，背后的朴实道理也是通过这样朗朗上口的语言来传达的，这一点不应被忽略。教材要求学生能“分角色朗读课文”，即扮演喜鹊和寒号鸟，读出各自说话时的语气，因此，我主要着手在两次对话的语言特点以及相同意思的不同表达上。在学生理解课文内容的基础上，比较喜鹊与寒号鸟的不同之处，分角色朗读对话，再配上动作朗读对话。寒号鸟的两次叫声在相同中又有递进，我通过生动描述让学生用朗读表达出不同，通过富有情趣地朗读使文中描绘的角色形象在学生心中留下深刻印象，感悟“现在懒惰，将来难过”的含义，并从中有所启发，从而自我勉励。

语言文字的美如何让二年级学生得以体会，就需要教师创设课文情境。教学时，我尽量运用课文中的语言，将学生带入课文情境，进而更好地理解课文。并且通过创设情景朗读，在对比中感悟喜鹊和寒号鸟不同的生活态度及个性，从而明白导致它们不同命运的原因。本课故事生动有趣，浅显易懂，但故事蕴含的道理较为深刻，对二年级学生而言是难点。在课堂上，我通过引导学生寻找“寒号鸟为什么冻死了”的答案，让学生理解“得过且过”的意思。在此基础上，学生也记住了“得过且过，将来难过”的教训，自然悟得故事蕴含的道理。

整本书阅读教学中指导学生整合信息

——《三国演义》阅读教学片段案例分析

汕头市金平区私立广厦学校　李菲

一、案例背景

统编语文教材“快乐读书吧”为学生呈现了丰富的课外阅读设置，旨在引导学生能够从课内阅读延伸到课外阅读，让课内阅读课外化，课外阅读课程化。《三国演义》是五年级下册“快乐读书吧”推荐阅读的名著。本单元的语文要素是“初步学习阅读古典名著的方法”。这是小学阶段第一次集中安排古典名著的学习。在新课标学习任务群视域下，我们可以从多角度指导学生进行整本书阅读，在阅读中提高整合信息的能力。

二、案例描述

整本书阅读作为拓展型学习任务群，旨在引导学生在语文实践活动中，根据阅读目的和兴趣，能够运用各种阅读方法阅读整本书；借助多种方式交流读书收获，交流研讨阅读中的问题，积累整本书阅读经验，养成良好阅读习惯，提高整体认知能力，丰富精神世界。《三国演义》这部名著阅读起来比《西游记》有难度，我们需要引导学生运用学到的一些阅读方法，学习梳理作品的基本内容，就作品中感兴趣的话题展开交流，学会梳理名著中复杂的信息，并运用口头或书面的方式，与同学分享自己整本书阅读的经验、体会和阅读方法。

教学片段一

师：猜猜《三国演义》中有多少个人物？

生：一百多人。

生：几百人。

生：一千多人。

师：相关资料显示，《三国演义》中出场的人物有 1191 个。大家再看看这本书，率先出场的主要人物是谁？

生：汉灵帝。

师：汉灵帝是主要人物吗？

（学生顿住，重新回到书中找答案）

教学片段二

师：文中是怎么描写刘、关、张三人的外貌的？

生：刘备——身高七尺五寸，两耳垂肩，双手过膝，目能自顾其耳，面如冠玉，唇若涂脂，五官端正，仪表堂堂。

生：张飞——豹头环眼，满脸又黑又硬的络腮胡子。

生：关羽——身躯魁梧，枣红脸上生一双丹凤眼、一双浓眉，长长的胡须一直飘到胸前，又英俊又威风。

师：你们对比一下，很明显，关羽可以当大哥吧？关羽武艺高强，人还长得高大威猛。

生：不可以，当大哥不是看颜值，要看实力。如果关羽当大哥，按他的行事风格，他们兄弟三人后面的命运堪忧。

师：这怎么看出实力？论实力，我选张飞，张飞有钱，有钱能使鬼推磨，当大哥最合适。

生：那也不行，虽然张飞有钱，但他脾气暴躁，处事不够冷静，难成大事。

师：所以你们是认同刘备当大哥？我还听到这么一个说法：刘备之所以成为大哥，是因为他年纪大。你们认为呢？

生：刘备的领导能力与智慧都胜过关羽和张飞。

生：刘备性格也好，不会冲动行事。

师：大家在阅读中要学会将前后的有用信息进行整合，如张飞和关羽发生矛盾时，刘备是怎么做的？刘备在向别人介绍时常称“中山靖王之后”，在他的几个比较响亮的称呼中，如“刘皇叔”“刘豫州”“左将军”，“刘皇叔”无疑是最尊贵的。整合这些信息，你们又有什么新想法吗？

生：我认为刘备很会用人，他把张飞和关羽收入麾下是他成功的第一步，他能用尽方法使人信任他。他得到他的那些称号是实至名归的，也是他取得成功必须要做的。

生：我觉得刘备在人们心目中地位高，那是因为他有实力，他会笼络人心，他有领导能力，这样的人才有能力打下江山。

三、案例分析与评价

整本书阅读是学生在语文课程学习中，运用个性化的阅读方法，围绕整本书与作者、文本、读者展开对话的过程。《义务教育语文课程标准（2022 年版）》提出，小学第三学段阅读整本书，要把握文本的主要内容，积极向同学推荐并说明理由。

1. 整合重要信息

初步把握全书的主要内容后，学生需要学会整合各篇章的重要信息，运用自己的知识和经验，学会分析人物特点，分析写作特点，甚至反映书中回应的现实问题。教师应指导学生通过重要信息观照自身，这样学生才能经由阅读构建正确的世界观、人生观和价值观，这才是真正地把握了阅读的主旨。

在上述教学片段中，我有意培养学生通过整合诠释，更加全面地把握小说的主要内容，分析主要人物的能力。在进行信息整合之前，部分学生的回答凭感觉和猜测，没有具体依据。经过不断交流，学生会再次回归文本，发现信息之间的联系，并将其整合，再结合相关历史知识从多角度进行分析和理解，从而多维度、立体地把握了全书关于三国时期各类社会斗争与矛盾的关系。

2. 采用多种阅读方法

指导整本书阅读，教师也需要引导学生做读书笔记。读书笔记不能停留在记录好词、佳句、主要内容和简单的读书体会上。教师可以引导学生抓住三国故事的主要线索，即黄巾起义、董卓之乱、群雄逐鹿、三国鼎立、三国归晋五大部分，对小说框架结构进行剖析；也可以从重点人物着手，引导学生分析；还可以在各章回中找到经典战役，进行对比阅读……阅读切入点不同，方向不同，所用的阅读方法也不同。经过一段时间的阅读，在阅读分享会上，学生不仅可以分享阅读收获，还能分享阅读方法，受益良多。

上述案例中，我引导学生从“桃园三结义”故事中，找到描写刘备、关羽、张飞的语句，关注他们的外貌，并根据已知信息进行内容推断。由于学生对《三国演义》的内容已有大致了解，因此他们还会主动阅读能够体现刘备“大哥”风范的故事片段，从而证明刘备比关羽和张飞更适合当大哥。

3. 品味语言，赏析形象

许多文学作品之所以具有独特的艺术魅力，很大程度是因为其塑造了具体感人的艺术形象。因此，赏析形象在文学作品教学中占有突出的地位。教师应引导学生掌握赏析人物形象的方法，领会人物形象塑造的历史和时代意义，通过自己的欣赏和再造想象，深化对人物形象思想内涵的理解。

在上述教学片段中，我要求学生找出描写刘关张三人外貌的语句，除了聚焦人物描写方法，还希望学生通过人物的其他描写读懂人物形象。学生会根据读过的《三国演义》情节和环境把握人物形象。联系学生的阅读和生活经验，循序渐进，适时点拨，让学生了解人物形象的赏析方法，丰富阅读感受。

《义务教育语文课程标准（2022 年版）》指出："引导学生在语文实践活动中，通过整体感知、联想想象，感受文学语言和形象的独特魅力，获得个性化的审美体验。"在阅读《三国演义》过程中，还通过举办各种活动引导学生深入思考，如举办辩论赛，让学生探讨"以 / 不以成败论英雄""诸葛亮适合 / 不适合当领导"等话题；举办读书沙龙，让学生交流"《西游记》与《三国演义》读起来有什么不同""小学生适不适合读原著""《三国演义》神化了诸葛亮，是否有必要"……甚至还举办了"三国"灯谜赛，激发学生深入研读的兴趣。

整本书阅读，不是停留于了解名著梗概，也不是选择片段阅读，而是脚踏实地、扎扎实实地阅读整本书，进行深度思考。学生在这一过程中，不仅提升了信息提取、整合能力，也提升了思考力、表达力，进一步实现了阅读的育人目的。

传承红色基因，在阅读中成长

——《小兵张嘎》整本书阅读指导教学案例

汕头市龙湖区金晖小学　杨畅　曾黛微

一、案例背景

《义务教育语文课程标准（2022年版）》指出："语文课程围绕立德树人根本任务，充分发挥其独特的育人功能和奠基作用。"革命文化是小学语文课程的重要主题，与革命历史有关、反映革命传统的文学作品是学生学习革命文化、接受革命文化熏陶的重要载体。一本本红色经典图书，可以让读者与百年前伟大的革命先烈相逢，读他们的故事，悟他们的精神。红色经典图书以其独特的魅力历久不衰，给无数读者带来精神力量。为了更好地贯彻"课程思政"理念，培根铸魂，金晖小学语文组的教师们以整本书阅读为基础，在六年级的学生中开展整本书的阅读活动，培养学生核心素养。

二、案例描述

《小兵张嘎》是一部脍炙人口的革命战争题材的儿童文学佳作，作品中饱含着激昂的革命英雄主义和爱国主义精神。这部小说具有独特的文学魅力，字里行间流露出的儿童情趣令人忍俊不禁，扑面而来的生活气息和紧张激烈的战斗生活令人印象深刻。六年级的学生在过去的课文中已经认识了这样一位充满“嘎”气的小主人公——张嘎，学生对这个故事有着浓厚的阅读兴趣。学生也已经学了六年级上册第四单元的小说单元，掌握了一些阅读和品析小说的方法，在读《小兵张嘎》时可以运用学生学到的阅读方法。

三、案例分析

课上，学生先分享了课前搜集的资料，了解了作者及相关的历史背景。我们还带领学生读了书的封面、导读、目录、封底，通过读前的指导，学生对小说有了基本了解，饶有兴趣地开始阅读，共同走进那片美丽的芦苇荡。

接下来，我们利用学校 30 分钟的午读开展自主阅读，为学生营造自由阅读、快乐分享的氛围。学生专注投入阅读中，还会针对小说内容展开激烈的讨论。透过小说的文字，嘎子生活的白洋淀逐渐在学生的脑海中清晰起来，嘎子的形象也逐渐灵动鲜活起来。学生每天阅读并认真做好读书笔记，摘抄好词好句，记录阅读感悟，教师通过查看这些读书笔记，了解他们的阅读进度。

在阅读推进课上，学生借助学习任务单有序地开展交流活动，交流阅读进度，梳理情节；也提出疑惑，交流讨论，教师适时答疑解惑。

学习任务单是推进学生深入阅读的有效方式。每个阅读任务的设置都具有一定的开放性，指导学生围绕小说内容有方向、有梯度地思考和探究，最终指向学生的核心素养发展。学生在完成学习任务单的过程中，交流总结自己的阅读方法，运用思维导图、拟小标题的方法梳理故事情节，训练语言运用和思维能力，同时聚焦人物，运用梯级图深入探究嘎子的成长变化，探索小说内容，提取重要事件。在阅读推进课后，学生还根据讨论内容，继续完善和修改自己的答案。最后，学生交上来的笔记和学习任务单精彩纷呈，展现了他们个性化的阅读体验，也体现了阅读之乐、语文之美。

一本小说的解读角度是多样的，要根据教学目的有所取舍。而学生的阅读笔记和学习任务单反映了他们的阅读感悟，可以在交流课上做展示和总结。为了让学生在阅读中传承红色基因，培根铸魂，经过研究探讨，我们确定将解读的角度放在嘎子的成长上。在小说中，嘎子从一个不懂事的农村顽童成长为一名合格的人民战士，其中许多党员干部和革命战士对他产生了深远的影响。他们就像“金煌煌的大山”，成为激励嘎子前行的强大力量。探究嘎子的成长变化历程，能给学生带来思考，从中汲取成长的力量。

如果说阅读的过程是将书本知识吸收内化，那么阅读分享课上的交流分享就是学生将读书所得进行输出，这样才算完成了一个完整的阅读过程，有利于培养语文核心素养。阅读分享课的主角必须是学生，教师更像是组织者和主持人。所以，在课堂上，教师与学生以小说三要素为线索解析这部小说，抓住重点词句分析人物特点，适时总结阅读技巧。

阅读分享课教学环节如下：

（一）视频导入

回顾学生阅读的时光，激发学生兴趣。

（二）感受环境描写

1. 课件展示学生的读书笔记，学生交流感受

师：有位同学摘抄了这样一段文字，我想问问：你为什么喜欢这段文字？

生：这是一段环境描写，用“碧琉璃”来比喻“浅湾”，写出了“浅湾”的清澈见底，还写出了芦苇在风中摇荡的声音，非常美。

师：请你有感情地读一读。

（学生配乐朗读）

师：让我们一边想象，一边朗读这段文字吧。

（学生齐读）

2. 展示读书笔记中的画，学生谈感受

师：还有同学用绘画的方式记录下自己的阅读感受。这是哪位同学的画呢？

生：因为书中的这段描写像一幅美丽的画卷，带给我美好和感动，我就用画笔把它画出来了。

师小结：谢谢你把你想象到的画面画下来并与我们分享。一切景语皆情语，从这些描写中我们也读出了作者对白洋淀的热爱之情。

师总结：环境描写是小说三要素之一，用边读边想象的方法，有助于跟随作者走进冀中平原的白洋淀边。（课件出示阅读方法：环境描写——边读边想象）

（三）梳理故事情节

1. 学生展示课前完成的学习任务单，交流阅读方法

生：我是用画思维导图的方法来梳理故事的起因、经过、结果的。这本书主要讲了抗日战争时期，敌人杀害嘎子的奶奶，还把老钟叔抓走，嘎子为了报仇，参加八路军，成为一名小侦察员，随地区队行军打仗，在鬼不灵围歼战中，与敌人斗智斗勇，历经磨难，最终成为一名合格的人民战士的故事。

师：思维导图是梳理情节的好方法，感谢你的分享，看得出来，你的思路很清晰！

生：我用拟小标题的方式梳理小说内容，先大致浏览全文，再抓住重点段落来读，引用文中的某个词语来拟小标题。

师：这个同学的小标题拟得很准确，比如第三章“掩护老钟叔”和第

四章“奶奶被杀害”。

师总结：谢谢同学们的分享，画思维导图和拟小标题都是梳理故事情节的好方法。

（课件出示阅读方法：情节——画思维导图和拟小标题）

2. 课件出示时间、地点、人物、事件的信息，引导学生说主要内容

师：我们可以知道，这个故事发生的时间是抗日战争时期，地点是冀中平原的白洋淀，这本书的主人公是嘎子，他只有十三岁；他为了替奶奶报仇、救出老钟叔，历经艰辛，找到了八路军，最终成为一名小侦察员。看来，这是一个十三岁少年英勇抗日的故事。

师：在那个战火纷飞的年代，嘎子和八路军战士守护着白洋淀，守卫着他们美丽的家园。

师：同学们，刚刚我们感受了小说的环境描写，梳理了故事情节，下面我们来品析人物。

（四）“烽火少年”正炼成

1. 充满“嘎”气

师：小说中有许多性格鲜明的人物，其中令我们印象最深刻的就是主人公。那就是——

生：嘎子。

师：每位作家在给他的主人公取名时，都别有用意。徐光耀爷爷为什么叫他嘎子呢？

生：我在书的前言读到了这样的资料：“嘎”在北方方言里是“调皮”的意思，但生活中人们说一个孩子“嘎”时，则多含“喜爱”“怜爱”之意。

师：看来，徐光耀爷爷真的很喜欢嘎子呀！借助资料，我们能更好地理解这本书。

师：你从什么地方最能感受到嘎子的“嘎”气？

生：嘎子和胖墩摔跤耍赖，咬了胖墩一口；缴了枪后，把枪藏了

起来……

师：当嘎子和胖墩摔跤输了之后，他与胖墩吵了一架，还去堵了老满叔家的烟囱。一起来读一读这个片段。

（出示片段：塞烟囱）

师：你们觉得这一段里，哪个地方最能表现嘎子的“嘎”气？

生：我从“小嘎子两眼一眯，噌噌几把，从墙头上薅下一绺子青草来，团成个蛋，就塞进烟筒去了”这句话中的动作、神态感受到他的“嘎”气。

师：是呀，我们可以从这些动作、神态的细节描写感受到嘎子是一个调皮捣蛋、爱做恶作剧的孩子。

师小结：可见，嘎子只是一个和我们年龄相仿，在农村长大，调皮可爱的小男孩。

2. 成长转变

师：那是什么使他成长为一名合格的人民战士？你从书中哪些地方能读出嘎子的成长变化？请同学们拿出书，和小组成员交流一下吧。

（学生交流讨论）

师：老师刚才发现很多同学在书中做了批注，谁愿意上来分享？

（学生展示找到的片段和读书笔记，分享感受）

生一：这个片段写的是嘎子的奶奶被杀害后，嘎子并没有因此倒下，他决心为奶奶报仇，我觉得他已经从一个乡村顽童成长为一个有担当、有勇气的人。

生二：我在第七章读到这样的片段，嘎子当上侦察员后认真放哨，从中我感受到他的坚守负责，再对比小说开头嘎子放哨时的表现，我感受到他的成长变化。

生三：第十七章的一个片段写到，嘎子决定只身一人前往吸引敌军注意，我看出他的勇敢无畏。

师：同学们批注得非常认真，做批注也是读书的好方法。从这些地方我们可以感受到，嘎子经过磨炼，已经成长为一名勇敢、机智的人民战士。

3. 信仰的力量

师：嘎子成长为人民战士的道路上，有哪些人对他产生了深远的影响？

生：老钟叔、钱区队长……

师：老钟叔是一名老八路，当他把一把木头手枪送给嘎子时，他对嘎子说了什么？谁能找出这个片段读一读？

（学生读相应的片段谈感受——老钟叔对嘎子说："给呀——给一个勇敢、聪明、坚决抗日的小英雄！"我感受到老钟叔对嘎子的期盼）

师：当奶奶被鬼子杀害的时候，嘎子又想起老钟叔的话，请同学们找出来读一读，谈谈你的感受。

（学生读相应的片段谈感受："这一念刚起，老钟叔的声音却轰然地响了：'你要当得起勇敢、坚决的小英雄啊！'"我感受到老钟叔是嘎子的精神支柱，是这句话激励着嘎子成长为一名优秀的小侦察员）

师小结：同学们品读得很细致。从这些细节中，我们会发现，当嘎子面对困难的时候，老钟叔的话总是激励着嘎子，指引着嘎子，为嘎子的成长指明了方向。

师：钱区队长的哪些行为对嘎子产生了深远的影响？

（学生联系情节交流）

师：嘎子加入八路军这个大家庭后，他有时还是会闯祸。当嘎子和胖墩摔跤输了之后，他耍赖咬了胖墩一口，还堵了老满叔家的烟囱，这个时候是谁在教育和引导他呢？

生：钱区队长。

师：课前我们欣赏了《小兵张嘎》的同名电影，电影中就再现了这个情节。现在请同学们分小组分配角色，练习配音。

（教师请四名学生上台为电影片段配音）

师：感谢“小演员们”的精彩演绎。

教师采访为嘎子配音的学生：你喜欢钱区队长吗？他那么凶地批评你，你为什么还喜欢他？

生：钱区队长虽然批评了我，但这是在关心、教育我。

师：从这些对话中，我们能感受到钱区队长对嘎子的关心和引导，可以说，钱区队长是嘎子成长路上的引路人，让他认识到只有心里装着全人类，才能称得上是真正的人民战士。

4. 理想信念

师：除了这两个人，还有很多党员干部、革命战士对嘎子的成长产生了深远的影响，他们引领着嘎子成为一名合格的人民战士。你们看，这是书中的一段文字，写的是嘎子听着战士们在战场上英勇杀敌的故事，不禁心潮澎湃。老师非常喜欢，想请同学们一起来读一读。

（学生配乐朗读）

> 小嘎子听着这些故事，心里起了怎样的激荡啊，他觉得在眼前涌起一座金煌煌的大山，是这般崇高，这般伟大，连他周围的花草树木，都辉映得金光灿灿的了。站在他面前，连自己也要放起亮光儿呢……

师：你们觉得这“金煌煌的大山”是什么呢？

生：是钱区队长、老钟叔给嘎子的关爱和鼓励，是许多革命先辈的精神……

师：这是革命战士的高尚品质，这是保家卫国的情怀，这是革命必胜的信念，这是共产主义信仰的力量。通过这些文字，我们看到的是革命者对信仰的忠诚，而这也正是中华民族崛起、强大，再次屹立于东方的力量源泉。

师总结：刚才我们用品读人物细节的方法，感受了徐光耀爷爷笔下一个鲜活的少年英雄的人物形象。

（课件出示阅读方法：人物——品味细节）

（五）分享英雄故事，汲取精神力量

师：自古英雄出少年。战争年代，中华民族涌现了许多像嘎子这样的少年英雄。你们还读过哪些红色经典小说？小说的主人公是谁？

（学生分享）

师总结：在民族危急存亡的时刻，这些少年英雄跟父辈一起，用自己稚嫩的肩膀担起了保家卫国的使命，他们的名字将深深地烙印在我们的心里。翻开一本本红色经典小说，我们看到的是鲜活的、属于革命者的人性光辉和强大力量。通过一本书回望一段历史，通过一本书看到一种精神，通过一本书坚定一种信念，这就是我们今天分享红色经典小说的原因。

（六）拓展阅读

师：同学们，谢谢你们今天的分享。老师还想推荐另一本书给你们，那就是《革命者》。这是一部献给革命先烈的正气歌，是一部高扬中国共产党人崇高精神，为民族和国家构筑前进灵魂、注入精神动力的精品报告文学。作者为了完成这部作品，走访、拜谒了许多革命者曾经工作和生活的地方。全书聚焦于中华人民共和国成立前夕牺牲的革命先烈，展现了他们英勇的革命事迹。他们为了崇高的信仰而放弃了现实的利益，甚至不惜为之付出鲜血和生命，相信同学们读了这本书一定有所启发。

四、评价与反思

整本书的阅读指导，结合学生阅读情况可以组织开展读前的阅读指导课、阅读推进课、阅读分享课，每种课所起的作用不同。读前的阅读指导课是为整本书的阅读打基础；阅读推进课推进学生阅读，落实阅读方法的训练运用；阅读分享课展示阅读成果，享受阅读快乐。这是一个循序渐进的过程，有助于学生落实整本书阅读的学习要求。在阅读过程中，教师可以采用学习任务单、读书笔记、读书分享会引导学生高质量地完成整本书的阅读。

小学语文的“课程思政”，是在教学中渗透思政教育，既让课堂保持语文味，又要充分挖掘学习内容中的思政教育元素，在训练语文核心素养的同时渗透思想政治教育。在这节阅读分享课中，我们以小说中党员干部对嘎子成长的影响为切入点，探寻嘎子的成长历程，进而引导学生感悟革命英雄的革命信仰和家国情怀。学生在课堂上受到感染，对革命英雄的崇敬之情油然而生，主动继承和弘扬革命文化，自觉增强文化自信。学生在课堂上投入地朗读了书中描写环境的句子，这节课有琅琅的读书声；学生借助阅读笔记、学习任务单谈方法、谈感悟，这节课有思维火花的碰撞；学生还分享了其他英雄的故事，仰望一座座“金煌煌的大山”，这节课给学生带来精神上的启迪。学生对小说语言文字的理解和赏析，也培养了思维能力和审美创造。

单元作业设计与实施案例

拼音小王国，语文大世界

——一年级上册拼音单元作业设计

汕头市龙湖区蓝天小学　张瑛　刘枫枫

设计理念

为了落实“双减”政策，优化作业设计，减轻学生课业负担，增质提效，我校立足作业创新评价机制，认真思考，积极尝试，以2022年新课标为指引，基于以下理念，进行“双减”政策背景下“新”中有“心”的作业优化创新设计探索。

1. 跨学科融合，为作业赋能

根据学生的心理和认知规律，一年级的作业应该新鲜、有趣，让作业激发学生的学习兴趣和求知欲。我们借助有趣的绘本故事与美术、舞蹈等跨学科融合，在一个个生动的故事情境中，将色彩、旋律、意象多元结合，为学生搭建趣学拼音的桥梁。

2. 分层自主选择，尊重学生本位

一年级的学生，务必要保护他们的学习兴趣，作业设计方面要尊重学生个体的能力。我们设计难易分层的作业内容，让学生根据自己的情况选择，引导并鼓励反应快的学生带动其他学生练习，使不同层次、不同水平的学生都能够“翻开书来读，提起笔来写”，体会到成功的乐趣。

3. 链接生活实际，拓宽语文外延

生活处处有语文，语文学习要面向生活。开展丰富多彩的拼音活动，如“趣学乐游园”“歌词注音”等，带领学生走出固化的课堂，来到一间“没有围墙的教室”。在游戏中巩固拼音和生字，既锻炼了学生团结合作的能力，又提高了班级凝聚力，更培养了学生的感恩精神、爱国情操。

教学之道，贵在探索，探究可穷其理；优化作业设计之路，任重道远，需要持续思考、践行，从而为学生的成长助力。

作业目标

发挥语文学科立德树人的独特优势，将社会主义核心价值观、中华优秀传统文化、良好的思想道德风尚等人文教育内容融合到作业设计中，激发学生热爱祖国的思想感情，培养自尊自信、勤劳勇敢、自强不息的美好品德。

1. 保护儿童天性，做好幼小衔接

起步阶段的语文学习，尤其是拼音教学，要尊重儿童，准确把握儿童身心发展的特点，在学习内容、学习方式、作业设计、作业评价等方面，关注儿童已有的知识经验和生活经验，做好过渡衔接。作业设计旨在保护学生探索世界的好奇心，让学生在喜闻乐见的游戏活动中学习，巩固所学的内容，激发亲近拼音的兴趣，享受学习拼音的乐趣。

2. 重视拼音练习，夯实拼音基础

作业设计是为了让学生学会汉语拼音，能读准声母、韵母、声调和整体认读音节；能准确地拼读音节，正确书写声母、韵母和音节。设计灵活多样的活动，避免单调枯燥的机械操练，强化运用，有利于体现语文学习的综合性和实践性，引导学生在真实的生活情境中学习拼音、运用拼音，并指导他们将拼音学习成果运用于生活中，不断丰富自己的生活经验。

3. 借助汉语拼音识字、正音，学说普通话

设计创新作业并创新评价方式，能够让学生在动手操作中掌握拼音知识，在各种形状的描摹摆放中准确识记拼音字母的写法，在各种颜色的搭配中锻炼审美，培养课外阅读兴趣，提高综合素质。

作业内容

情境导入：亲爱的小朋友们，今天我们要到“拼音小王国”开展一段有趣的拼音之旅，帮助我们更好地学习和记忆拼音。我们将面临一系列有趣的任务，让我们一起出发吧！

任务一：一举两得拼音操

小朋友们收到一些卡片，上面写着不同的字母。请大家将这些卡片中的字母用肢体摆出相符的造型，比一比谁的造型更有创意、最有趣。

完成时间：学完单韵母和声母后。

完成地点：一年级各班教室或学生家里。

活动展示：拍照展示。

【设计意图：原来我们小小的身体里也藏着这么多拼音“宝宝”呢！“小魔棒”竖起来比一比，胳膊和腿抬一抬，拼音王国里的居民就纷纷出来了。这样既能锻炼身体，又能学习拼音，真是一举两得。】

任务二：奇思妙想做拼音

小朋友们，拼音的书写不只是用手中的笔哦，开动脑筋，请大家用生活中的各种物品，如红豆、绿豆、豌豆、大米、小米、花生米、玩具积木、树叶、橡皮泥等进行创意组合，摆出学过的拼音字母或音节。

完成时间：学完韵母、声母或整体认读音节后。

完成地点：学生家里。

活动展示：拍照展示。

【设计意图：枯燥乏味的汉语拼音，在充满想象力的学生眼里，不仅形式多样，更是五彩缤纷。学生在玩中学、学中玩，各式各样的作品真叫人耳目一新！学生的小脑袋有着无数的奇思妙想，通过创意的作业设计，我们可以探知学生纯真而又天马行空的内心。】

任务三：拼音跳房子游戏

小朋友们，跳房子游戏能够提高大家的跳跃、平衡能力，锻炼身体的灵活性和协调性，培养机智、果断的品质。操场上"拼音跳房子"游戏正在欢快地进行着，小朋友赶快来参与吧。

完成时间：学完韵母、声母或整体认读音节后。

完成地点：学校操场。

活动展示：拍照展示。

【设计意图：基于"双减"政策背景下的作业设计，将单一化的考试性评价变为活动表现性评价，充分考虑了一年级学生的心理适应性和乐学天性，力求通过多样化、趣味化的游戏活动，激发学生的学习兴趣，培养学生在生活中运用拼音的能力。】

任务四：拼音名称我来贴

小朋友们，相信现在你们已经和拼音王国里的居民都结成好朋友了，请你们把拼音知识运用到生活中，寻找周围各种事物进行拼音书写，给它们做“姓名贴”，并拼读出它们的名字来。

完成时间：学完所有拼音后。

完成地点：学校操场。

活动展示：作品展示。

【设计意图：让学生用便利贴给认识的日常生活用品标注拼音，把课堂和生活联系起来，拓宽了语文学习的外延，学生不仅练习了拼音书写和拼读，还在不经意间学会了关注生活。】

任务五：拼音小报我会做

小朋友们，你注意过身边的拼音“宝宝”吗？旧报纸、绘本甚至食品包装袋，都藏着大大的学问呢！请你们“废物利用”，从旧报纸、旧包装袋上裁取文字，制成拼音小报。（见表 1）

表 1　制作拼音小报

分层作业设计	作业形式	能力目标	作业内容
基本作业	制作拼音手抄报，为拼音“宝宝”绘制一个你心目中的“家”	掌握拼音“三大家族”：声母、韵母和整体认读音节	结合时事和特定节日，如航空梦、亚青会、冬奥会等，在绘画中复习巩固所学
综合作业	制作生字报，让词语“宝宝”手拉手	与拼音结合，记忆、巩固学过的生字和词语	
探究实践作业	制作生活小报，主题有美食、交通、动物等（鼓励亲子合作）	注重动手搜集资料、合理排版，在生活中运用所学生字词和音节	手工剪裁文字、图片、贴纸，进行粘贴、绘画

【设计意图：汉语拼音，是学习汉字的重要工具。对于一年级的学生来说，刚接触抽象的汉语拼音，学起来不免感到有些困难。为了让一年级的学生更好地复习巩固拼音，设计了拼音小报作业。分层作业设计尊重不同层次学生的差异性，让学生自主选择作业，在动手实践中体会成功的快乐，既巩固知识，培养了观察能力、阅读能力和动手能力，又获得了美的熏陶。】

作业实施效果及反思

一年级起始阶段，汉语拼音的拼读非常重要。通过这样的创新作业设计和作业评价，学生不仅能够更好地巩固学过的拼音，还能在游戏中激发学习的兴趣。实践证明，这种创新优化作业设计和创新评价模式是有效的，它不仅减轻了学生的写作业心理压力，而且从根本上提高了学习质量，何乐而不为！

以“双减”政策为契机，我们将继续认真思考、积极实践，用心去创新作业设计和评价，感受研究的快乐和专业成长的幸福，成就有温度的教育，让学生乐于去学、用心去学，促进学生健康成长、全面发展。

让童心插上想象的翅膀

——二年级下册第四单元作业设计

汕头市华侨试验区金湾学校　蔡媛媛

设计理念

本单元围绕人文主题“童心”精心编排了四篇课文，体裁多样，内容充满丰富的想象，富有童真童趣，有儿童诗《彩色的梦》、儿童散文《枫树上的喜鹊》、儿童故事《沙滩上的童话》、自述性散文《我是一只小虫子》。本单元的语文要素是“能根据情景展开想象，仿照课文相关段落或语句，把想到的内容写下来”；教学目标是“能根据提示，用上提示的词语编故事”，要求培养学生丰富的想象力和语言运用能力。

2022年版新课标总目标提出：“积极观察、感知生活，发展联想和想象，激发创造潜能，丰富语言经验，培养语言直觉，提高语言表现力和创造力，提高形象思维能力。”在“双减”政策背景下，根据“落实育人目标、夯实语文基础、促进融会贯通、发展创新思维”的作业设计宗旨，本单元作业设计从把握教材整体结构、单元语文要素和人文主题入手，紧扣语文核心素养，对教学内容进行深层次思考，结合学情需求、实践表达等因素，进行活动化任务的重构。

结合教材编排特点及学情，本作业设计案例设置梯度练习，循序渐进、由易到难，分层设计前置性作业、基础性作业、拓展性作业、实践性作业，加入学科融合，注重情境化、趣味化，增强实践性、互动性，体现单元知识的整体性，帮助学生建立课内与课外的共生点和衍生点，将课内的方法有效迁移到课外，提升学生思维发展水平，赋能学生成长。

作业目标

（1）认识 62 个生字，读准 2 个多音字“量”“泡”，会写 34 个字，会写 40 个词语。

（2）能正确、流利地朗读课文，默读课文《枫树上的喜鹊》。

（3）能用自己的话说出《彩色的梦》中彩色铅笔画出的梦；能说出《枫树上的喜鹊》中“我”喜欢的是什么；能读好《沙滩上的童话》中的对话，用给出的开头编故事；能就《我是一只小虫子》中自己感兴趣的内容与同学交流。

（4）能根据情景展开想象，仿照课文相关段落或语句，把想到的内容写下来；能根据提示，用上提示的词语编故事。

（5）从童话故事中体会想象力的神奇，以及童话故事背后的童真和积极向上、乐观的生活态度。

作业内容

嗨，小朋友们好，我是小精灵童童。请带上想象的翅膀，跟我一起到童话森林寻宝探险吧！

聪明勇敢的你和小精灵童童踏上了童话森林寻宝之旅，每闯过一关就能获得一颗宝石，集齐七颗宝石，你就能获得“智慧小勇士”的勋章啦！出发前，先带上智慧锦囊吧！

智慧锦囊

（1）读：正确、流利地朗读课文。

（2）标：标出自然段。

（3）画：画出生字新词，易读错的多读几遍。

（4）猜：读完课题你猜想到了什么。

第一站：采蜜坊

我和小伙伴正在辛勤地采花蜜，你能帮帮忙吗？

shěn	pí	cōng	bó	gāng	róng	bì
脾	婶	驳	冈	茸	蔽	囱

【设计意图：本题是基础类必做题，通过蜜蜂采蜜的情境，让学生学会把字和音正确搭配连线，巩固识记生字。】

第二站：森林日报社

日报社的小熊正在编辑今天的一则新闻，但有些词她不会写，请你帮她写出来吧！

森林里的小__________（jīng líng）们__________（hé lì）救出了公主。他们开心地在__________（cǎi sè）的城堡__________（zhōu wéi）跳舞、__________（chàng gē）。

【设计意图：本题是基础类必做题，通过编辑一则新闻的情境，考查本单元几个重点词语的掌握情况。】

第三站：益智园

欢迎来到益智园。牛牛老师想考考你，你敢接受挑战吗？

一、记忆超人

1. 根据课文内容填空。

（1）我的彩色________，是大森林的________。我的彩色________，有________，有________，还有紫葡萄的________，在溪水里________……

（2）我看见喜鹊阿姨站在窝边，一会儿教喜鹊弟弟唱歌，一会儿教他们______________，一会儿教他们学自己发明的拼音字母……

（3）《沙滩上的童话》中，被“我们”救出来的“公主”是________。

（4）《我是一只小虫子》中，“我”（喜欢 / 不喜欢）当一只小虫子，如果你在夜晚听见________里的歌声——你就一定能找到“我”。

2. 把名言补充完整，并完成连线。

诚信者，____________________　　《左传》

失信_______________________　　《韩非子》

小信成则__________________　　《管子》

3. 选择题：下面哪一项表述有误？（　　）

A.《彩色的梦》中，“我”用彩色的铅笔编织了彩色的梦境。

B.《枫树上的喜鹊》一文表达了“我”对喜鹊的喜爱之情。

C.《沙滩上的童话》讲述了孩子们在沙滩上垒城堡、编童话的事。

D.《我是一只小虫子》一文告诉我们当小虫子一点儿也不好。

二、识字王者

1. 带有月字旁的字大多与________________有关。

2. 请把词语卡片与虫宝宝对应的部位连起来吧！

脑袋

翅膀

腿

脚

3. 我还能写出三个带有月字旁的字：________、________、________。

三、造句高手

用“一会儿……一会儿……一会儿……”造句。

（1）妈妈一回到家就忙起来了，____

____

（2）孙悟空会七十二变，____

____

【设计意图：本题为基础类必做题，从课文内容、“月字旁”归类识字、用三个“一会儿”造句等方面考查学生的基础积累，训练课文理解和字词句运用能力。】

第四站：仿写驿站

驿站里喝喝咖啡，休息一下，也许能为下面的仿写提供一些灵感哦！

1. 仿写词语。

AABB 式的词语：蹦蹦跳跳 ________ ________

形容高兴的四字词语：兴高采烈 ________ ________

形容生气的四字词语：火冒三丈 ________ ________

含有数字的四字词语：四面八方 ________ ________

2. 仿写句子。

根据提示，仿照《彩色的梦》第二小节写一写。

指尖滑过的地方，

________的________，________了；

________的________，________了；

________的________，________了，

______________________________！

【设计意图：本组题目为拓展类选做题，仿写词语在于让学生发现词语的规律，培养学生积累词语的兴趣。仿写排比句，旨在训练学生的语言建构和运用能力，促进思维发展和提升，为写话打基础。】

第五站：想象馆

想象馆里有动听的鸟语、奇妙的故事，等你来尽情地发挥想象哦！

一、鸟言兽语我会听

喜鹊阿姨找了一条虫子回来，站在窝边。喜鹊宝宝一齐叫道："鹊！鹊！鹊鹊鹊！"我知道喜鹊宝宝的意思是："________________。"

喜鹊阿姨把虫子送到喜鹊宝宝的嘴里，叫起来："鹊，鹊，鹊……"我知道喜鹊阿姨的意思是："________________________。"

二、奇思妙想我会编

根据开头编故事，试着用上下面的词语。

堡垒　城堡　凶狠　凶恶　攻打　进攻

火药　炸药　赞赏　赞美　合力　合作

（1）在一片沙漠里，有＿＿＿＿＿＿＿＿＿＿＿＿＿＿＿＿

（2）从前，有一座大山＿＿＿＿＿＿＿＿＿＿＿＿＿＿＿＿

【设计意图：本组题目为拓展类选做题，从想象喜鹊的叫声到根据开头编故事，从不同维度启发学生的想象力，训练学生思维能力和语言表达能力。】

第六站：森林书屋

一、课内阅读屋

不过，我觉得当一只小虫子还真不错。

早上醒来，我在摇摇晃晃的草叶上伸懒腰，用一颗露珠把脸洗干净，把细长的触须擦得亮亮的。（　　）能小心地跳到狗的身上，我们（　　）可以到很远的地方去旅行。这可是免费的特快列车呀！

（1）请选择合适的关联词填入选段的括号里。

不但……而且　虽然……但是……　如果……就……

（2）选段是围绕哪一句话写的？请用“＿＿＿＿”画出来。

（3）选段中的“我”指的是＿＿＿＿。早上，“我”在＿＿＿＿上伸懒腰，用＿＿＿＿洗脸、擦触须。“我”还把＿＿＿＿当作免费的特快列车，去远方＿＿＿＿＿＿＿＿。

（4）“我”还可以坐着哪些免费列车去干什么？展开想象，写一写。

二、课外阅读屋

虎王开会

老虎大王早上八点零五分召开动物大会。

刚八点，燕子、乌鸦、啄木鸟飞着来了，狮子、豹子、狐狸、大灰狼跑着来了。

八点零三分，大象、熊猫走着来了，袋鼠、青蛙蹦着来了。

八点零四分，鲤鱼、小虾游着来了，乌龟、鳄鱼、蛇爬着来了。

老虎大王说："小蜗（wō）牛怎么还没到？"

"我在这儿呢，我也没迟到！"小蜗牛慢慢地从袋鼠的口袋里爬了出来。

（1）请再写出三个带有"犭"的字。

猴 __________ __________ __________

（2）听说老虎大王要开会，动物们个个都准时到达了。燕子飞着来了，狐狸__________着来了，大象__________着来了，鲤鱼、__________游着来了。__________、鳄鱼、__________爬着来了。

（3）小蜗牛是怎么来的？

三、推荐阅读屋

高洪波《我喜欢你，狐狸》

法布尔《昆虫记》

【设计意图：本组题目为拓展类选做题，设置了课内阅读、课外阅读练习以及延伸推荐阅读书目，旨在促进学生阅读理解能力的提升，引导学生将课内习得的方法有效延伸到课外。】

第七站：森林展示厅

请你选择自己感兴趣或擅长的内容进行展示吧！

一、小画家

以下题目二选一，进行自主创作。

（1）用自己的话说出《彩色的梦》中彩色铅笔画出的梦。然后发挥想象，自己用画笔描绘出一个彩色的梦。

（2）把《沙滩上的童话》中攻下“魔窟”救出公主的故事编成绘本或连环画。

二、小歌唱家

你能把这首改编版的《虫儿飞》唱给同学或家人听吗？

黑黑的天空低垂
亮亮的繁星相随
小蟋蟀，小蟋蟀
你在唱给谁
地上的螳螂贪吃
树上的天牛暴躁
撞不到
顶不到
只要我小心
蝴蝶飞
苍耳睡
跳来又跳去才美
不怕天黑
不怕心碎
不管累不累
也不管东南西北

三、小辩论家

当一只小虫子到底好不好？虫子家族里正吵得不可开交。假如你也是一只小虫子，你怎么认为呢？请你和小组成员进行一场辩论会吧！

辩题：当一只小虫子好不好？

正方辩友：____________________

反方辩友：____________________

你的论点：我觉得当一只小虫子____________________

你的论据：因为____________________

【设计意图：本组题目为实践类选做题，旨在打破学科壁垒，突破语文教材的限制，促进学科之间的融合共生，提升学生的综合核心素养。】

作业评价

评价项目	自主评价	小组评价	教师评价
第一站：采蜜坊	☆☆☆☆☆	☆☆☆☆☆	☆☆☆☆☆
第二站：森林日报社	☆☆☆☆☆	☆☆☆☆☆	☆☆☆☆☆
第三站：益智园	☆☆☆☆☆	☆☆☆☆☆	☆☆☆☆☆
第四站：仿写驿站	☆☆☆☆☆	☆☆☆☆☆	☆☆☆☆☆
第五站：想象馆	☆☆☆☆☆	☆☆☆☆☆	☆☆☆☆☆
第六站：森林书屋	☆☆☆☆☆	☆☆☆☆☆	☆☆☆☆☆
第七站：森林展示厅	☆☆☆☆☆	☆☆☆☆☆	☆☆☆☆☆

作业设计的实施及反思

本单元分层作业设计遵循2022年版新课标的理念，以学生基本学情为出发点，将字、词、句、篇的考查有机融入趣味性的情境中，综合考虑了学生的语言表达、思维能力、实践运用能力的协同发展，每一关都隐含对学生分层能力的考量，总体难度适中，作业形式灵活。在作业评价方面，采用星级评价量规表，自我评价、小组评价和教师评价多种方式相结合，发挥多元评价主体的积极作用。

大部分学生在面对趣味闯关作业时表现出极大的兴致，体验到沉浸式完成作业的乐趣。基础性作业完成率和正确率高；拓展性作业和实践性作业学生可根据自己的兴趣和能力选做，降低了学生的畏难心理，因此总体完成效果良好；但从拓展类作业完成质量来看，学生语言运用、交流表达方面的能力还须加强。如何通过作业设计，指向学生的语文核心素养的训练，同时让作业评价更加多元、科学，评价标准更加明确、细化，需要教师结合理论和实际，不断尝试和探索，提高作业设计、实施与评价改进能力，践行高质量育人原则。

冗繁删减轻装行，畅游童话趣味多

——三年级上册第三单元作业设计

汕头市濠江区赤港小学 陈世颖

设计理念

作业是巩固和检测学生课堂学习效果的重要手段之一。随着单元整体教学模式的广泛实施，单元作业设计显得更加重要。“双减”政策下，为更好地落实教学任务，同时切实为学生减负，使其在忙碌的学习生活中，可以“冗繁删减，轻装前行”，我尝试根据学生的学习基础和学习兴趣，结合单元人文主题和语文要素，在小学语文三年级上册第三单元作业设计中，采用推进式作业设计、融合式作业设计，提升学生语文核心素养。

小学语文三年级上册第三单元的人文主题是“童话”，语文要素是“感受童话丰富的想象；试着自己编童话，写童话”。为有效落实教学，本单元选取了各具特色的中外童话四篇，分别是《卖火柴的小女孩》《那一定会很好》《在牛肚子里旅行》《一块奶酪》。虽然这些童话有着不同的风格，但都充满了丰富而奇特的想象，引人入胜，又发人深思。如：通过小女孩每次擦燃火柴看到的幻象，体会作者丰富的想象，以及从中表达的小女孩的愿望；从一粒种子到阳台上的木地板的生命历程，体会种子为理想而奋斗努力的形象；借助蟋蟀红头在牛肚子里“旅行”的缘由，于趣味中进行科普；围绕一块奶酪展开的故事，了解其中塑造的不同人物形象。在通读课文，感受童话世界的奇妙及童话中丰富的想象之后，通过交流平台引导学生梳理总结童话的基本特点以及阅读童话的好处。水到渠成之际，单元习作再提出“试着自己编童话，写童话”的要求。从读童话到写童话，教材编排体现了以阅读铺路、由读到写的理念。考虑到三年级学生处于习作的起步阶段，为降低难度，“试着”一词明确本次习作旨在激发学生写童话的兴趣，未提出过高要求。本单元还安排了“快乐读书吧”板块，推荐阅读《安徒生童话》《稻草人》《格林童话》等经典童话，旨在进一步激发学生阅读童话的兴趣，走进更加广阔的童话世界，养成课外持续阅读童话的习惯。

本单元的作业设计，主要通过引导学生紧扣单元课文，梳理故事情节，理解内容，在过程中渗透阅读方法和写作方法；通过逐步推进和融合各种知识、技能，引导学生在丰富多彩的童话世界里体会人物形象，揣摩童话的特点及表达。

作业目标

本作业设计案例以“畅游童话王国”为主题，分层设计了预习性作业、基础性作业、综合性作业、拓展性作业，对应的作业板块和设计目的如下图所示：

作业说明	板块	类别
预习性作业：帮助摸清学生学情，提前让学生为本单元的学习打下基础。	知识锦囊	前置性作业
基础性作业：巩固基础性知识，大致掌握故事情节，初步体会童话的特点。	初涉童馆	巩固提升训练
综合性作业：梳理故事情节，理解课文主旨，感悟人物形象，了解构建童话的基本要素，感受在构建童话世界中想象力及拟人化的重要性。	童馆拾贝	巩固提升训练
综合性作业：回顾所读、所学，理清塑造人物形象的方法。	童馆展宝	巩固提升训练
综合性作业：训练想象力及表达力，尝试自己编童话，写童话。	妙语成篇	巩固提升训练
拓展性作业：展示作品，在交流点评中综合提升阅读能力及语言文字的表达能力。	选出“小小童话家”	拓展延伸

作业内容

同学们，童话王国是多么的奇妙，在这里花儿会跳舞，星星能歌唱……让我们乘着想象的翅膀，一起到童话王国游历一番吧！相信你们会有很多难忘的收获哦！

知识锦囊

“知识锦囊”是课前的预习性作业。借助以往的学习经验，学生能够进行自主阅读，初步了解文章的主要内容，为本单元的学习打下基础。所以这一板块，通过引导学生进行预习性作业，调动学生自我阅读经验和已有知识储备，复习旧知，初步感受新知。同时，引导学生关注单元导读页的内容，初步感知本单元的学习要求。三年级学生已经具备一定的识字能力，所以布置其提前自主认识生字，教师课堂上再进行书写指导，可事半功倍。

在开始游历之前，请你完成以下任务，准备好锦囊，为本次游历童话王国做好准备吧！

1. 同学们，从小到大，相信你一定看过或听过不少童话故事吧？从现在开始，请确保每天都到童话王国一游，并把你印象最深刻的或者最喜欢的故事写下来。祝你童话之旅愉快！

2. 你还记得我们之前学过哪些修辞手法吗？请至少写出三种，相信你能行！

________________　________________　________________

3. 读一读单元导语，这个单元我们需要学会什么？

4. 预习本单元的生字，多拼读几遍。想一想：写的时候要注意什么？记得圈出不会写的字哦！

5. 请至少把每篇课文读三遍，争取把它们读通、读顺。思考：课文在讲什么？它们有没有相同的地方呢？或者找一找它们的不同之处。

初涉童馆

欢迎来到童话故事馆！走进童话故事馆，学生可以快速巩固课内的基础知识，通过朗读、圈画等阅读方法，加深文本印象。这样既能提高学生的朗读能力，又可以引导学生立足文本，品味语言文字，了解故事的主要内容，感悟人物形象。

《卖火柴的小女孩》一课，学生在预习时，就会在认读生字、填写预设习题时，关注到“旧围裙”“一年的最后一夜”“又冷又饿”“可怜的”这些词语，从而初步了解到故事发生的时间、人物、情节等，对课文中的环境、人物有一个初步的印象。设置作业时，可有意识地巩固学生对多音字正确读法的掌握。在朗读句子中，引导学生发挥想象，通过对比感受故事中小女孩的悲惨遭遇。

《卖火柴的小女孩》

1. 请你借助拼音把课文读通顺，并填写完整，注意把字写工整。

又冷又黑的大年夜街头，一位穿着_________（jiù wéi qún）、赤着脚的小女孩因卖不掉火柴不敢回家。又冷又____（è）的她为了让自己______（nuǎn huo）一些，五次擦燃火柴，在火柴的______（liàng guāng）中看到了种种幻象。第二天______（qīng chén），人们才发现______（kě lián）的小女孩冻死在了街头。

2. 读了课文，我能给多音字注上正确的读音。

可怜的小女孩，她不敢回家，因为她没卖掉一根火柴，没挣（　　）到一个钱，爸爸一定会打她的。她的一双小手几（　　）乎冻僵了。她敢从成把的火柴里抽出一根，在墙上擦燃了，来暖和暖和自己的小手吗？她心里不断挣（　　）扎后，终于抽出了一根。为了拥有那喷（　　）香的烤鹅，插满明晃晃（　　）蜡烛的圣诞树……她又擦燃了几（　　）根火柴。可火柴一灭，她渴望的暖和的火炉、香喷喷（　　）的食物、慈祥的奶奶，全都不见了。一切美好的事物，仅仅跟火柴带来的亮光一样，在她的眼前一晃（　　）而过。

3. 读了课文，你知道小女孩擦燃了几次火柴吗？每次擦燃后看到了什么，表达了她怎样的愿望？而现实中她的生活又是什么样子的？对此你有什么想法？赶紧和你的好朋友或家人分享一下吧。

4. 我知道童话形象分别有拟人体、常人体、超人体。本文的主人公是（　　），所以它属于（　　）体。整篇课文作者展开丰富的想象，运用了__________等修辞手法，表现了小女孩________的命运。

5. 读句子，说说你的发现。

（1）她终于抽出了一根。哧！火柴燃起来了，冒出火焰来了！

（2）她又擦了一根。

（3）她又擦着了一根火柴。

（4）她在墙上又擦着了一根火柴。

（5）她赶紧擦着了一大把火柴，要把奶奶留住。

读了这些句子，结合课文，我发现了____________________

创编童话，必须清楚其所需具备的要素。童话故事一般需要具备“童话人物”“童话情节”和“童话环境”三要素。“童话人物”是最基本的要素，童话中的人物与一般小说中的人物不同，可以是人、动物、植物或自然界中的任何物体。通过《卖火柴的小女孩》一课的学习，结合以往的阅读经历，学生清楚掌握了“拟人体、常人体、超人体”童话的区别，感受到童话中最核心的要素——童话情节，一般通过超常的幻想和夸张来完成，具有“非现实性”特点。同时，在反复读文中，初步了解“童话环境”除包括社会环境和自然环境外，还包括一种“幻想环境”，即作家通过丰富的想象创造出的非真实的环境。这样学生既感知了作家所营造的“童话环境”，又能对其结构上具有“反复”这一特点有所体会。因此，略读课文《那一定会很好》作业的设置目标是，加深学生对童话三要素的理解，引导学生关注到，作家通过丰富的想象，将种子拟人化，借助“幻想”种子历程来表达自己的情感和理想。作业设计可以有效引导学生通过读、画、注、思、说等，感悟人物形象，在发散思维中体会作者传达的情感，同时深入体会童话具有的“反复”特点。

《那一定会很好》

1. 认真读句子，选择正确的读音。

（1）种子被泥土紧紧地包裹着，它不得不把身体缩（sū suō）成一团。它觉得很难受，于是努（nǔ lǔ）力生长，长出了根、茎（jīng jìng）、叶，钻出了地面，实现了第一个愿望。

（2）农夫背了锯（jù jǜ）子和斧（fǔ hǔ）子来到树林里，把树砍倒了，做成了一辆手推（tuī tūi）车。后来，手推车又成了椅子。农夫的儿子又把坐上去会吱（zhī chī）呀摇晃的椅子拆（zhāi chāi）了，锯成小木片，拼成美丽的木地板。

2. 根据课文内容填空。

本文的主人公是（　　），它经历了一段怎样的历程呢？想一想，填一填。

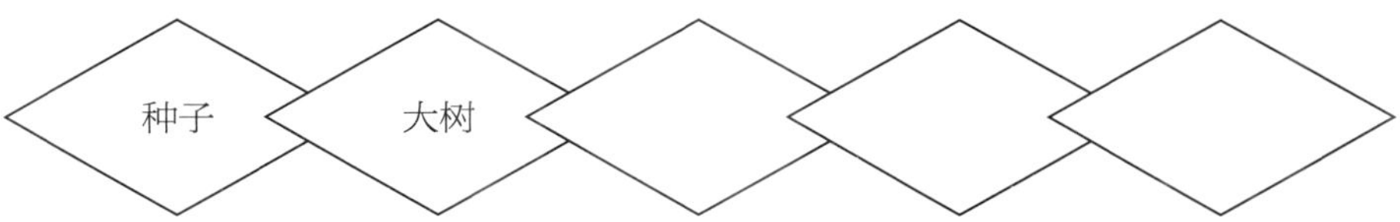

3. 经过学习，我知道童话故事具有“非现实性”特点，作家通过丰富的想象，借助夸张、拟人等手法，用“幻想”来表达自己的情感和理想。如：从种子到木地板，它每一次都会说：“那一定会很好。”我从中感受到了____

____

4. “那一定会很好”在文中出现了几次？依次用横线画出来，认真读一读，想一想：究竟是什么“很好”呢？课前在小组内说说你的其他发现。

通过前面两篇文章的学习，学生对童话故事这一体裁的组成要素、结构特点等，都已经有了一定的了解。因此，在《在牛肚子里旅行》一课的作业上，除了引导学生完成识字、读文等基础性学习，还力求让其了解童话人物形象的塑造可通过动作、语言、神态等来刻画。

《在牛肚子里旅行》

1. 请你借助拼音把课文读通顺，并填写完整，注意把字写工整。

红头不小心被大黄牛卷到嘴里了。它__________（pīn mìng）地喊，青头想去救它，却被牛尾巴__________（sǎo）得摔到地上。青头一直鼓励红头，告诉它牛有四个__________（wèi），会有机会出来。生死关头，青头想办法使牛打了个喷嚏。红头得救了，感动得__________（liú lèi）了。

2. 请根据课文内容把红头在牛肚里旅行的路线补充完整（填序号），并完成后面练习。

①到第二个胃　　②回到牛嘴　　③到第一个胃

红头能成功地从牛肚子里出来是因为（　　）

A. 牛只喜欢吃青草。　　B. 青头利用牛反刍的特点帮助了红头。

3. 同学们，品读描写人物动作、语言、神态等的句子，往往有助于我们理解人物形象。读以下句子，它们分别属于什么描写？再说说从中你感受到青头是个什么样的人。

（1）青头大吃一惊，它一下子蹦到牛身上，可是那头牛用尾巴轻轻一扫，青头就给摔到地上了。→（　　）描写

（2）青头不顾身上的疼痛，一骨碌爬起来大声喊："躲过它的牙齿，牛在这时候不会仔细嚼的，它会把你和草一起吞到肚子里去……"→（　　）描写

（3）青头又跳到牛身上，隔着肚皮和红头说话："红头！不要怕，你会出来的。我听说牛肚子里一共有四个胃，前三个胃是贮藏食物的，只有第四个胃才是管消化的！"→（　　）描写

4. 读课文，画出描写红头的相关句子，课前小组内交流，说说自己读后知道了什么。

《一块奶酪》作为本单元的最后一篇课文，而且是略读课文，主要引导学生运用已学知识，自主探究掌握。有了前面学习的积淀，这里我大胆地抛出问题，让学生自主学习。

《一块奶酪》

1. 课文围绕一块奶酪，讲了一件什么事？故事中有哪些人物？其中你最喜欢谁？为什么？

2. "大家依旧不动，眼睛望着别处，心却牵挂着那一点儿奶酪渣。"蚂蚁们会怎么牵挂奶酪渣呢？下列说法不正确的一项是（　　）

A. 那一点儿奶酪渣，丢了太可惜了，要是让我吃该多好啊！

B. 那一点儿奶酪渣掉下来了，蚂蚁队长不会自己偷吃了吧？

C. 那一点儿奶酪渣，蚂蚁队长肯定不会偷吃，一定会让年龄最小的蚂蚁吃！

D. 那一点儿奶酪渣，蚂蚁队长会怎么处理呢？扔了？它自己吃？还是会给别人吃？会给谁吃呢？

3. 课文中“大家又干起活来了，劲头比刚才更足”，最根本的原因是（　　）

A. 蚂蚁队长没有吃掉奶酪渣，让最小的蚂蚁吃了。

B. 蚂蚁队长的做法很正确，小蚂蚁们很敬佩它。

4. 在整个运粮过程中，蚂蚁队长分别做了哪些事？你喜欢它吗？为什么？

5. 童话故事一般需要具备“童话人物”“童话情节”和“童话环境”三要素。仔细读课文，把它们找出来，与同学交流。也可以说说，作者运用了哪些手法刻画人物形象。

童馆拾贝

本单元语文要素要求学生感受童话丰富的想象，试着自己编童话，写童话，这对学生思维方式提出了更高要求。而理解故事情节，掌握各种表现手法对塑造人物形象的作用，将有助于学生完成学习任务。“童馆拾贝”这一板块引导学生借助对比理解、换位想象、辩证思考等构建理解情节、人物的支架，引导学生聚焦故事内容，对课文主旨、人物形象进行感悟和理解，体会三要素间的关系，进而推想人物内心世界，感知人物在特定环境中的特定表现，以及作家想传递的情感。本板块作业通过创设情境、读写联动，训练学生综合能力，为提升学生写作能力做铺垫。

《卖火柴的小女孩》

1. 大年夜本该是全家团圆的日子，为什么这个又冷又饿的小女孩却在大街上不回家呢？

2. 对比理解：读一读下面这几句话，想一想这是对什么的描写。请你联系实际，想想大年夜家里会怎么准备。对比一下，你觉得这是一个怎样的小女孩？

每个窗子里都透出灯光来，街上飘着一股烤鹅的香味，因为这是一年的最后一夜——她可忘不了这个。

这棵圣诞树，比她去年圣诞节透过富商家的玻璃门看到的还要大，还要美。

再说，家里跟街上一样冷。他们头上只有个房顶，虽然最大的裂缝已经用草和破布堵住了，风还是可以灌进来。

（1）从这段（　　）描写中，我感受到这是一些很（　　）的家庭。

（2）读了这段（　　）描写，我知道了小女孩的家很（　　）。

（3）每当过年时，我家里总会（　　），从这里我感受到小女孩的（　　）。

3. 面对惨死在大年夜的小女孩和那些未曾提供帮助的冷漠的人，你想说什么？结合我们的生活，说一说我们该如何珍惜现在的幸福生活。

《那一定会很好》

现在我们来到《那一定会很好》主人公的家里。看着为了实现理想，不断追求、不断奋斗的种子，请说出你对它的敬佩之情吧！

《在牛肚子里旅行》

1. 换位想象：如果你是红头，你会如何向同学讲述这次经历？这次经历让你懂得了什么？把你的故事讲一讲，并分享给同学听。

有一天，我和好朋友青头一起在草地上玩捉迷藏，我刚在一个草垛里躲好，突然____________________________________

2. 小练笔：多么惊险的一次经历呀！如果青头不懂牛反刍的知识，

或者不够冷静、勇敢、乐观、讲义气……也许红头就没救了。经历了这次事件，这对好朋友会怎么想、怎么做呢？请你发挥想象，续写故事。

《一块奶酪》

和朋友在一起总是最快乐的！红头和青头又一起来到草地上玩耍了。这一次，它们遇到了一群小蚂蚁。原来，小蚂蚁正绘声绘色说起前阵子搬粮食的过程，表达自己对蚂蚁队长的感情。请你也化身小蚂蚁，对红头和青头说出自己的见闻和感受吧！记得评出最佳“叙事大王”哦！

童馆展宝

本板块引导学生回顾本单元四篇童话，结合自身阅读童话的经验，理清塑造人物形象所需的编写要素，为接下来的编写童话打好坚实的基础。

经过本单元的学习，你一定对故事中那些人物印象深刻。让我们看看作家都是用什么方式来表达情感的吧！

童话对对碰

1. 这段时间，我读了很多童话故事，有____________________，其中我印象最深刻的是（　　）。里面写得特别精彩的片段有：__________

____

2. 我认为写得精彩的理由是：________________________

3. 阅读了《卖火柴的小女孩》和《在牛肚子里旅行》这两篇童话，我发现了它们的相同点和不同点。请你继续补充。

相同点：有时间、地点；采用夸张手法；____________________

不同点：人物形象不同：小女孩是常人，青头、红头是昆虫；________

____

同学们，童话的世界是那么奇妙！童话作家在创作作品的时候，往往会告诉我们一些道理，或者影射一些现实生活中存在的现象，有的作家会直接在作品里说出来，有的则是让读者自己去体会。你发现了吗？赶紧在“童”外之言中，添上你的一笔吧！

“童”外之言

童话读来趣味盎然，其中不乏那些教导人们追求真善美的佳作。同学们，你都从哪些童话作品中，读出了作者所要传达的情感？把那些“童”外之言写下来吧！

妙语成篇

第三单元语文园地的交流平台引导学生围绕童话中的人物形象及其经历展开交流。课文中词句段运用的第二项内容是修改符号的练习，可运用到本单元的习作教学中。所以在实际教学的安排中，语文园地的学习先于习作部分的学习，作业设计上，在学生初步构思好故事后，让学生运用修改符号进行互评互改，训练学生思维，使其能发现问题、解决问题，提高写作表达能力。

第三单元的习作话题是“我来编童话”，要求学生发挥想象，创编故事。本板块设计了创编故事和阅读探究活动两项作业。作业中，学生结合教材习作要求，先列出故事情节，梳理故事内容，再写作。“妙语成篇”板块是学生经过一个单元的学习后，进行知识的梳理总结和运用。

欢迎来到“妙语成篇”世界，这里有写作的法宝，它们能够帮助你提升写作能力，对本单元的习作也很有帮助哦！请你完成以下几个任务，获取相应的法宝吧！

语文园地

1. 结合语文园地交流平台的内容，完成下面的思维导图。

童话世界

- 童话中的人物可以是动物、(　　　　　　　　　　　)，它们都有超乎常人的本领。
- 童话世界里的一切都被拟人化了，为了吸引读者，我们写作时还可以用上(　　　　　)的手法。
- 要想故事精彩就必须发挥丰富的想象力，给它们精彩的经历，如小土豆历险、(　　　　　　　　)。童话人物的经历，还能给我们带来不少启示呢，如：(　　　　　　　　　　　　　　　　　)。

2. 我能用修改符号修改以下句子。

（1）解放军叔叔击落了五架敌机和三艘军舰。

（2）骄傲自满是学习上的阻碍。

（3）这些是唐朝出土的文物。

（4）电视剧留下了深刻的印象。

（5）公园新设了由两个华侨援建的游乐项目。

（6）他穿了一顶蓝色的帽子。

（7）小鸟在枝头嗡嗡叫，小狗在门口不断啼。

我来编童话

经过本单元的学习，你一定跃跃欲试，也想自己创编一个精彩、有趣的童话故事。请你完成以下任务，编写一个童话故事吧！

（1）请你在教材中选择一组最感兴趣的词语，或者自己创设一组，展开合理的想象，完成故事链。

（2）请根据你设计的故事链创编一个童话故事，写在自己的作文草稿本上。

（3）写完之后，自己读一读，看看是否通顺，在小组内互相评一评、改一改。

选出“小小童话家”

学生在经过这个单元的学习后，对各种类型的童话有了一定的了解，也对这一题材的作品产生了愈加浓厚的兴趣。所以第三单元的拓展性作业，采用选出“小小童话家”的活动形式，让学生在评议中发现习作的优缺点，从而更好地提升语文素养和运用语言文字的能力。

经过这段时间的学习，你们一定有所收获，让我们根据下面的评价标准，看看哪个小伙伴能评上“小小童话家”。

评价标准	自评	互评	师评
人物、时间、地点等要素齐全，想象合理	☆☆☆☆☆	☆☆☆☆☆	☆☆☆☆☆
故事完整，有开头、经过、结尾	☆☆☆☆☆	☆☆☆☆☆	☆☆☆☆☆
用词准确，句子通顺、流畅，富有生动性	☆☆☆☆☆	☆☆☆☆☆	☆☆☆☆☆
有具体的人物语言、动作、神态、心理刻画	☆☆☆☆☆	☆☆☆☆☆	☆☆☆☆☆
能用上积累的好词佳句	☆☆☆☆☆	☆☆☆☆☆	☆☆☆☆☆
故事生动，构思新颖	☆☆☆☆☆	☆☆☆☆☆	☆☆☆☆☆
故事能让人从中明白道理或积累有用的知识	☆☆☆☆☆	☆☆☆☆☆	☆☆☆☆☆
拟人、夸张等修辞手法运用合理	☆☆☆☆☆	☆☆☆☆☆	☆☆☆☆☆
我的评价与建议：			

作业实施效果及反思

本次作业设计，通过学习和研读新课标，明确教学目标，理清教学思路，紧扣单元语文要素，进行了整体设计与实施，避免了以课时为单位的零散、孤立、割裂教学等问题，更加有助于知识的结构化、问题解决的综合化，有助于学生核心素养的培养。通过情境创设、分层设计、多方交互和多元评价，原本乏味的作业多了趣味性，提高了学生参与的积极性。学生在完成作业的过程中，逐步感知语言、故事之美，感悟故事中的人物形象，从而在情感上得以被熏陶、感染，并更乐于与他人交流自己的阅读感受，增强表达的自信心。

本单元作业形式多元化，没有所谓的标准答案。通过这样的作业设计，有效帮助学生发现、发挥自己的才能与潜能，展示自我，使学生在真正领悟童话真善美的同时，也提高了语文读写素养。同时，在教师时刻跟进作业评价中，在学生自我评价、生生互评及教师评价等多种手段的作用下，学生积累了阅读童话和创编童话的经验，从而爱上语文课堂。

穿越千年的初心

——四年级上册第四单元作业设计

汕头金中华侨试验区学校　郑冰仪

设计理念

2022 年新课标在义务教育阶段明确提出了要以梳理与探究等语文实践活动为主线，综合构建素养型课程目标体系。知识梳理指向对学生整合能力、思辨能力与归纳判断能力的培育。思维的发展与提升，成为发展学生语文核心素养的重要内容。因此，在语文大单元作业设计中，我致力于培育学生思维迁移与创造的能力，作业目标倡导素养立意，努力做到：（1）通过整体设计与统筹分配，打破课时作业的零散性、割裂性，实现关联性与递进性；（2）减少机械性、重复性作业，作业由相互关联的系列学习任务组成，意在减轻学生负担，为高阶思维培养留出空间。

本次作业设计主题紧扣单元人文主题与语文要素，旨在落实语文核心素养。本单元为神话故事单元，我希望带领学生穿越千年感受古代劳动人民的智慧，同时不忘传承发扬中华优秀传统文化的初心，于是将主题定为“穿越千年的初心”。为了让学生体验知识产生的过程，培养学生的自主探究与合作探究能力，我设计了基础性作业、拓展性作业与综合性作业，形成课前预习、课中导学、课后研学的阶梯式作业模式。这份作业，既是一份学习任务单，也是一份完善的大单元教学探究计划，有利于学生掌握学习的方法以及教师在课堂上组织探究性教学。

作业目标

本单元的作业设计旨在通过创设情境，巧妙设计基础性、拓展性、综合性活动任务，有逻辑地分解子任务，引导学生运用多种方式对书中知识点进行学习、体会，进而懂得梳理、反思，以掌握学习方法，实现知识迁移。

作业内容

神话，具有永久的魅力，寄托着人类远古时代飞腾的梦想。

同学们，为了进一步感受神话中神奇的想象和鲜明的人物形象，促进阅读思维的碰撞，我们决定建造神话故事文化馆，请你为文化馆的建设出谋划策，献出自己的一份力量。

一、基础性作业

以学生为主体设计课前预学单，意在让教师了解学情，制订出既具个性又有意义的教学内容。知识回顾以及与本单元主题相关的话题探究有利于激发学生的学习兴趣，预习能让学生熟悉课程内容，让听课更有针对性，有助于形成良好的学习生态。

基础性作业检验的是学生对字词与内容的把握程度。小学中学段侧重培育学生主动识字与分类梳理的能力，要求学生能理解生字词的意义，能初步把握文章的主要内容，体会文章表达的思想感情。作业设计上，可通过设计字词掌握自评表、设置选择填空题等形式，让学生自主识记生字词，积累课文中的优美词语、精彩句段，梳理课文的主要内容，并明晰自身的不足。

（一）前期准备

（1）你对神话了解多少呢？看图片，你能猜出它们对应的神话故事吗？

（2）回忆故事内容，尝试讲一讲神话故事的内容，并说说其特点。

（3）想要更好地建设文化馆，你需要一定的知识储备。请你认真完成以下任务，做好充足准备，我们期待你为文化馆的建设出谋划策。

①认读课文中的生字新词，把你认为难写的字写在拼音簿上，想想写的时候要注意什么。

②读课文，标段落，圈画好词、好句，在感触较深的地方做批注。

（二）基础建设

字词平台

（1）我已熟读本单元课文（　　　）遍，积累了（　　　）个好词，（　　　）个好句；（　　　）【能 / 不能】背诵《精卫填海》，（　　　）【能 / 不能】背诵《嫦娥》。

（2）字词掌握情况。

P124 二类字“劈—棠”能够读准字音，认清字形				备注：（按掌握程度在左边方框中打“√”，“√”越多说明掌握得越好）
P126 一类字“睁—获”会读，会认，会写，会组词				
P129 生词“睁眼—获得”能理解词义，正确书写和运用				

内容平台

根据课文理解填空。

例：《盘古开天地》这篇神话讲述了盘古____________并创造万物的故事，赞颂了盘古伟大的开创精神和____________________精神。

【设计意图：知识回顾与话题探讨可唤起学生对神话的感性认知，初步感受神话的神奇之处；预习作业的设置意在培养学生的自学能力，提高听课效率。自评表是过程性评价的一种呈现，有助于学生及时发现自身的不足并作出学习方向上的调整。填空题的设置，在检验学习成果的同时，也减轻了学生的学习负担。】

二、拓展性作业

此项作业依托单元主题和语文要素，主要融合语文核心素养中的语言运用、思维能力与审美创造，进行拓展性作业的尝试。通过思维导图或图画、照片、贴图等作业反馈方式，培育学生的直觉思维、形象思维、逻辑思维与创造思维等思维能力，并让学生获得审美体验；通过设置探究性活动，引导学生联想与想象，感受文学语言的魅力，获得个性化的阅读体验，进而表达自己独特的感悟与思考，学会创意表达。

（三）场馆建设

故事馆

（1）神奇之窗：神话故事之所以充满魅力，在于它神奇的情节，请你记录阅读时那些令你印象深刻的神奇情节。

（2）故事展览：盘古在我们心中是极为重要的上古神。他的故事影响了一代又一代的人。请你根据《盘古开天地》故事的起因、经过和结果绘制三宫格漫画。我们将挑选出优秀作品在文化馆展览厅展示，期待你的精彩作品哦！

人物馆

人物雕像：神话故事中涌现了许许多多鲜活的人物，文化馆将为这些神话人物建造雕像，请你提供神话人物绘画稿与解说词，解说词包括人物的姓名、性格特点、主要事件、你对人物的评价等。

交流论坛

文化馆交流论坛有两大热议话题，请你也来参与话题讨论，为文化馆增加关注度吧！

#痛苦的普罗米修斯#普罗米修斯为造福人类，盗取火种，遭受惩罚。他承受了什么样的痛苦？有可能会做些什么？发挥想象，把可能的情景想具体、说生动，并记录下来。

例：炎炎夏日里，太阳炙烤着大地，岩石在燃烧，普罗米修斯双唇裂开，渗出血丝，但他仍然坚定地望着远方……

#神奇的一天#我们读过许多神话故事，你最喜欢里面的哪个人物呢？如果你有机会和他相处一天，这一天你们之间会发生什么事呢？展开你的想象，用屏风书展现你们这一天里发生的事吧！记得和同学们交流分享你的故事哦！

【设计意图："神奇之窗"的设计，可以提高学生提取信息的能力，绘制三宫格漫画属于思维导图设计，指向梳理能力、思辨能力的培养。"人物馆"中绘画稿与解说词的设计，能提升学生的人物分析能力，引导学生感受文学作品中人物形象的独特魅力与思想内涵，提升审美能力和审美品味。话题探究类作业，遵循学生的认知特点，依据学生的兴趣爱好而设计，能充分激发和发展学生的想象力，促进创造性思维培养的进一步落实。】

三、综合性作业

此项作业设计指向"整本书阅读学习任务群"与"实用性阅读与交流任务群"，旨在引导学生根据阅读目的与兴趣选择与单元主题相关的图书，制订阅读计划，运用多种方式分享阅读心得，交流研讨阅读中的问题。在故事会等综合实践活动中，引导学生通过倾听、阅读、观察，获取、整合有价值的信息，根据具体交际情境与交流对象，清楚得体地表达，有效传递信息。

（四）活动筹办

神话故事会

同学们，近期文化馆将举办“神话故事会”系列活动，请你填写活动计划表，并完成以下两项任务。

说书台：文化馆将在新学期举行首届讲故事大赛，请你为书中你最喜欢的故事做一份屏风书，借助屏风书用自己的话讲故事。

奇剧场：书中有很多故事情节曲折、人物形象鲜明，适合表演。文化馆的奇剧场将迎来首次演出，请你和你的小组成员选择一个感兴趣的故事片段，登上奇剧场的舞台演一演。

活动课题	神话故事会	活动形式	小组合作、搜集资料、 作品展示、交流演讲……
小组成员			
活动内容	活动方式	成员分工	时间、地点
搜集神话故事	图书摘录 网络搜索		
整理神话故事	制作屏风书		
说书台： 讲神话故事	小组讨论 写成书稿 班内交流		
奇剧场： 演神话故事	班级表演		
注意问题	讲故事时长控制在 3 分钟内，要求声情并茂； 情景小剧表演时长不超过 8 分钟		
成果展示	屏风书、情景小剧		

奇境之旅

（1）文化馆将创办以“奇境之旅”为主题的整本书阅读活动，带领同学们阅读《中国古代神话》，请你为活动制订计划吧！

阅读日期	开始页码	结束页码	阅读时长	家长签名

（2）这趟旅行一定有许多故事让你印象深刻吧！请你为印象深刻的故事制作一张读书卡，可以记录下你积累的好词好句、故事的主要内容，还可以写下你的独特感受……我们将挑选出优秀作品在文化馆展览厅展示，相信你的读书卡一定会让同学们眼前一亮的！

【设计意图：注重过程性评价，在分享活动中激发阅读的内在动力，产生再阅读、再探究动力。神话故事会的创设，有利于促进学生在活动中学语文，激发学生的想象力，培养学生的创新能力与合作探究精神，增强学生表达的自信心。读书计划的制订，有利于学生积累阅读经验，养成爱读书的好习惯。读书卡的制作，可以锻炼学生对文本结构的组织能力，提高思想输出的质量。】

作业评价

作业评价主要包括学生自我评价、家长评价与教师评价，让学生进入任务时心中有量规，便于学生进行自我检验与调整；可基于“教、学、评一致性原则”完善评价体系。评价要点如下：

神话故事文化馆建设		自我评价	家长评价	教师评价
前期准备		☆☆☆☆☆	☆☆☆☆☆	☆☆☆☆☆
基础建设	字词平台	☆☆☆☆☆	☆☆☆☆☆	☆☆☆☆☆
	内容平台	☆☆☆☆☆	☆☆☆☆☆	☆☆☆☆☆
场馆建设	故事馆	☆☆☆☆☆	☆☆☆☆☆	☆☆☆☆☆
	人物馆	☆☆☆☆☆	☆☆☆☆☆	☆☆☆☆☆
	交流论坛	☆☆☆☆☆	☆☆☆☆☆	☆☆☆☆☆
活动筹办	神话故事会	☆☆☆☆☆	☆☆☆☆☆	☆☆☆☆☆
	奇境之旅	☆☆☆☆☆	☆☆☆☆☆	☆☆☆☆☆

作业实施效果与反思

此大单元作业设计作为大单元教学的一个重要部分，更像是一份学习计划，整合了学习内容、学习形式、资源与评价等，课堂学习也可以以“任务”“活动”为名安排学习进程。本次作业设计是短期作业和长期作业相结合，作业实施过程长，如果可以在大单元作业启动阶段规划作业完成时间轴，制订详尽的作业完成计划，让学生更明确各项作业完成的时间节点，将更有利于推进学生高效完成作业。另外，本作业设计缺少引导学生在单元要素的基础上升华情感的内容，未能达到新课标提出的文本联系生活、实现情感共鸣的要求，因此，可以适当增设“与神话故事人物对话”等板块，以实现情感上的升华。

群体中的个人是沙中之沙，风可以随意搅动他们。希望通过有思考、有探索的作业设计与课堂模式，让学生有兼听之胸襟，亦有思辨之智慧。彼时，师生和生生的思路、思绪、思想将不断交汇，创造之花也将悄然怒放。

足下万里　笔尖漫步

——五年级下册第七单元作业设计

汕头市华侨试验区金湾学校　方立慧

设计理念

“知之者不如好之者，好之者不如乐之者。”作业，不应是反复枯燥的练习，而是要在富有情境性和实践性的设计中培养学生持续学习的能力，激发学生主动探索的内驱力。新课标指出，要创设真实而富有意义的学习情境，“引导学生在多样的日常生活场景和社会实践活动中学习语言文字运用”。教师应紧密结合课堂所学，关注学生校内外个人生活和社会发展中的热点问题，设计主题考查、跨媒介创意表达等多种类型的作业。因此，大单元主题式作业设计，以单元统整的理念、寓教于乐的方式，带领学生在学与思中感受生活的缤纷，在思与行中体验实践的乐趣，在行与创中提升综合素养。

本单元的课文编排围绕“世界各地”的主题，以“体会静态描写和动态描写的表达效果”为语文要素，呈现出一幅幅动人的画卷，体现了世界丰富多彩的自然和人文景观的魅力。本单元作业设计结合单元主题和新课标理念要求，体现了一些新的思考与定位。

本单元的作业设计以“足下万里　笔尖漫步”为主题，以跟随导游小七旅游的形式，带领学生感受世界名胜的魅力。在设计中，巧妙搭设情境活动支架，优化单元核心作业目标实施路径，如设置“准备旅行攻略”“帮助旅行同伴”“旅行后日记”等情境，设计相应的情境式作业，让学生当小游客，增添作业趣味性。

作业目标

在作业设计中，以单元统整为思想，将不同课文篇目按旅游路线联系在一起，以旅行或探秘前中后的板块形式呈现作业难度，如分层设计“旅行前攻略”“旅行中笔记”“旅行后日记”一系列作业。其中，“旅行前攻略”为前置性作业，“旅行中笔记”为基础性作业，均为必做项目；而“旅行后日记”作为拓展性作业，为选做项目，学生可以结合生活实际，在情境题目中完成作业目标。

作业内容

同学们好！我是导游小七，你们喜欢旅行吗？小七将带领大家前往世界各地，一起观赏美景，感受人文风情！比如，我们会前往世界闻名的水上城市——威尼斯，乘着小艇在河道中穿梭；我们还会在“牧场之国”荷兰的大草原上，与牛羊骏马一同自由奔跑；我们还要去看看神秘的金字塔，那可是四大古文明之一——古埃及的遗迹！你们准备好开启旅程了吗？

第一站：威尼斯

第一站咱们会去美丽的水上城市威尼斯，旅途正式开始前，请同学们先仔细读读《威尼斯的小艇》一文，做好旅行前攻略，以便更好地畅玩威尼斯哦！

旅行前攻略

1. 我把课文读了（　　）遍，全文共有（　　）个自然段。

2. 目的地我了解。

威尼斯是__________（国家）著名的旅游与工业城市，本文作者是__________（国家）的__________。__________是威尼斯的主要交通工具。

3. 课文词语我知道。（根据意思在文中找出词语）

（1）驾驶小艇熟练灵活，得心应手。（　　）

（2）手忙乱，脚也忙乱，形容做事慌忙。（　　）

旅行正式开始啦！一位同行的伙伴小薇想要把所见所闻记录下来，但她遇到了难题，你能帮帮她吗？

旅行中笔记

1. 生字新词请你帮帮我。

在水上城市威 ní sī（　　），我喜欢乘坐小 tǐng（　　），它的船头和船 shāo（　　）向上 qiào（　　）起，船舱里有窗 lián（　　）和软软的坐 diàn（　　）。我们 gù（　　）用的船夫驾驶技术也很好，带着我们在 zòng（　　）横交错的河道里穿行，经过喧 huá（　　）的 mǎ（　　）头，很多小船也 cù（　　）拥在一起，原来是人们准备去教堂作 dǎo（　　）告。

2. 请帮我选择合适的关联词语，让句子更通顺。

因为……所以……　　不但……而且……

虽然……但是……　　不管……总……

（1）（　　）威尼斯是世界闻名的水上城市，河道纵横交错，（　　）小艇成了这座城市主要的交通工具，等于大街上的汽车。

（2）（　　）行船的速度极快，来往船只很多，（　　）船夫操纵自如，毫不手忙脚乱。

（3）（　　）河道怎么拥挤，船夫（　　）能左拐右拐地挤过去。

（4）遇到极窄的地方，船夫（　　）能平稳地过去，（　　）速度非常快，还能急转弯。

3. 完整句子我能写。

（1）上面的关联词语我都很喜欢，帮我选择一组，并试着用它造句。

（2）古老的威尼斯又沉沉地入睡了。（缩句）

（3）旅行攻略（课文）中有静态描写的句子，帮我选一句记录下来，并写下体会。

旅行过程中，小尼最喜欢的就是威尼斯的小艇了，他惊喜地发现，原来小艇在威尼斯这么重要。结合旅游攻略（课文），他把体会记录下来了，你能一起补充完整吗？

旅行后日记

（一）

威尼斯的小艇有二三十英尺长，又窄又深，有点儿像独木舟；船头和船艄向上翘起，像挂在天边的新月；行动轻快灵活，仿佛田沟里的水蛇。

这段话主要写了小艇的________。作者将小艇比作独木舟，写出了小艇________、________、________的特点；还比作____________，写出了小艇________的特点；比作________，写出了小艇________的特点。这些特点都与威尼斯的河道有着密切的关系。

（二）

船夫的驾驶技术特别好。行船的速度极快，来往船只很多，他操纵自如，毫不手忙脚乱。不管怎么拥挤，他总能左拐右拐地挤过去。遇到极窄的地方，他总能平稳地穿过，而且速度非常快，还能急转弯。两边的建筑飞一般地倒退，我们的眼睛忙极了，不知看哪一处好。

（1）“船夫的驾驶技术特别好。”这是本段的________，这段话在结构上为________。

（2）为什么船夫的驾驶技术这么好？说明了什么？

（三）

美好的威尼斯之旅即将结束，在离开威尼斯之前，我们还热情地邀请当地的小伙伴以后有机会也来我们的家乡——汕头旅游。为此，请你向新认识的小伙伴介绍汕头的某一处地方，记得用上动静结合的写法，还可以试着画一画哦！

第二站：荷兰

离开威尼斯，第二站咱们北上牧场之国——荷兰，出发前，好多小伙伴都做足了准备，让我们来看看吧。

旅行前攻略

1. 我读了________次课文，我发现文中有句话反复出现，这句话是________________________。它在文中共出现了________次。

2. 我在网上搜集到有关荷兰的资料：______________________________

小兰来到期待已久的牧场之国非常兴奋，她准备了很多“行李”，都是为了在旅途中能用上，我们一起来看看吧。

旅行中笔记

1. 旅游必备生字（根据语境写出生字词）。

（1）tiào（　　）望远处，jùn（　　）马在 liáo（　　）阔的原野上飞 chí（　　）。

（2）夜晚，草原 huī（　　）复了宁静，yāo（　　）喝声停了，mián（　　）羊不吃草了，牛脖子上的铃 dāng（　　）也静了，shēng chù（　　）都沉沉地入睡了。

2. 旅游词语补充包（填上合适的词语）。

（　　　　）的草原　（　　　　）地欣赏

（　　　　）的骏马　（　　　　）地思考

（　　　　）的晚霞　（　　　　）地奔跑

（　　　　）的夜晚　（　　　　）地行驶

3. 挑选词语我能行（先补充四字词，再选择合适词语填入句子中）。

默默（　　）（　　）　肥（　　）壮（　　）

（　　）（　　）自得　极（　　）远（　　）

（1）绿色草原上，绵羊慢悠悠地吃着草，那神态可真是（　　　　）。

（2）辽阔原野上的骏马，匹匹（　　　　）。

（3）夜晚，牧羊的人回到家里静静休息，（　　　　）。

（4）荷兰真不愧是牧场之国，（　　　　），四周全是草原和牛羊。

4. 旅行句式少不了（按要求完成句子）。

（1）除了深深的野草遮掩着的运河，没有什么能够阻挡它们飞驰到远方。（改为反问句）

（2）老牛好似牛群的家长，无比威严。（请仿照这种写法，把事物当作人来写，写出特点）

5. 修饰美景我在行（写出运用的修辞手法）。

（1）荷兰，是水之国，花之国，也是牧场之国。（　　　）

（2）极目远眺，四周全是碧绿的丝绒般的草原和黑白两色的花牛。（　　　）

（3）牛群吃草时非常专注，有时站立不动，仿佛正在思考着什么。（　　　）

（4）长毛山羊在干什么？它们也在欣赏着这美丽的景色。（　　　）

6. 旅行画面记心中（根据课文内容回答）。

到了傍晚，才看见有人驾着小船过来，坐上小板凳，给严肃沉默的奶牛挤奶。金色的晚霞铺在西天，远处偶尔传来汽笛声，接着又是一片寂静。在这里，谁都不叫喊吆喝，牛脖子上的铃铛也没有响声，挤奶的人更是默默无言。运河之中，装满奶桶的船只在舒缓平稳地行驶。满载着一罐一罐牛奶的汽车、火车，不停地开往城市。车船过后，一切又恢复了平静。最后一抹晚霞也渐渐消失了，整个天地都暗了下来。狗不叫了，圈里的牛也不再发出哞哞声，马也忘记了踢马房的挡板。沉睡的牲畜，无声的低地，漆黑的夜晚，只有远处的几座灯塔在闪烁着微弱的光芒。

这就是真正的荷兰。

（1）这段话描写了牧场之国________和________两个时间段的场景。

（2）画横线的部分属于__________（动态或静态）描写，这样写的好处是____

（3）“这就是真正的荷兰。”这句话在文中起了________作用，从这句话中你感受到作者什么样的思想感情？

旅行后日记

在荷兰，我感受到了牧场的悠闲自由、宁静和谐，而在放学后空荡的校园里，我也曾感受到这样的宁静之美：______________________

第三站：埃及

第三站我们来到非洲，探访金色的埃及，看看神秘的金字塔。有人说，金字塔本身就是一个未解之谜，那就让我们一起去探秘吧！

旅行前攻略

1. 前去的路上，我们在飞机上看到了一张宣传单，但是不小心被饮料弄脏了，看不清楚了，你能把空白处填完整吗？

金字塔（　　　）

空中花园（古巴比伦）

泰姬陵（　　　）

__________（　　　）

2.《金字塔》这篇课文由（　　　　　　）篇短文组成，其中一篇属于__________文本 。

在这次探险途中，我们有不少新发现，快把它记录下来吧！

旅行中笔记

探秘寻宝物

1. 每一个好词，都是我们语言运用的好宝物。按照示例，积累相关的词语。

（1）例：熠熠发光（ AABC 式词语 ）

（2）例：黄澄澄（ 有关颜色的 ABB 式词语 ）

探秘小发现

（一）

用约 230 万块石材砌成，平均每块重 2.5 吨左右。整个胡夫金字塔大概有 50 层楼高，塔基面积相当于 126 个篮球场那么大。

这则材料中，我发现它用了__________、__________的说明方法。通过这则材料，我感受到了______________________________

（二）

学习完本课的内容，相信你也有不少发现，尝试把下列表格补充完整。

《金字塔夕照》	《不可思议的金字塔》
抒情散文	______________________
能让读者感受到作者对金字塔的喜爱与赞美之情	能让读者__________________________ ______________________________
两篇短文中，我更喜欢__________，因为______________________________	

探险要告一段落了，这一路上，我们发现了不少知识宝藏。其实不论是哪里，只要愿意去探索发现，都是宝藏之地。返程的途中，相信你有不少新思考，请把它写出来吧！

旅行后日记

在汕头的潮汕历史文化博览中心大堂里，有一艘红头船的模型。潮汕先辈为了生存和梦想，驾着红头船远渡重洋，它曾经是中国同世界各地经济和文化交流的桥梁，也是华侨同祖国联系的纽带。

这些船的船头刷朱红色油漆，头部两侧画有两个圆圆的黑圈，船舷刻有黑字。船体结构大，"体长二十余丈"，还设置了风帆。

（1）从这个片段，我了解到了红头船的________和________。

（2）潮汕还有很多特色事物值得向大家介绍，例如红桃粿、四点金民居、英歌舞等等。请选择一项你最喜欢的向大家介绍。（可参考《不可思议的金字塔》文本形式）

活动一：小小讲解员

一路上小七说了这么多，这次换你来当讲解员吧！不用担心，小七会帮你的！

活动前须知

1. 明确活动任务。

我是小小讲解员，这次我会选择一个情境，为大家讲解。

2. 做好活动准备。

活动开始前，我会想好我要讲解的是____________，目的是____________________。如果有机会，我会在____________________（地点）为大家讲解。

讲解小卡片

我会根据讲解的内容，把它梳理为几大方面，列成提纲，这样我讲解起来会很有条理。

讲解主题：

讲解小秘诀

1. 讲解的时候，条理要清晰，语气、语速要________，在这一过程中，还可以用____________、____________辅助讲解。

2. 如果讲解时发现听众对某个部分不太感兴趣，________（可以或不可以）适当删减内容。

学习新表达

1. 在古诗中学表达。

乡村四月

［宋］翁卷

绿遍山原白满川，子规声里雨如烟。

乡村四月闲人少，才了蚕桑又插田。

（1）我喜欢这首诗，因为它展现了江南乡村______时节的田野风光。

（2）除了写景，诗中还写出了人们农事繁忙的场景，我是从____中看出来的。

2. 古诗小达人。

关于夏天的诗句，我还知道有：

（1）____________________，____________________。

（2）____________________，____________________。

3. 讲解小能手。

大胆表达。选择一个要讲解的情境，为你的家人或者同学讲一讲吧，注意配上合适的神情和动作哦，请他们给你打打分。

评分项目	1 ~ 10 分（分值越高，代表越喜欢）
讲解的内容	
讲解有条理	
讲解时动作流畅、神情生动	
讲解时语气温和、语速平缓	

活动二：写写中国的世界文化遗产

本单元我们游览过意大利的威尼斯、荷兰的牧场、埃及的金字塔，回到国内，我们发现，美丽的祖国也有许多著名的世界文化遗产，你知道哪些？跟同学说一说吧。

习作前贴士

1. 我会捋思路（根据要求，给下面选项排序）。

①整理资料　②交流评析　③搜集资料　④撰写

本次习作的过程是：________________

2. 我会选素材。

下列不适合作为本次习作素材的是（　）

A. 布达拉宫　B. 秦始皇陵兵马俑

C. 鸟巢、水立方　D. 苏州园林

3. 我会分条理（拟订习作提纲）。

小贴士：文物类的文化遗产，一般须从制作工艺、外形特点、文化价值等方面进行介绍；建筑类的文化遗产，一般须从历史背景、外观、结构、现状等方面进行介绍；遗迹类的文化遗产，一般须从地理位置、考古历程、传说故事等方面进行介绍。

习作后完善

1. 我会评和改（根据以下自评表，完成习作后给自己打分并修改）。

评分项目	1～10分（分值越高，代表自己越满意）
习作主题明确且符合要求	
能抓住特点介绍，详略得当	
条理清晰，结构分明	
语言通顺，有美感	
书写工整、漂亮	

2. 制作成册：根据你的习作内容，配上插画，把整组的习作编制成册，制作成《发现中国——中国的世界文化遗产》小册子。

设计意图

“旅行前攻略”通过设置作业情境，渲染旅行氛围，学生在课前可以查找有关目的地的资料，通过制作旅行小卡片或者旅游宣传单等，对课文内容有大致了解，对旅行目的地产生游览兴趣。

“旅行中笔记”通过设计一系列旅行同伴的互动情境，设置在旅途中可能提出的问题，以帮助小伙伴的形式完成作业。如小伙伴在写旅行笔记的过程中有个别生字不会写，帮他补充完成；还有帮助同伴记录美景画面等；又如在神秘金字塔探险途中，有了不少新发现，这些发现都是素材积累、语言运用的“宝物”。情境化的作业设计能够激发学生的学习兴趣。

“旅行后日记”属于拓展性作业，学生在游览一处景点后，结合生活实际进行思考并记录，如向当地新朋友介绍汕头，推广家乡文化；结合非连续性文本的形式，思考潮汕“侨文化”的发展，关注潮汕本土特色等。世界再大，心在家乡，除了要有开阔的视野，更要有心系家乡的情怀，这也是“旅行后日记”这一作业设计的意图。

作业的评价根据任务要求设置，不同的评价标准观照学生的童趣表达，在活动中进行交互式评价——自评或他评，体现评价主体的多元化。

作业实施效果与反思

本单元作业设计通过情境创设、观察记录、讲解互动等形式对课文学习进行补充和延伸，以“旅行前攻略”“旅行中笔记”“旅行后日记”为作业导航系统，学生化身“游客”“讲解员”等角色，展开多文本阅读，并借助表格、思维导图、日记等学习支架，在情境式题目中完成学习任务。

在拓展性作业中，学生呈现的作业成果也是令人惊喜的，能够结合潮汕本土文化进行思考。足行千里外，才懂望乡情。笔尖漫步后，记录下对家乡发展的新思考，这也是新课标中提到的“积极观察、感知生活”“建立文化自信”的素养要求。

且行且思，在作业设计的探究路上行走，越发觉得还有很大提升的空间。结合在工作室的学习思考，我不禁想到本单元的作业主题是否可以设计成一个学习大任务，如以“招募讲解员”作为本单元的主题任务，将作业内容设计成解决游客疑问、规划旅行线路等，在威尼斯、荷兰、金字塔三个不同的站点中，以考核讲解员的形式将这一大任务分解成多个学习项目，这样的作业设计是否统整度更高？

作业设计之路漫漫，培育人才之心满满，愿共精研、同成长！

漫游小说世界

——六年级上册第四单元作业设计

汕头市龙湖区金晖小学　杨畅　曾黛微　洪斯嘉　何佳弘

设计理念

“双减”政策下，为了优化作业设计，提升学生语文素养，促进学生全面发展，我们进行了单元整体作业的设计与实施，在作业设计的过程中，努力做到:（1）紧扣教材，立足大单元视域，依据小学语文课程标准，落实语文要素;（2）立足学生成长，密切联系学生生活体验，构建循序渐进、能力立意的作业体系;（3）尊重学生多元的阅读感受，设计灵活、形式多样的作业。

统编教材小学语文六年级上册第四单元的主题是“小说”，本单元语文要素是“读小说，关注情节、环境，感受人物形象”；课文选取了中外作家各具特色的三篇小说:《桥》《穷人》《金色的鱼钩》。《桥》塑造了一位党支部书记在山洪暴发时舍己为人、不徇私情的光辉形象，语言简短，富有感染力。《穷人》赞美了穷苦渔民桑娜夫妇善良、美好的心灵，刻画细致。《金色的鱼钩》写了红军长征途中，一位炊事班长尽心尽力照顾生病的小战士过草地，不惜牺牲自己生命的故事，语言平实感人。这些小说都以现实生活为题材，刻画了普通人物在困境时所闪现的人性光辉，内容生动感人。通过之前的学习，学生已经初步了解如何通过语言、动作、心理来理解人物形象，本单元旨在引导学生感受情节推进和环境描写对塑造人物形象的作用。习作要求是“发挥想象，创编生活故事”，基于学生对小说的阅读和理解，让学生经历由阅读到表达的过程。本单元的作业设计就是引导学生结合本单元的课文，梳理故事情节，理解内容，渗透阅读方法和写作方法的训练，揣摩小说表达，体会人物形象。

作业目标

本作业设计案例以“漫游小说世界”为主题，分层设计了预习性作业、基础性作业、综合性作业、拓展性作业，对应的作业板块和设计目的如下图所示：

作业内容

你好！小勇士，欢迎来到“小说世界”！在这里，你会读到许多扣人心弦的故事，感知美好的人间真情。我是本次冒险之旅的向导，请你和我一起开启这趟学习之旅吧！

知识背包

在开始冒险之前，请你完成以下任务，准备好背包，为本次冒险做好准备吧！

1. 还记得我们学过的五年级下册第四单元的内容吗？你知道哪些描写人物的方法？写下来。

______描写　　______描写　　______描写

2. 阅读单元导读页，说说本单元的学习要求。

3. 预习本单元的生字，把你认为难写的字写在拼音簿上，想想写的时候要注意什么。

4. 把每篇课文读 2 遍，把课文读通顺。

【设计意图：“知识背包”是课前的预习作业。五年级下册第四单元的语文要素是“通过课文中的动作、语言、神态描写体会人物的内心”，通过以前的学习，学生能够通过文章中的一些描写理解人物心理，了解一些人物描写方法，这为本单元的学习打下了基础。所以这一板块的预习作业连接学生过去的阅读经验和已有的知识储备，复习了旧知。同时，引导学生关注单元导读页的内容，初步感知本单元的学习要求。六年级学生已经具备一定的识字能力，所以让学生先自主学写生字，课堂上教师再适时点拨书写时需要注意的地方。】

新手村

欢迎来到“新手村”，这是每位勇士探索“小说世界”的必经之地。

《桥》

1. 读一读下面三组词语，说一说这三组词语分别是描写什么的，填在括号里。

（1）咆哮　狞笑　放肆　势不可当——都是描写（　　　　　）

（2）你拥我挤　疯了似的　跌跌撞撞　乱哄哄——都是描写（　　　）

（3）拥戴　清瘦　沙哑　揪出　豹子——都是描写（　　　　　）

2. 小组内互相读一读下面的句子，注意加点字的读音。

（1）木桥前，没腿深的水里，站着他们的党支部书记，那个全村人都拥戴的老汉。

（2）竟没人再喊。一百多人很快排成队，依次从老汉身边奔上木桥。

（3）山洪咆哮着，像一群受惊的野马，从山谷里狂奔而来，势不可当。

（4）近一米高的洪水已经在路面上跳舞了。人们又疯了似的折了回来。

（5）老汉似乎要喊什么，猛然间，一个浪头也吞没了他。

3. 读一读下面这些环境描写的句子，说说你想象到的画面，并与同学交流。

（1）山洪咆哮着，像一群受惊的野马，从山谷里狂奔而来，势不可当。

（2）近一米高的洪水已经在路面上跳舞了。

（3）死亡在洪水的狞笑声中逼近。

（4）水渐渐蹿上来，放肆地舔着人们的腰。

（5）水，爬上了老汉的胸膛。

【设计意图：在“新手村”，学生快速巩固课内的基础知识，通过归类、朗读、批注、运用加深印象。这样既能提高学生的朗读能力，又可以引导学生立足文本，品味语言文字，感悟人物形象，学习阅读方法。《桥》一课中，学生在归类词语、发现规律时，会关注到这三组词语分别是描写“洪水”“村民”“老汉”的，对课文中的环境、人物有了一个初步的印象。在朗读句子时，指导学生掌握多音字的正确读音；在朗读环境描写的句子时，感受小说中洪水的凶猛、形势的危急。】

《穷人》

1. 经过学习，我们知道了小说三要素就是人物、情节、环境。读一读下面两组词语，想想它们分别有什么共同的特点，填在括号里。

风暴　糟糕　汹涌澎湃　寒风呼啸　潮湿阴冷　波涛轰鸣

心惊肉跳　忐忑不安　沉思　抱怨　倾听　探望　照顾　忧虑

（1）第一组词语都是用于描写（　　　　　）的。

（2）第二组词语都是用于描写（　　　　　）的。

2. 在上面的词语中，选择相应的词语填空。

（1）海面上波涛（　　　　　），天气非常（　　　　　），桑娜在家里等得（　　　　　）。

（2）她认真（　　　　　）屋外的动静，又起身去（　　　　　）生病的邻居。

3.《穷人》这篇课文中，有多处省略号，请你选出每处省略号的作用，把答案填在括号里。

A. 表示省略递增的次数　　　　B. 表示心理活动的时断时续

C. 表示语意跳跃　　　　　　D. 表示说话结结巴巴，欲言又止

（1）古老的钟发哑地敲了十下，十一下……始终不见丈夫回来。

（　　）

（2）她忐忑不安地想："他会说什么呢？这是闹着玩的吗？自己的五个孩子已经够他受的了……是他来啦？……不，还没来！……为什么把他们抱过来啊？……他会揍我的！那也活该，我自作自受……嗯，揍我一顿也好！"（　　）

（3）总算活着回来啦。……我不在，你在家里做些什么呢？（　　）

（4）"我？"桑娜脸色发白，说，"我嘛……缝缝补补……"（　　）

4. 课文题目是"穷人"。可文章中没有一个"穷"字，你从哪里看出他们确实很"穷"？请你把这些地方用下划线画出来，批注感受。课前小组内互相读一读，说说理由。

【设计意图：《穷人》的作业是让学生读词语发现规律，引导学生关注小说环境和人物语言。最后一道作业中，许多学生能找到小说中对破旧的屋内装饰、勉强的家人吃穿的描写，从中感受到人物的"穷"。】

巧思园

《桥》

1. 鱼骨图：这篇小说的情节一波三折，请默读课文，按课文内容完成下面的思维导图。

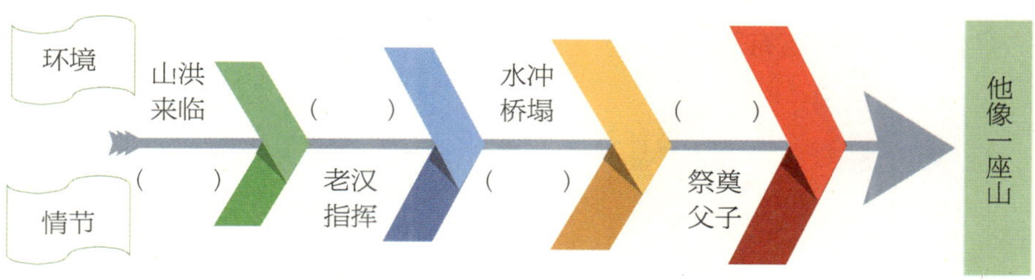

2. 对比理解：读一读下面这两段话，老汉前后的言行似乎是矛盾的，请你分别写一写他为什么这么做，从中你读到一个怎样的老支书形象。

老汉突然冲上前，从队伍里揪出一个小伙子，吼道："你还算是个党员吗？排到后面去！"

老汉之所以这么做，是因为__________。我从中体会到这是一位__________的党支部书记。

老汉吼道："少废话，快走。"他用力把小伙子推上木桥。

老汉之所以这么做，是因为__________。我从中体会到这是一位__________的父亲。

《穷人》

1. 换位想象：桑娜是这篇小说的主角，请你从桑娜的角度向同学讲述这个故事。

2. 小练笔。

"是啊，是啊，"丈夫喃喃地说，"这天气真是活见鬼！可是有什么办法呢！"

两个人沉默了一阵。

（1）沉默中，桑娜会想些什么呢？联系课文内容，写一写桑娜的心理活动。

（2）沉默中，桑娜不断地想：______________（写在自己的作文本上）

3. 辩证思考：有人说这篇课文中的"穷人"桑娜和渔夫其实并不"穷"，他们很"富有"。你支持这种观点吗？写一写你的理由。

《金色的鱼钩》

1. 品析人物：填一填。

（1）他坐在那里捧着搪瓷碗，嚼着几根草根和我们吃剩下的鱼骨头，嚼了一会儿，就皱紧眉头硬咽下去。

这句话运用“________”“________”“________”“________”等字词描写老班长的动作和神态，从中可以看出老班长吃草根和鱼骨头时忍受了巨大的痛苦，表现了老班长是一个____________________的人。

（2）老班长忽然严厉地说：“小梁同志，共产党员要服从党的分配。你的任务是坚持走路，安定两个小同志的情绪，增强他们的信心！”

从老班长的话语中，我们感悟到他即便剩下最后一口气，也要完成任务，这种________________的精神，是多么伟大而感人啊！

2. 仔细品读文中其他动作、语言、心理描写的句子，摘抄其中最令你感动的句子，在旁边批注感受。

【设计意图：本单元语文要素要求学生聚焦小说中的故事情节和环境描写，理解其对塑造人物形象的作用。这对学生的思维方式提出了更高的要求。“巧思园”这一板块引导学生通过鱼骨图、对比理解、换位想象、辩证思考等构建理解情节、环境、人物的支架，引导学生聚焦情节和环境与人物表现的关系，进而推想人物内心世界，体会人物在特定环境中的表现和内心思考。】

英雄榜

经过本单元的学习，你一定对小说中那些平凡但不平庸的英雄印象深刻。让我们走进“英雄榜”，用不同的方式来表达我们的敬意吧！

1. 面对狂奔而来的洪水，老汉用自己的威信和沉稳果决的指挥，将村民们送上跨越死亡的生命桥。这是一位可敬的老支书，这是一位舍己为人的英雄。请你为老支书写一写墓志铭，表达内心的敬佩之情吧！

注：墓志铭是一种悼念性文体，一般由“志”和“铭”两部分组成，“志”多叙述逝者的生平事略，“铭”则主要是对逝者一生的评价。篇幅不能冗长，文字须简洁明了。

2. 现在我们来到《金色的鱼钩》陈列区。这里陈列着小说中具有特殊含义的金色鱼钩，请你当一当讲解员，向大家介绍这枚鱼钩吧。在小组内讲解给同学听，评选出最好的讲解员。

【设计意图：“英雄榜”板块训练学生对课文主旨、人物形象的感悟和理解。在作业中创设情境，读写联动，训练学生综合能力，提升学生写作能力，同时感悟小说中人物的形象。】

藏宝阁

欢迎来到“藏宝阁”，这里有关于小说阅读和写作的法宝，它们将有助于你阅读能力的提升，对本单元的习作也很有帮助哦！请你完成以下几个任务，获取相应的法宝吧！

语文园地

1. 阅读方法：结合语文园地交流平台的内容，完成下面的思维导图。

阅读方法：理解小说中塑造人物形象的方法

- 留意人物的__________、__________、__________，理解人物形象
- 通过小说的__________感受人物形象
- 关注小说的__________描写，深入理解人物形象

2. 描写心理活动：下面是《穷人》中桑娜忐忑不安的心理活动，请仔细读一读。

桑娜脸色苍白，神情激动。她忐忑不安地想："他会说什么呢？这是闹着玩的吗？自己的五个孩子已经够他受的了……是他来啦？……不，还没来！……为什么把他们抱过来啊？……他会揍我的！那也活该，我自作自受……嗯，揍我一顿也好！"

（1）下面是桑娜的心理变化图。生活中你也有过忐忑不安或犹豫不决的时候吗？照样子画出自己的心理图示，可以根据需要增减方框。

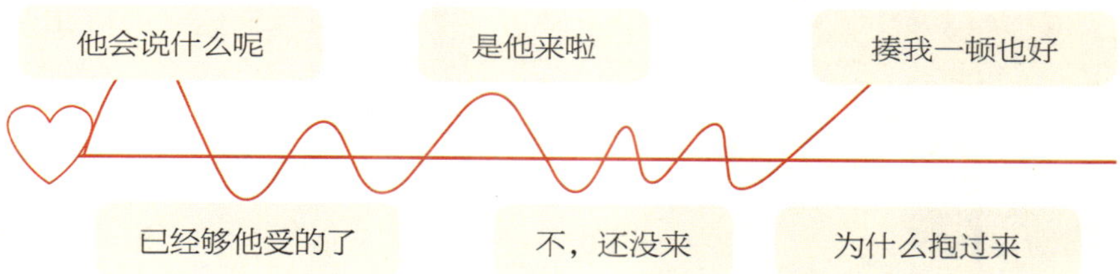

（2）借助上面的图示，试着写出自己忐忑不安或犹豫不决时的心理活动，注意标点符号的运用。

创编故事

经过本单元的学习，你一定跃跃欲试，也想自己创编一个引人入胜的故事吧！请你完成以下任务，编写一个故事。

1. 请你在教材中选择一组环境、人物，或者自己创设一组，展开合理的想象，完成情节构思。

环境：____

人物：____

情节：

2. 请根据你设计的情节创编一个故事，写在自己的作文草稿本上。

【设计意图：第四单元语文园地交流平台引导学生围绕理解小说的人物形象展开交流。词句段运用的第二项内容是体会片段中人物复杂的内心世界并进行仿写，所以作业设计了仿写题目，训练学生描写复杂的心理活动，这有助于提高学生的写作表达能力，也可以运用到本单元的习作中。在实际教学安排中，语文园地的学习先于习作部分的学习，因此这一部分的作业先于习作作业。第四单元的习作话题是“笔尖流出的故事”，要求学生发挥想象，创编生活故事。本板块设计了阅读探究活动和创编故事两项作业。作业中，学生结合教材习作要求，先列出故事情节，梳理故事内容，再写作。“藏宝阁”板块是学生经过一个单元的学习后，进行知识的梳理、总结和运用。】

拓展馆

今天带你去认识一位抗日小英雄，他住在美丽的白洋淀，顽皮淘气，充满“嘎”气，但是面对敌人时毫不畏惧，聪明机灵。请你打开《小兵张嘎》这本小说来读一读，完成探究活动。

读书前

请你制订一份阅读计划。

读书时

每天阅读后填写阅读记录册。

读书后

《小兵张嘎》阅读交流课

学习任务单

一、分享读书方法

《小兵张嘎》是一部以革命战争为题材的脍炙人口的儿童文学佳作。你们能说一说，自己是用了什么方法来读这部小说的吗？

二、绘制思维导图

请你根据每个章节的主要人物和事件，试着写一个小标题，为《小兵张嘎》的内容绘制一幅思维导图。

三、嘎子的成长历程

在嘎子的成长过程中，你从哪些地方感受到嘎子的“嘎”气？又有哪些地方让你看到一个不一样的嘎子？

四、分享英雄故事

你还知道哪些小英雄的故事？请同学们来分享他们知道的故事。

五、这部小说后来被拍摄成同名电影，同学们可以找来看一看。电影里有许多片段再现了小说的情节，请你选择视频片段配音，展现你对小说人物的理解。我们会在阅读交流课上请小组上台展示哦！

【设计意图：统编教材小学语文六年级上册第二单元的主题是“革命岁月”，学生在经过这个单元的学习后，对长征、抗日战争等时代背景有了一定的了解，也对革命题材的作品产生了浓厚的兴趣，所以第四单元的拓展性作业选择了《小兵张嘎》这部小说。学生运用第四单元学到的阅读小说的方法进行品析和阅读，有助于充分感受红色经典小说的魅力。】

作业评价

作业评价分为自我评价、小组互评、教师评价。评价要点如下：

评价要点	自评	互评	师评
我能正确拼读和书写本单元生字词	☆☆☆☆☆	☆☆☆☆☆	☆☆☆☆☆
我能找出并理解小说中描写环境和人物的词句	☆☆☆☆☆	☆☆☆☆☆	☆☆☆☆☆
我能通过人物的语言、动作、心理描写感受人物形象	☆☆☆☆☆	☆☆☆☆☆	☆☆☆☆☆
我能关注小说的环境，体会其对表现人物的作用	☆☆☆☆☆	☆☆☆☆☆	☆☆☆☆☆
我能清晰、流畅地复述小说的故事情节，结合小说内容评价小说人物	☆☆☆☆☆	☆☆☆☆☆	☆☆☆☆☆
我能串联运用小说三要素，自己创编小说	☆☆☆☆☆	☆☆☆☆☆	☆☆☆☆☆
我能自主阅读小说《小兵张嘎》，并完成学习任务单	☆☆☆☆☆	☆☆☆☆☆	☆☆☆☆☆

作业实施的效果及反思

本作业设计创设情境，以“探险”贯穿整个单元作业，激发学生学习兴趣。学生在开始学习本单元前，完成课前的预习作业。教师借助预习作业，摸清学情，适当调整教学设计，再在课堂上进行作业反馈。学习课文后，学生完成各个板块的作业。书面的作业学生会填写在相应的学习任务单上，或在自己的作业本上完成。口头上的作业，例如朗读、说一说、谈想法，有的是通过录音、视频的方式，有的是通过课堂的小组交流展示。大部分学生的基础性作业完成度较高，对课堂的小组交流展示也表现出充分的学习热情。拓展性作业是《小兵张嘎》的阅读探究活动，从课内延伸到课外，学生制订阅读计划，每天阅读后填写阅读记录册，读完整本书后填写学习任务单以及完成配音作业，最后教师开展读后的阅读交流课。在这个过程中，学生学会自主阅读，掌握阅读方法，提高独立阅读能力，并学会跟他人交流分享。学生最后完成作业评价单，通过自评、互评、师评的方式，围绕作业设计的目标展开多元、多角度的评价，促进个性化发展，真正实现“教—学—评”一体化。

本次作业实施过程中，也发现了一些不足。作业整体上综合性较强，对学困生而言，有一定难度，可以适当添加字词句方面的基础训练，让学困生也能体验到学习收获的快乐。

第四章

学以明道言成长

余秋雨老师说过：“只有书籍，能把辽阔的空间和漫长的时间灌溉给你，能把一切高贵生命早已飘散的信号传递给你，能把无数的智慧和美好对比着愚昧和丑陋一起呈现给你。”读书是一种心灵上的享受，是发现、感悟、探寻万事万物的方式，也是引领教师走向成长、走向远方的最好途径。蹉跎莫遣韶光老，人生唯有读书好。读书，是教师最好的修行，要做教育者，先做“读书人”——始于读，发于思，成于行，成为学生为学、为事、为人的示范。杨畅教师工作室全体成员潜心阅读，在阅读中不断丰富自我，提升自我，将思考转换成文字，凝聚成思想。

我与书

汕头市龙湖区金晖小学 杨畅

我与书结缘源于我的父亲，我那爱书如命的父亲。他从读书时期便开始买书，在那经济并不景气的年代，填饱肚子都不是一件易事，父亲却用书把家里整整一面墙填满了。不仅如此，桌子底下、床底下、所有空余的抽屉，一切能利用的空间都装满了书。后来听父亲的朋友说，当时还有一些书寄放在他们家里，像《傅雷译文集》。

我家成了小镇上藏书最多的一户人家。家里的藏书几乎囊括了经典的、流行的中外名著，还有几份从创刊就开始订的杂志，像《花城》《译林》。经常会有一些外出求学的学生在假期里经熟人介绍慕名而来，父亲很喜欢爱读书的人，便大方地把书借出，等发现有些书被人借走了再也不见踪影，却想不起是哪一个借走的，想登记造册已来不及了，唯有心痛不已。父亲后来给书编了号，亡羊补牢，总算留住了一些。

在我的家里，茶几上、餐桌旁、枕头边，甚至厕所的马桶旁都放着书。家里人都有随手翻书的习惯，一坐下，一躺下，信手拿来，无所不读。而父亲更是经常把书带到饭桌上，端着饭碗看得津津有味。家里的厕所经常“大塞车”，因为坐在马桶上的那个人经常读得忘了自己身在何处。

书已经成了我们生活中不可或缺的一部分，当我的手在书页上摩挲，目光在字里行间穿梭时，那感觉是如此亲切与舒适。在那个物资匮乏的年代，书让我们一家过得非常富足。记得小时候每天晚上睡觉前，一家四口挤在那张大床上，父母亲总会为我们不识字的姐弟俩讲书中的故事。从《小红帽》《白雪公主》到《聊斋》中的志怪故事，还有《哪吒闹海》《半夜鸡叫》……在一个个趣味盎然的故事中，我们酣然入睡。

识字后，我最先拥有的书是一箱连环画，是父亲不知从哪个旧书摊上买来的，有的封皮已经脱落，可这丝毫不影响我阅读的兴趣。第一次读《红楼梦》就是在那时看的连环画，父亲还到邮局订了第一份属于我的杂志《看图说话》。每个月拿到新书的快乐与满足，我记忆犹新。在周围小伙伴羡慕的目光中，借着《看图说话》那些精美的图画，我读完了《尼尔斯骑鹅历险记》，梦想着像尼尔斯那样骑在鹅背上四处去旅行。

随着识字量增多、年龄增长，我的阅读范围也慢慢扩大。上小学时读《安徒生童话》《格林童话》《西游记》《水浒传》……这些书让我心中永远保留着美好的梦想，让我懂得了正直与善良。小学毕业的那个暑假，父亲为我买来了一整套价值不菲的《世界文学名著连环画》，厚厚的几十本，厚实的纸张让我那个暑假也变得“厚实”起来。我如饥似渴地阅读着，见识着人世间最美好的情感，也窥见了人性的弱点；我感受着文字的魅力，享受了一场场文学的盛宴。感谢那一个假期的阅读，它让我对中外经典文学有了初步的了解，并产生了浓厚的兴趣。

从那以后，我才真正发现我家那些藏书的价值。我的手指经常自在地在它们身上滑过，然后抽出我最感兴趣的一本，再细细地品读，慢慢地思索，用心去感受心灵的触动，在赖床的清晨，在悠闲的午后，在万籁俱静的深夜。读的书也渐渐杂了起来，读经典名著，读金庸，读琼瑶，读卫斯理，读余秋雨，读丰子恺，读尤金的游记，读梁实秋、林语堂的散文……作家们理性的思考与幽默的表达，常常让我在开怀大笑之余又有心领神会之感。这样的阅读伴着我走过初中，走过师范，走过那些易感浮躁的时期。

我很羡慕演员，因为人活一辈子，只能有一种人生体验，而演员却可以体验多种不同的人生。我只是一名普通的小学教师，选择一种职业的同时，也选择了一种生活方式。这种生活很平凡，波澜不惊，甚至有些单调。幸运的是，能终生与书籍文字为伍。

在我的课堂上，我与学生一起阅读，一起思考，一起享受语言文字给我们带来的欣喜。我和他们谈《小王子》，谈《夏洛的网》，谈一切他们喜爱的书籍；为他们大声地诵读《园丁集》，或许他们不是很懂，却同样能感受到华丽的语言、澎湃的激情……下课后，面对着办公桌上一大沓等待批改的作业，不妨在上面也放上一本《汪曾祺谈吃》，改作业累了就翻上几页，读上一小段，自然觉得有滋有味起来。有一次看《肉食者不鄙》，竟把我这好吃肉者也腻得灌了好几口茶，不禁为汪老先生出神入化的语言功底拍案叫绝。每一次随意的浏览，那些精灵一样的文字在眼前流淌，小小的心便在小小的空间里天马行空起来。

读书让我的人生变得绚丽多彩，一切喜怒哀乐都鲜活了起来，那点点滴滴的思考与顿悟也在不断沉淀，让我慢慢变得从容而踏实。从教三十载，带领孩子们爱上阅读、享受阅读已成了我的使命，也是我最大的享受。我知道，书将永远伴着我，也陪伴着他们走好人生中的每一段路。

有成长可奔赴，有岁月可回首

——《人间词话》读后记

汕头市龙湖区蓝天小学　张瑛

一直觉得，好诗或者说投缘的诗不需要费力就能记住，第一眼惊艳到就会刻进脑子里。“最是人间留不住，朱颜辞镜花辞树”，为了这句诗，二十年前读完了王国维先生的《人间词话》，然后放在床头已久，尘埃渐布。

“流光容易把人抛，红了樱桃，绿了芭蕉。”师范学校毕业时，初为人师的青涩和迷茫仿佛尚在眼前，然时间已经过去二十年，已逾不惑。幸得工作室教师敦促、支持学习，陪伴培训。重翻工作室推荐的阅读书目《人间词话》，像信手闲翻王国维先生的微博来读，可以从任何一页开始看，又可以在任何一页放下，无论以怎样的方式打开，都好似月下听花，华美绝伦。先生将一生才华和心血倾注于字里行间，句句箴言，语言美学让人惊叹。斯人若彩虹，遇上方知有。

王国维先生在书中提出“境界说”，认为“词以境界为最上”，最佳境界在于即景生情，自然流露，如同“清水出芙蓉，天然去雕饰”。他说：“有境界则自成高格，自有名句。”写真景物、真感情者，谓之有境界。这个“真”与工作室的“立本求真”隔着时间与空间的千山万水相逢了。

书中说：“古之成大事业、大学问者，必经过三种之境界。”第一境：“昨夜西风凋碧树，独上高楼，望尽天涯路。”第二境：“衣带渐宽终不悔，为伊消得人憔悴。”第三境：“众里寻他千百度，蓦然回首，那人却在灯火阑珊处。”回顾二十年的为师之道，我想说，教师的专业成长也需要经过这三个境界，就是有理想、学习力，能实践、反思，最后成长提高。

教育的事，终究是良心和情怀的事，它不受外在道德法律的束缚，它的深浅完全取决于个体的自我要求。真正的名师和有影响力的教师，都是把教育当成“命业”，都是眼里有光的行者和思想者。他们超越分数及纪律，以生命自然的姿态，唤醒、点化和润泽着其他生命，为学生的精神发育提供适合的“营养品”。苏霍姆林斯基说：“教师的每一次尊重与宽容，都会使学生终生难忘，都会促使他去思考，在思考中做人，在思考中做事。”真正的教育智慧在于教师从来不伤害学生的自尊心，而是经常激发他要做一个好学生的愿望。当我们“独上高楼，望尽天涯路”，便应该有“道阻且长”而“九死不悔”的勇气与信念。

“师者，所以传道受业解惑也。”教师不坚持学习，没有源头活水，怎么布道呢？所以教师要有持续的学习力，然后才是文化知识的传授——把精彩的知识传授给学生，让学生喜欢听。这就需要教师不断地实践和反思。从最初的对照教学参考改写备课，课前的凌乱紧张，两节课才能达成一个教学目标，班级秩序混乱的窘况，到现在公开课都可以轻松驾驭，其中一个秘诀就是“读课”——观摩优质课，模仿名家课堂，读教育专家和优秀教师的书里面的“课”。从文字中汲取方法，把每一次学到的法宝像硬币一样存入自己的储蓄罐，积累方法与策略。在遇到同类课的设计问题时，大脑中就会有多种预设及构思，然后一一去实践、反思，循环反复。“衣带渐宽终不悔，为伊消得人憔悴”，如此，才能把专业知识激发转化为专业能力。叶澜教授就说过，一个教师写三十年教案不一定有效果，但坚持写三年教学反思一定能成为优秀教师。

摆脱教学平庸或者不甘被平庸局限的途径，需跳过教材向特级教师学习，听听资深作家的写作经验，比如王开岭、王鼎钧；读读优秀的人物传记，比如《昨日的世界——一个欧洲人的回忆》《巨流河》；了解世界儿童文学的奠基作品，比如《欢欣岁月》《书，儿童与成人》……领略了高处的精神风光，才会有低头耕耘的从容不迫，才会有灌溉润物的慷慨气概。阅读，就像一条护城河，守护着自己精神的一亩三分地，日出而作，日落而息。

而王国维先生的三重境界，也是人生的三种过程——凋、独、望，知自身渺小，知世界之大；不忘初心，方得始终；最后“寻”与“在”——萤萤灯火中，自有归处。

“最是人间留不住，朱颜辞镜花辞树”，从前读它是“为赋新词强说愁”，美则美矣，不甚明了；现在读它，心境却很符合了。我们读过的书，仿佛是为了铺垫未来的人生。

读《文学解读基础》，探究读写迁移教学新模式

汕头金中华侨试验区学校　郑冰仪

一、缘起——习得模式出困境

（一）源于实践的问题

著名语文教学专家于漪老师曾说过："有范文借鉴，从模仿入手，心领神会，久而久之，就能脱胎而出。"在教学中我发现，教师们往往关注的是例文的文题拟订、遣词造句、标点运用、写作技法技巧等方面，而忽略了对意象、情感的关注，于是学生在写作时很容易为自己先入为主的观念所遮蔽，看不到作品背后的审美价值。谈及"心领神会"，对学生而言，至多只能达到理解的境界。有时读到与作者言论共鸣之处，想记录或者分享，却往往不知从何说起。这种现象在作文分享课上评价同学作文时尤甚。

大众的阅读与艺术的创造是不平衡的。人们偏向于享受大众文化、流行歌曲，在其中享受快乐或宣泄情绪，而具备智性深度和艺术语言突破的作品——作为一种精英层面的严肃文化，常常得不到人们的重视。文化的

通俗化渐渐让人们的情感表达与智性思考成为一个对立面，但深刻的感情不会是单一的感情，它应该含有深刻的思想内涵。纯粹的感觉和情感是肤浅的，往往不够深刻和可靠，需要加入情理交融的审思性文化。

传统文化当中就存在不少智性沉思的因素，古人以菊花明归隐之心志，以明月寄相思，菊花与明月这些形象之所以有深刻的寓意，是因为诗人将自己灵魂深处复杂的情感，包括某种程度的智性都借助它们表现出来。意象因为有了智性的内涵而深刻且富有生命力。在教学中我们发现，古人的璀璨文化若仅从形式上学习，必然导致内容趋于匮乏，模式趋于固化。这一切都启示我们，要挖掘文本中情理交融的智性成分，以期找到情感升华的突破口，最终实现从审美到审智的跨越。

（二）源于理论的启发

《文史通义》言："学必求其心得，业必贵于专精。"如果想有真正的收获，需要改变以读促写的学习模式与学习内容，主动与文本进行对话，关注文本中语言的运用、意象的选取与情感的表达的关系，形成自己的特殊体悟，在此基础上做原创性的归纳，以期形成新的且适应自身的习得模式，从而实现知识迁移。孙绍振老师在《文学解读基础》中阐述道："以作者的身份和作者对话，才能摆脱被动接受的成规，这就要求读者把自己提升到作者执法水平线上。"这就启示我们，在模仿形式上寻求创新点远不如调动学生原有的文学储备，让他们主动和文本建立对话，重新回到文本中钻研，关注学习内容，在感性与理性分析互动的基础上深化文学体验与丰富审美体验。在此过程中，学生就会发现自身储备的分析文本的知识经验不足以应对对文本的细节挖掘，进一步丰富审美体验成为其解决问题的关键。教师充当新的习得模式改革的引领者，其任务是促进学生在长期学习中建构知识体系，并自觉升级自我认知与实践能力。

二、探寻——文学解读巧指引

（一）陌生化的“闯入”

美国学者勒内·韦勒克认为：“一切艺术都是‘创作’，都是一个本身由幻觉和象征形式构成的世界。”想象力一般与联想能力、比喻能力有关联，但并非所有的联想与比喻都被赋予想象力的意义。

我们以比喻为例，比喻往往能展现一个学生的想象力。谈比喻，我们最喜欢谈其作用，比如生动形象地写出了事物的特点。然而何为生动？为什么比喻就能生动？学生不得而知，以至于写作时常常会出现很刻意的比喻，“弯弯的月儿像小船”“妹妹的脸蛋像红苹果”……渐渐地，我们发现，这种比喻并没有让文章生动许多。从语言学角度解释，刻意的比喻是一种绝对自动化，过渡的形式是直接甚至粗糙的，一切都围绕读者的固有认知去创作。这种自动化的联想并不包含这群小作家的独特情感体验与想象力表达，这是单纯修辞习得的机械化产物。所以，单纯分析例文修辞手法的作用并不能让我们习得有利因素，从而让自身文章变得感人。显然，要赋予比喻想象力的意义，应当打破这种绝对自动化。既然不能简单分析手法，那作为读者，要怎样进行范例文本分析呢？

孙绍振老师告诉我们，此时此刻要分析的是文本“为什么引起了我们的联想，并把我们的感情调动起来”。孙老师提出可以从文艺心理学上阐释，自然引起我们的联想是因为联想的渠道是相近的，所以过渡也是自然而自由的，这也是想象的底层。但偶尔我们要打破自动化，让语言陌生化，这样读者的感觉和情感才能被充分调动起来。这意味着我们首先要学习的是例文当中的陌生化语言。

天还未晴

校园的雨啊，

你将植物洗得干干净净。

雾啊，
你的朦胧笼罩了整个城市。

近在身旁的小鸟，
也一下子闯入了朦胧。

一阵微风拂过，
吹去了草木上的雨滴。

雨水积成了水洼，一个淘气的小孩子
在水洼里又蹦又跳，
水洼又变成了
更小更小的小水洼。

我们来看这首孩子写的诗，我认为全诗最好的字眼应该是“闯”，正如这个字的字面意思一样，它给人一种陌生化的感觉。在我们印象当中，小鸟的动作是飞、跳，很难和“闯”有关联，而这就属于小作者的联想与独特的想象力。我们猜想，当时这只小鸟的一举一动对小作者来说实属意外，小作者可能被惊吓到了，也可能是意外之喜。作为读者，分析作品当中的陌生化语言可以有效激发想象力，充实表达内容。

（二）情感表达的“融入”

一味的陌生化会让人沉迷于辞藻的修饰上，从而失去作品最重要的情感元素。孙老师指出，陌生化也不能太随意，陌生化要有自动化的支撑，更需要用情趣去“变异”客观对象。

雨雾

走在雨洗过的校园里，
天空就如一张白纸，
阳光徜徉着一个小水坑，
一只小鸟飞过那面闪闪发光的镜子，
它的影子印了一个鸟儿的形状。
如果我光滑的伞是滑滑梯，
那叮叮咚咚的雨点不就是小朋友？

从这首诗中我们能更加直观地感受到小作者的情感——喜悦。我认为那是因为小作者在创作的过程中把主观的情思投入客观对象中，使客体之神与主体之神融合，如此才能传情达意、富有情趣。“如果我光滑的伞是滑滑梯，那叮叮咚咚的雨点不就是小朋友？”小作者选择用自己快乐的情感去同化雨点的特征，在这里，雨点的形象发生了“变异”，令整首诗多了一股独特的快乐气息。所以，在例文学习中，除了关注作家意象的选择，更应该关注作家对意象的“变异”，也就是作家赋予意象的情感化想象。在客观对象面前，我们要教育孩子展现自身的强大，去征服、超越这个对象，这样才能有所突破。

（三）智性表达的“深入”

在现实创作中，孩子们往往需要面对多种意象，这对有选择困难症的孩子来说是致命的。选择困难其实也隐含一个信息，就是孩子无法在众多意象当中评判意象的高低，也无法将情感倾注在某一意象上，他们对文本或者意象缺乏审思性的判断。孙老师在著作中提到，不论是古典诗歌还是现代诗歌，诗人往往善于进行大刀阔斧的切割、删除，突出整体中一个细微的部分，或者把整体投射到一个细微的局部当中，这是非常独特的创造。这值得选择困难的孩子学习。孙老师以为，情感的倾注需要从宁静中发展起来，这一过程包含作者的审思、沉思、情理交融的部分。

雨

那轻轻的雨点声，
像是母亲的催眠曲；
那朦胧的大雾，
像是母亲向上的笑脸；
那又大又晶莹的水洼，
像是母亲的怀抱。

母亲啊，
我是多么想念你啊！

读完他的诗，我想起了《黄生全集》中的一句话："极世间痴绝之事，不妨形之于言，此之谓诗思；以无为有，以虚为实，以假为真，灵心妙舌，每出常理之外，此之谓诗趣。"这个孩子的诗明显可看出情感是很有特征的，符合黄生所说的有点"痴绝"又"出常理之外"。在普通人看来明明是虚无缥缈的大雾，却说它像是一个"笑脸"；一个晶莹剔透的水洼，偏偏把它说成母亲温暖的怀抱。这些都因为结尾一句"母亲啊，我是多么想念你啊！"而变得合情合理。他将所有的情感集中在雨点、大雾、水洼这些局部细节上，意象与情感的充分融合直击心灵。有人说，没有思想的情感也不会深邃，当所有孩子的关注点在景物与自身时，这位小作者的思绪已经朝心灵更深处延展。他的创作是一个智性选择的过程，是一个审思、沉思的过程。

优秀作品中的感情往往是有深度的，如果仅是感知表层肤浅的感情未免有些遗憾，所以引领学生挖掘作品当中的深刻性思想就显得尤为重要。

三、笃行——学习策略稳推进

从以上论述我们可以得出：习得的内容应该包括陌生化的语言表达，意象被特殊情趣“变异”的情感表达，蕴含智性表达的主题升华。所有的“学什么”最终要落地生根、付诸实践，都得解决“怎么学”的问题。我认为可以结合语文核心素养四个方面思考并探索适合现代化教育教学的习作新习得模式，以进一步优化以读促写的形式。

（一）打造阅读空间，融会语言运用与陌生化表达

自动化且具独特性的例文，其意识生成与转化的基础条件是，学生自己的体验与内在的修养互相融合成为整体。于教师而言，能够提供的最直接的获取体验的方式是鼓励学生进行大量的阅读。阅读中大量的词语积累促进语言陌生化与自动化互为表里，为艺术的想象力与审美创造力提供想象的空间，孩子们可以在广阔的空间内找到自己的感受与话语，最后形成自己的表达方式。有了感受，情感就有了可以生发的台阶，我们看到的作品将会是承载孩子想象力与内在灵魂的作品。

为此，我们需要优化图书角环境，丰富图书角的书籍资源，科学调配图书比例，实现“馆藏之美”，以期最大限度地激发学生的读书兴趣，实现“人人悦读”的最终目标。同时，需要保障学生的课外阅读容量与阅读时间，设置相对自由的书单，保证阅读的自由度，充分激发学生的阅读兴趣，适当提供策略，引导学生在丰富的语言实践中主动积累、梳理和整合，从而逐步掌握语言文字的特点及应用规律，提升语言建构和运用方面的能力。

（二）丰富实践活动，融合审美鉴赏与情感表达

情感的表达除了需要语言描述能力，还需要灵敏的感知力。我们可以开展与文本主题相契合的语文实践活动，围绕多样的学习主题创设阅读情境，开展文学阅读鉴赏活动和创意表达活动，引导学生感受文字之美，表

达自己的独特感受，在活动与情境中促进交流、沟通，增强自信。实践活动有利于调动学生的全感官，形成丰富的体验，拓展学生的感性想象力，"迁想"而后有"妙得"。五官感知的灵敏性将有利于学生选取有特点的细节，唤醒自身的感知、经验，并与之猝然融合。

（三）创设真实情境，融通思维培育与智性表达

审智能力也是一种思维能力。在例文学习中，我们要关注例文当中的智性表达，这就需要发展和提升学生的思维能力。可以依托真实情境，针对例文，巧妙设计开放性、思辨性、综合性阅读核心任务，有逻辑地分解成子任务，引导学生运用多种形式对例文进行感受讲述、内容梳理以及话题交流，进而懂得梳理、反思阅读生活，习得智性思考的模式，以实现知识迁移能力的提升与智性主题的升华。

同时，为了保护学生的智性思考，还应多开展与文本主题相契合的带有思辨性的自由式主题讨论或分享活动，激发学生再思考、再探究的兴趣。当然，在活动中我们允许不一样，甚至鼓励不一样，保护独特的思维，点燃学生的学习热情。

以读促写学习内容的固化令学生的语文学习处于一种经验型与模仿型状态，常常表现为思维不敏锐，由此完成的习作往往想象力匮乏、情感空泛以及思想不够深刻。孙绍振老师在《文学解读基础》中的论述，可以说给我们的例文解读提供了很多思考方向，也让我意识到，真正能触动人心的作品需要广阔的想象空间、独特的情感表达以及令人审思、沉思的智性主题表达。当然，完成创作是一个缓慢的过程，从笨拙到灵巧需要一个过程。作为一名教师，我想我该做的是鼓励学生独立思考，求同存异，做学生核心素养养成的引路人。

从心归璞，立本求真

——读《叶圣陶语文教育论集》的一点思考

汕头市华侨试验区金湾学校　蔡媛媛

特级教师王崧舟曾动情地说："不读此书（《叶圣陶语文教育论集》），无以为语文教师。"手捧着《叶圣陶语文教育论集》，我感受到它的厚重、朴实，更感受到其沉甸甸的思想意蕴与理论价值。

作为语文教育界的泰斗级人物，叶圣陶先生的语文教育思想经历了半个多世纪的考验，仍历久弥新。《义务教育语文课程标准（2022 年版）》变化较大，提倡遵循学生身心发展规律，以生活为基础，以语文实践活动为主线，这与叶圣陶先生的语文教育观点不谋而合。

读叶老先生的教育论文，最大的感受便是真实、贴切、不做作，让人时时不忘语文教育的本质。他提出的很多语文课堂教学方法影响深远，直至今天我们依然在践行。

如关于精读和略读："精读的时候，教师给学生纤屑不遗的指导，略读的时候，给学生提纲挈领的指导，其目的惟在学生习惯养成，能够自由阅读。""就教学而言，精读是主体，略读只是补充；但是就效果而言，精读是准备，略读才是应用。"

又如关于阅读和写作："阅读是'吸收'的事情，从阅读，咱们可以领受人家的经验，接触人家的心情；写作是'发表'的事情，从写作，咱们可以显示自己的经验，吐露自己的心情。""得到阅读和写作的知识，从而养成阅读和写作的习惯，就是学习国文的目标。""读写结合是提高阅读能力和写作能力的根本方法。"

一、返璞归真教语文

《语文教育书简》一文收录了叶老先生谈论语文教育的书信，其中一封写道："我认为教师教语文，无非是引导学生练习看书作文的本领，主要一步在透彻理解课文。而所谓透彻理解，须反复玩味课文，由字句章节而通观全篇。作者的思路，文章的脉络，都宜求之于本文，不宜舍本文而他求。"这让我感悟到，语文的本色应是简朴的，洗尽铅华，删繁就简，从字词句篇入手，融听说读写为一体。我们要致力于让课堂洋溢着浓厚的语文情趣，弥漫着浓厚的语文气息，实现本色回归。

记得有段时间，教室的多媒体发生故障，一时间无法使用。课堂上少了课件的生动展示，怎么办？没有多媒体的辅助，语文课如何上得精彩？学生会大大降低对学习语文的兴致吗？我不禁陷入焦虑不安之中。但随即又想：在多媒体教学盛行之前，难道传统的语文课堂就没有吸引力了吗？于是，我沉下心来备课，不再一味思考如何用图片、动画、视频各种资源去吸引学生的注意，而是深入地进行文本细读，深究文章的遣词造句，思考这个文段可以从什么角度品析，如何讲得出彩，那个难点如何引导学生更深入地进行自主探究……于是用一本语文书、一支粉笔，我带领学生尽情地亲近母语，尽兴地品读文本，尽心地实践语文。我感受到语文课堂变得更加朴实，节奏慢下来了，却更起劲，谁说这样的语文课堂不精彩呢？

或许，当我们的语文课堂抛弃花哨的形式和手段，以传统的"咬文嚼字"方式，引导学生回归到语言文字上，"反复玩味课文，由字句章节而通观全篇”，这才是充满语文味的课堂的本质所在。诚如程少堂先生的主张：“语文教学要返璞归真以臻美境。”

二、立本求真学语文

2021 年，我加入汕头市小学语文杨畅教师工作室，工作室以“本真语文”作为工作理念和思路：“本”是以立德树人为本，立足语文本色，回归教育本原，尊重生命本体；“真”是构建真实高效的语文课堂，让语文学习真正发生，带领学生感知语言，享受语文的魅力。在工作室的赠书仪式上，我领到的就是《叶圣陶语文教育论集》。我利用工作闲暇之余通读了这本书，发现叶圣陶先生语文教育思想的核心内涵也正是“本真语文”。

我想，新课标理念下的小学语文课堂也应该走向“本真”，在真实高效的语文课堂中凸显情的感染、智的启迪、美的熏陶。本着这样的理念，我的课堂大部分时间交由学生自主探究，自由分享阅读感受，我重视学生的个性解读，珍视其独特体验。譬如读完《小白兔和小灰兔》（统编版语文一年级上册）一文，我便发问：“你喜欢小白兔还是小灰兔？”学生七嘴八舌讨论开来：“我喜欢小白兔，因为它勤劳。”“我喜欢小白兔，因为它靠自己劳动得到食物。”“我也喜欢小白兔，因为它种了很多白菜，之后还拿去跟老山羊一起分享。”……我太喜欢学生的回答了，各持角度又完全答到点上。

正当我赞赏他们的观点时，却听到了一个不一样的声音：“老师，我喜欢小灰兔……”说话的是班里的“思维小王子”——聪明博学，见多识广。真好奇他是怎么“另辟蹊径”喜欢小灰兔的！只听他说：“因为当老山羊送它一车白菜的时候，它对老山羊说了‘谢谢您’，我觉得它虽然比较懒，但特别有礼貌。”果然是让我惊喜万分的独特见解，这也是我执教多年第一次听到这样的回答。我接着他的话意味深长地说了一番：“你真是个会读书的孩子，也是个善于发现美的孩子，虽然很多人都不喜欢小灰兔，但你能看到小灰兔也有令人喜欢的长处……”

我享受这样思维活跃的课堂氛围，有思考，有交集，更有碰撞。正如叶老先生在论集中所提出的：要让课堂讨论进行得有意义，“第一要学生在预习的时候准备得充分”“第二还得在平时养成学生讨论问题，发表意见的习惯”。我想这得益于一个具有开放性、包容性的语文课堂，鼓励学生畅所欲言，不轻易否定学生独特的见解和天真的想象。

学生立足文本而进行个性解读，崇尚真知而善于表达、敢于表达，语文课堂洋溢着感性的激情、理性的美感，充盈着各抒己见的自由氛围，流淌着浓浓的语文味、书卷气，这应该是每一个小学语文教师的至真理想和毕生追求吧！

通览全书，叶圣陶先生的语言文字朴实至极，道理通透；其教育思想熠熠生辉，历久弥新。读着他的论集，犹如一位长者侧坐在旁，将语文教育的心得与奥秘娓娓道来，让我从中汲取教育智慧，时刻审视自己的教学观念，反思自己的教学行为，警醒自己不忘初心，返璞归真，亦教亦学，且行且思。

再读"情深"，悟"第一次"成长

——《慈母情深》文本细读

汕头市金平区私立广厦学校 李菲

《慈母情深》是梁晓声的作品，是统编版语文五年级上册第 18 课的选文来源，入选时做了改动。文章主要讲述了"我"的母亲在家境极其贫困的情况下，毫不犹豫地给"我"买闲书《青年近卫军》的事，体现了母亲对子女无私的爱，也表达了"我"对母亲的爱和感激。

这篇文章打动人心之处，不仅在于作者对母亲工作环境的描写，更在于作者对母亲一系列动作、神态的描绘。文章在这一部分采用了"全景—近景—特写"的运镜手法，将母亲的形象展现在读者眼前。

在细读文本的过程中，我发现，文章接近末尾部分有这么一句话："那一天我第一次发现，母亲原来是那么瘦小！那一天我第一次觉得自己长大了，应该是一个大人了。"

这里出现了两处"第一次"，也是作者第一次直接抒发内心的情感。因为这是"我"第一次到母亲挣钱的地方，所以有了第一次特别深刻的感受。

实际上，前文所有的描写，都是作者"第一次"的经历。正是作者人生中的“第一次”经历，才有了自己极其深刻的感受。而这两个“第一次”，也给我写作教学上新的启发。

当我让学生写某种初体验（第一次）时，总会按惯例，引导学生谈诸如骑单车、洗碗、做饭等印象中所谓贴近学生生活的经历，并且按常规结构“起因—经过—结果”去写。久而久之，我们也就发现，学生写的文章千篇一律，即使再生动的细节描写，也很难吸引读者。

回过头来再读《慈母情深》，作者在开篇就交代了事情的起因——“我”一直想买一本长篇小说《青年近卫军》，书价一元多。以讲故事的形式开篇，效果显而易见，是吸引读者的。

如果我们以拍电影手法将文中一些画面呈现出来呢？试想一下，电影一开始就是母亲工作的恶劣环境，会带给读者（观影者）什么样的感受？为了表现母亲工作环境的恶劣，原文中有这样一段描写：

> 一排破窗，至少有三分之一埋在地下了，门也是，所以只能朝里开。窗玻璃脏得失去了透明度，乌玻璃一样。我不是迈进门而是跃进门去的。我没想到门里的地面比门外的地面低半米。一张踏脚的小条凳权作门里台阶。我踏翻了它，跌进门的情形如同掉进一个深坑。

在课文中，这一段话却被删掉了。教学时，我认为可以把这段原文呈现给学生，让学生阅读。这一段话有很强的画面感，“破窗”至少有三分之一埋到了地下，门亦是，现在几乎找不到这样的建筑了，即便是在农村落后地区，也难以看到。但在那个年代，这就是大人们工作的地方。这样的冲击力，比我们在课堂上为学生讲述当时一元多是一个四口之家两天的口粮，要来得更强烈。

文中的“我”看到这一情境时，内心的感受透过文字仿佛电影画面般传达到读者心中。再结合该单元的单元要素“体会作者描写的场景、细节中蕴含的感情”，我想，上述文字就是对母亲工作环境最真实的描绘，也可作为指导学生写作的素材。

回归上述的“第一次”，在细读文本后，读者已经能感受到这“第一次”的震撼效果，那是“我”第一次走进母亲工作的地方时带来的强烈冲击力。基于这样的强烈感受，作者目睹了母亲的一系列言行，才产生了深深的愧疚，才有了“第一次觉得自己长大了”的感受，也诞生了这篇打动人心的、描写母爱最特别的文章。

梁晓声作为文学大家，文字功底深厚，学生若能仿照一二，重新构建“第一次__________”“那一刻，我长大了”等命题作文，从场景描写入手，以电影画面效果呈现，相信能带来新的写作思路。

至于大多数文本细读中对母亲神态、动作、语言的描写，以及作者采用的倒装、排比等手法，属于老生常谈，这里不再赘述。

语文的“自然之道”

——《语文的味道——杨再隋语文教学心语》随笔

华南师范大学附属濠江实验学校　杨佩燕

杨再隋教授的学术视野开阔，有感而发而又有的放矢的文字，简练生动，贴近教学实际，紧跟时代步伐，用意精到，思辨深刻。他关注语文教学中的热点，解析语文教学中的疑点，能够细细品味而娓娓道出语文的味道。

真正的语文课必然散发出浓浓的语文味，好的语文课不仅语文味浓，而且其味绵长。然而，如今有的语文课淡化乃至缺失了语文味，甚至变了味，不禁使人忧心。冗繁的课件演示、屏幕上流动的五彩画面和悦耳动听的伴奏乐，占据了课堂；运用现代技术手段呈现的视听盛宴，把学生的自主思考过程隐去了，学生的想象力被弱化了。课堂上情感的温度降低了，教师的人格魅力消融了，语言文字变成了冰冷的冻土，语文自身的魅力也被消解了。

在某次评薛法根老师的课时，杨教授认为薛法根老师的教学秘诀就是“师法自然”，这一点让我感受颇深。他认为薛法根老师能按照儿童身心发展的规律，顺其自然，始终把学生的“学”放在第一位。课堂上只看见学生在读书，在思考，在言说，在练笔，在这种交互式的相互倾听的课堂上，学生尽情展示言语才情。这样的教学模式正是杨教授呼唤的本色语文，我深以为然。这也许就是我们所追求的语文味，而语文味就深藏在语文的“自然之道”中。在语文课堂上，我们平实、沉静，不刻意矫情，不故弄玄虚。我们放低姿态，敞开心扉，与文本、与学生进行思想、灵魂的碰撞与对话。

师法自然，即以自然为师，尊重自然发展的规律。中国先贤老子倡导自然之道，法国哲人卢梭主张自然主义教育，从教育的视角看，就是按照儿童身心发展的规律，不揠苗助长，不强求一律，不耽误时机，顺其自然。《学记》中记载，“不陵节而施之谓孙”，因此，顺应规律发展是千古不变的道理。只有尊重学生的身心发展规律，其潜能才得以被挖掘。

从学生层面来讲，儿童学习语言，尤其是母语，并不都是教会的。每个儿童都有学习语言的天赋，在真实的语言情景中，基于交流思想的需要，自会习得运用语言的能力。语文教学，就是直面儿童语言发展的生长状态，遵循儿童学习语言的基本规律，不生拉硬拽，不刻意雕琢，不故弄玄虚，不强行灌输，而是用心培植，细心疏导，以情润心，以爱暖心，助其自然成长。

杨再隋教授讲述支玉恒老师在成都执教的展示课《第一场雪》时，对支玉恒老师的课堂赞叹不已。印象很深的是，支老师问学生：谁能把雪“读得很大很大”，还能把山村读得“很静很静”，又能把雪景读得“很美很美”？学生把自己置身于语文情境之中，让自己和作者心灵沟通，同作者一起去观察、体会、想象、思考，活生生地显出语言文字的“形”，再美滋滋地读出语言文字的“味”。下课铃响了，师生还沉浸在课文美丽的雪景中。这样的课堂不正是我们语文教师所向往的吗？

记得前几年，学校教师对我的课堂评价是——考点满满。我与其他教师谈论更多的是如何提高分数，如何抓知识要点，如何在课堂训练类型题……这样的课堂，教出来的学生，成绩自然不差。一切似乎都在我预设的轨道中进行，但是我总觉得缺失了什么，我从学生的眼里似乎看不到“光”，看不到“热爱”，看不到“情感共鸣”。所以，像支玉恒老师的课堂效果，那是我遥不可及的。

记得在教学《父爱之舟》这篇课文时，文中有一处描写：“这是我第一次真正心酸的哭，与在家里撒娇的哭、发脾气的哭、打架的哭都大不一样，是人生道路中品尝到的新滋味了。”这一句看似简单，其实里面包含着父亲对儿子的爱，以及儿子体会到父亲的关爱和对父亲的感激之情。往年教学这一部分效果都不大理想，很多同学不明白“新滋味”的含义，或者只是一知半解的就过去了。

今年再一次教这篇文章，我感觉自己心里的那份父爱又沉重了许多。父母对子女的爱，爱之深而计之远，年少时不稀罕也不以为意，后来才知道，有的爱错过了就再也回不来，即使回来也只是在梦里，所以只能是“醒来，枕边一片湿”。如果这一次不能将吴冠中先生所描述的那份父爱，在淡淡的、如水墨画般的文字中，在绵密细腻的感情萦回中，引导学生感悟出来，自觉愧对这份伟大的父爱。

课堂上，我问道：“拿着凑来的钱去缴学费，本来应该感到十分高兴，作者为什么感到心酸呢？你们能联系前面所学的几个事例来谈谈吗？”学生说道：“因为家里很穷，但是父亲愿意把所有的钱都花在‘我’身上，所以‘我’感到十分心酸。”我继续问：“家里很穷，父亲平时很节俭，但对于‘我’，他却愿意将辛辛苦苦凑来的钱全都拿去缴学费。这种心酸包含着一种怎样的感情？”学生：“心疼、不忍心。”教师：“为什么心疼？”有的学生说道：“这是卖猪攒来的钱。”有的说：“这还有可能是家里借来的钱……”我顺势说道：“是啊！作者心疼父亲那么辛劳，从这个心酸你还能感受到什么？”学生：“‘我’的成长和懂事。”教师：“不错，继续。”学生：“‘我’懂得了父母的辛苦，懂得了长大的艰辛。”“‘我’懂得了父爱，懂得了自己长大了，该懂事了，该为父母做点事了，‘我’应该好好学习，不辜负父母对‘我’的期望。”“‘我’懂得了父爱是多么伟大，‘我’还懂得了长大有本事了，要去孝敬父母。”……

我心里不禁欢喜，这不就是我要的答案吗？我按压住心中的欢喜，总结道：“这个心酸包含着家里人把所有的钱都给‘我’的不忍心，对父亲粜稻、卖猪的辛劳的感激，甚至还有愧疚。‘我’懂得了心疼父母，‘我’懂得了父爱是怎样的感觉，‘我’懂得了‘可怜天下父母心’这句话的意思，‘我’还懂得了父亲对‘我’浓浓的期望。所有这些感情夹杂在一起，这就是‘我’体会到的——新滋味。让我们再来读读这一句，仿佛你就是作者，你就是吴冠中先生，将你的感受读出来——”

课堂上这一不经意的生成，让我感受到学生的真情。那时我才恍然大悟——语文的味道有苦、有甜、有辣、有咸，亲尝便知。有语文味的语文课堂就是要贴近生活，本着真情，才能带领学生走进文本，与文本对话，与作者心灵进行交流，学生也才能从实质上体会作者的心情，感受文字间的温情。

《语文的味道——杨再隋语文教学心语》一书让我体会到，作为一名普通的语文教师，我们应该遵循语文教学的“自然之道”，尊重自然规律，谙熟儿童学习语文的特点。从教材出发，保留自己最初阅读的体验和感受，在教学中因势利导，顺势而为，随机应变，变中求新，这样才能做到课中有人，心中有学生，接地气，讲实效，才能扎扎实实地教好语文。同时，我们应该学会平平淡淡、简简单单教书，做到不浮躁、有温度，既是教书，亦是为人。

文体有别，因文而教

——读《小学语文文体教学大观》有感

汕头市龙湖区金晖小学　李柔臻

在教学中，我们总会遇到“教什么”“怎么教”的问题，《小学语文文体教学大观》里的教育专家用自己几十年的积淀，向我们呈现了教材处理的智慧方略。它像一道理性之光，在我们迷茫、困惑之际，给我们指点方向，让我们少走弯路，拨云见日。读了这本书再去看教材、看教学参考，就会有一种见树又见林的全局感，备课、上课都会了然于胸。

一、强化文体意识

什么是文体？《辞海》的解释是“文章的载体”。具体地说，文体就是对文章和文学作品样式的总称，如小说、诗歌、散文、戏剧等。语文新课标中也给出了这样的定位：第一学段以阅读浅近的童话、寓言、故事、儿歌、儿童诗和浅近的古体诗为主；第二学段主要是叙事性作品，提出了阅读理解方面的要求；第三学段对文体提出了不同的具体要求。可见，在阅读目标和内容方面，新课标提出了对文体意识的关注。《小学语文文体教学大观》引用宋代倪思的话：“文章以体制为先，精工次之；失其体制，虽浮声切响，抽黄对白，极其精工，不可谓之文矣。”文体如此重要，我们教学中国语文，怎能不重视文体意识？

“文无体不立”，不管是阅读还是写作，文体知识都是绕不开的基础。以前我只知道每个单元主要训练什么，每篇课文主要学习什么，至于怎么编排，为什么这样编排，我从没想过，直到读到周老师的“现行教材以语文能力为主线，划分不同的课文类型”这句话时，才知道原来每个单元导语所说的、我们要训练的内容的意义，顿时恍然大悟。所以作为教师，要有敏锐的文体意识，了解不同文体的一般特征，并根据文体来制订教学目标，确定教学内容，选择教学方法，以更好地发挥语文学科的育人价值和提升学生的语文素养。

重视文体意识，就要把文体意识渗入语文教学的听、说、读、写各个方面。如语文二年级下册《祖先的摇篮》，这是一首儿童诗，我们在教学时可以通过分小节读来感受诗歌不同于文章的形式，在学生读的过程中，适时启发他们边读边想、边读边悟，实现与作者情感的共鸣。又如二年级下册第七单元是童话单元，以“改变”为人文主题，以“借助提示讲故事”为语文要素，童话故事具有结构反复的特点，具有巨大的想象张力，非常适合学生续编，可以引导学生通过课文的学习感受童话丰富的想象，并试着自己编童话，写童话。读了这本书，我更加明白了语文教学为什么要注重文体。有了文体的支撑，才会明白语言文字训练到底练什么，应该用哪种形式练。基于文体意识的语文教学，用相应的方式教语文，追求语文教学的精准、本真，必能在学生心中种下种子，使其逐渐理解语言文字运用的奥妙。

二、抓住文体特征

“选入课文的作品，大多经过编者删节修改，会消退原文的一些文体特性，趋归于‘教材体’的同质性，这也给语文教学中文体的认定造成迷惑。”周一贯先生对课本中的文体有这样的描述。也就是说，进入小学语文课本中的很多文章，因为教材的篇幅、内容限制，会从原来的著作中节选一部分，使得文体不是那么分明。这就要求我们在进行教学设计时，心中要有文体，也需要更多一些对原著的了解，同时在课堂教学中要让学生通过课文的学习，习得一些方法，懂得一些道理，提升语文素养，做到教会一篇，认识一类。把同类文章进行整合学习，关注文章的结构模式、表达方式、写作特色，由一篇推演至一类，从一篇到一本，从课内到课外。抓住文体特征的学习，也可推动整本书阅读。

《义务教育语文课程标准（2022年版）》提出，小学阶段要完成145万字的课外阅读量。培养学生的阅读兴趣，帮助他们养成课外阅读的习惯，教师的引导很重要。比如学习四年级上册《盘古开天地》这一课时，要引导学生读《中国神话故事》，又比如学习同单元的《精卫填海》时，可引导学生读一读《山海经》。整本书的阅读，可以让学生把课文内容与整本书的内容联系起来，有助于学生对人物性格特点的进一步了解，更能感受到作品的情感表达。

《小学语文文体教学大观》是一本真正能让“关注文体”的课程理念落地生根的书。我们要根据文体特点，结合学生需要，从中寻找一条合适的路，让学生确切学到方法，让文体成为学生语言发展的助推器。

精进不休，臻于至善

——读《教育的目的》有感

汕头市濠江区赤港小学　陈世颖

当杨畅老师将一叠又一叠的书整齐放置在桌面时，一本浅蓝色封面的书牢牢将我的目光锁住。锁住我目光的，不是“蓝色”，而是蓝色封面上的五个字：教育的目的。幸运的是，工作室教师在挑选之际，我成功将其拥有。

从教十几载，作为一名教师，教育的目的究竟是什么？众说纷纭，不绝于耳。我常在教学之余思考这一问题，每一次答案似乎都有所不同。这次，我想搭乘《教育的目的》这本书，穿越古今，跨越时空，去寻找答案。

打开《教育的目的》一书，我看到一个充满睿智的伟大哲学家、教育学家，正昂首向我走来——他就是英国的怀特海先生。

细读《教育的目的》，揣摩文思，感悟颇多。这本书首次问世是在1929年，虽然离我们很远，但作为名著，其中仍有许多值得我们借鉴之处。读完这本书，令我印象最深刻的是，怀特海先生提到的“在教育中如果排除差异化，那就是在毁灭生活”这句话。可见学生个体的差异，是师者不可忽略的。

我认为，作为一名教师，我们必须要承认学生是有差异的，每个或每类学生都有自身独特的个性特点，包括身体和心理两方面，而我们必须要尊重个体差异。因此，我们常常倡导因材施教，不能“一刀切”，不能用同一把尺子去测量每一个孩子。俗话说：“金无足赤，人无完人。”学生是鲜活的人，他们有自己擅长的才能，也会有不足之处。这也就是为什么备课时，要求教师必须“备学生”的原因。

但我们也不难发现，身边不乏存在“一刀切”评价的现象。诚然这样做有时看起来似乎能够减轻教师备课、上课的负担，但是于学生而言，却是有百害而无一利的。这样简单粗暴的教学、评价，只会将学生的求异思维和创新能力无声无息地扼杀，使其个性难以得到展示或完全被忽视，使学生无法根据自身特点，选择有效的方法学习。如此看来，便真的犹如在毁灭学生那“缤纷多彩的生活”了。可见，忽视学生之间的差异性，不尊重学生与众不同的一面，于教育而言，无疑是一场灾难！

那么该如何尊重学生的与众不同呢？我想，首先是要了解学生的差异性，也就是说，我们必须要有一双“火眼金睛”，能够发现每个学生的长处与短处。为了实现这个目标，我想在与学生交流中，我们就必须有意识地观察。在这个过程中，我们可能会遇到一些难以理解的学生个性，在这个时候，我们必须克制自己，不能用任何带有主观排斥、厌恶的情绪对待他们。特别是班级中行规有偏差的学生，更不应打压、漠视他们。若是能够对其“另眼相看”、关怀备至，给予他们尊重，相信他们会给你惊喜，这也是我本人的切身体会。

作为教师，一个人管理几十个学生，除个别特殊学生必须实施个别辅导教育外，我们基本不可能为每个学生的个性“量身定制”相应的教育策略，但我们可以根据其喜好、学习能力等，分为几个层次类别进行教育教学，这样在布置作业、安排任务时也更有针对性。作为教育经典之一，《教育的目的》再一次提醒我们，要在教育中理解、实践，在教育中认识学生的个体差异，尊重他们的“与众不同”，这样才能取得最佳的教育教学成果。

教育的目的无非是为社会培养可用之材，使每个人的才干真正得以发挥。为实现这一目标，教师任重而道远，我没有松懈的理由。身为人民教师，只有捧着一颗对教育教学技能精进不休的求知之心，方能使自己的教育教学能力臻于至善。

阅读·提升·共研

——《小学整本书阅读教学指导》阅读随笔

汕头市潮南区陇田镇溪西小学　戴爱珊

拿到《小学整本书阅读教学指导》这本书时，我欣喜若狂。有了同行的指引，我能少走许多弯路，也可沿着这条路继续探索，让自己的阅读教学指导更有深度和广度。

《小学整本书阅读教学指导》所介绍的文本类型涵盖童话、寓言、故事、诗歌、散文、文学名著等多个门类，翻开目录，首先映入眼帘的是《青蛙和蟾蜍》故事集，它被称为"桥梁书"。这个故事集是作者洛贝尔通过日常生活中的平凡场景及点滴小事，运用想象的魔力，引导读者奔赴神奇的幸福宝藏之地，同时品味青蛙和蟾蜍之间美丽、真挚的友谊。书中在介绍《青蛙和蟾蜍》的文本价值时，分别从故事结构、人物特点、绘本特点及主题思考等方面进行分析。这本书具有独特的幽默感，有时还会让人哑然失笑。青蛙和蟾蜍之间纯真的友谊呈现在眼前，也勾起了我对童年往事的追忆……

书中还从教学价值的角度介绍了《青蛙和蟾蜍》，分别讲述了语文知识、语文能力、阅读策略和精神成长。诚如作者所说："《青蛙和蟾蜍》是一套帮助儿童从‘图像阅读’进入‘文字阅读’的桥梁书。书中的字词多为构形较为简单、重现率较高的常用字，这些词语与学生的生活联系较为密切，为学生所熟悉。故事的讲述多使用名词和动词，这样的表达简洁、直白，贴近儿童生活，也更富有画面感。作者在叙述中使用了很多拟声词，形象生动地展现了故事的情境，让人如见其形，如闻其声。另外，作者在叙述语言中还使用了语气词，拉近了叙述者和读者的心理距离，学生在轻松愉悦的阅读中，不知不觉走进故事，认字识词，积累语言材料。在故事情境中认字识词更具趣味性。”经典之作，不仅有其文本价值，更有其教学价值。

“故事用字、遣词、造句格外细心，多用口语化的语言讲述故事，好的语言必然准确、鲜明，而且句式活泼生动。本书多用短句、重复的手法进行表达，故事读起来朗朗上口，富有节奏感，也加深了读者对故事的印象，又在层层递进中推进了故事的发展。为了达成读懂故事内容的目标，学生识字的需求也变得更为迫切，认识生字和积累词句的效率会更高。”这是从语文知识方面进行的介绍。指导书还指出，青蛙和蟾蜍的精神成长中蕴含着友谊和感恩、勇气和勇敢、自然与自我，这让我萌生了让学生读这本书的想法，可以让他们积累语言、丰富想象、收获成长。

更让我欣喜的是，书中有“全过程阅读指导”，我们在指导学生阅读时就更加省心了。阅读指导是针对这套书的文本价值和教学价值，以及二年级的教学目标和学生学情设计的，从五个方面依次展开，即预读—通读—研读—展示—分享，每个环节都有详尽的细节介绍，方便教师学习、操作。

翻看到《十万个为什么》，我才发现这本书经历了六个版次的变迁，书中挑选的是卢嘉锡主编的纪念珍藏版。这套丛书有凤头豹尾的结构，语言平实幽默、深入浅出、凝练准确。《十万个为什么》的教学价值极高，除蕴含大量的生字词，可提升阅读能力之外，它还有着独特的朗读价值，可为学生今后的演讲等活动提供训练素材。

《十万个为什么》的全过程阅读指导共有五个环节，包括选书—预读—通读—研读—展示，每个环节都做了详尽讲解。在展示环节中有独到设计，那就是碎片拼图。碎片拼图就是选取不同文章的开头、中间和结尾，让学生拼接，看看他们能不能拼出一篇好文章。另外，“我给编辑写封信”的指导设计不仅给了学生发挥的空间，还锻炼了学生的写作能力，教师也能从中了解到学生对书中内容的了解和运用程度。

在阅读《十万个为什么》的全过程阅读指导时，我想起我曾指导学生阅读苏联作家米·伊林的科普作品。这部作品采用“屋内旅行记”的方式，对日常生活中的各种事物提出许多意想不到的问题。在指导学生阅读时，我虽然能让学生制订阅读计划，进行阅读打卡，完成阅读记录单，提出问题并学习自我解决问题，尝试做实验，但由于缺少语言的积累、训练，学生展示这个环节比较形式化。缺乏情境创设，会让学生难以充分发挥自己的才能。今后，在阅读教学中，我将更加注意每个环节的侧重点，尽量激发学生的阅读兴趣，注重培养学生的运用能力，提高学生的写作能力，还要深入研究国内外著名科普作品，在对比中指引学生拓展课外阅读。

《小学整本书阅读教学指导》共挑选了二十部经典作品，为我们一线教师指明了方向，帮助我们定下坐标，是值得品读的整本书阅读指导书。

谈谈读书的三余、三到、三味

汕头市潮阳区贵屿龙港小学　彭贤铃

读书三余，出自陈寿《三国志·魏志·董遇传》，即董遇“三余”勤读，又名董遇劝学，指读好书要抓住一切闲余时间。董遇，字季直，性格木讷，但喜爱学习。有个跟着董遇学习的人，董遇对他说：“读书百遍，其义自见。”求教的人说：“苦于没时间。”董遇说：“应当用‘三余’。”“三余”是指冬者岁之余、夜者日之余、雨者晴之余。

冬者岁之余。在经济并不发达的古代，很多穷苦人家的孩子，并没有机会去学堂学习，为了生计，很多学子基本只能半工半读。而董遇所指的冬者岁之余，就是说冬天到了，没有什么农活可以做，这是一年之中的空余时间，可以好好利用起来读书。与之相比，我们现在生活富裕了，读书时间也多了，但有多少人利用“余”而读书呢？

夜者日之余。在古代，晚上虽然没有电灯等便利的照明工具，但对爱好学习的人来说，这是一个不可错过的读书时机。正是因为天黑不能出去活动，这也是一天之中的空余时间，可以好好利用起来读书。信息时代，知识更新速度越来越快，如果教师还是固守课本，不注重知识的更新，就很难解答课堂上学生提出的很多问题。作为新时代的教师，必须珍惜空余时间，多读书，不断提高自己的知识水平。

雨者晴之余。下雨天，很多农活都不能做，对读书人来说，不能下地劳作的时候也是一个很好的空余时间，当然可以好好利用起来读书。

后来，“读书三余”这一典故被用来勉励读书人要珍惜光阴，抓紧时间学习。其实古人读书，除了有“三余”，还有“读书三到”和“读书三味”。南宋朱熹曾经说过：读书有“三到”，那就是心到、眼到、口到。心不在课本上，那么眼睛就不会看仔细，思想要是不集中，就只会随随便便地诵读，那一定不能记住，即使记住了也不能长久。“三到”之中，心到最为重要。思想集中了，眼会看不仔细，嘴会读不正确吗？

“三味”，出自宋代李淑《邯郸书目》：“诗书味之太羹，史为折俎，子为醯醢，是为三味。”这是把诗书子史等书籍比作美味佳肴，认为是很好的精神食粮。读四书五经之类，味如吃米面，是食之本；读史，味如美味佳肴；读诸子百家的书，味如酱醋。

鲁迅先生在他的散文名篇《从百草园到三味书屋》提到的“三味书屋”，在浙江绍兴城内鲁迅故居附近，是其少年时期读书的地方。鲁迅读书的“三味书屋”两旁屋柱上有一副抱对，写着：“至乐无声唯孝悌，太羹有味是诗书。”可见“三味书屋”中的“三味”就是这个意思。

其实，我觉得读书因人而异，见仁见智。由古人的“三味”延伸至今，现代人读书也应有“三味”：趣味、意味、韵味。

朱熹说：“读书之乐乐陶陶，起弄明月霜天高。”高尔基说过：“要热爱书，它会使你的生活轻松，它会友爱地来帮助你了解纷繁复杂的思想、情感、事件，它会教导你尊重别人和自己，它以热爱世界、热爱人类的情感来鼓舞智慧与心灵。”只有把“愿读”变为“悦读”，充满兴趣地阅读，将全部精力投入字里行间，让心灵和文字一起翩然起舞，才能在书中找到阅读所带来的快乐。

在现代社会，读书能让我们系统地观察和分析社会现象，在此过程中形成正确的思维方式，从而养成问题意识和批判思维。肩负立德树人重担的我们，更要充满意味地读书，这样我们才懂得反思，学会取其精华，为我所用。

在现实社会里，读书能让人心无旁骛，感受美好。独坐时，开卷阅读，徜徉于书海，穿越历史隧道，与古人对话，与先贤交流，慢慢回味，绵长悠远，韵味无穷。

作为一名教育工作者，应把心静下来，注重读书，向下扎根。读书三余、三到、三味分别从读书的时间、方法、感受三个角度总结了读书之美，既可以用来激励学生，也可以用来勉励自己，以求在读书中寻得心安一隅！

履践而致远，笃志以立人

——《小学语文单元整体教学理论与实务》阅读心得

汕头市华侨试验区金湾学校　方立慧

不论你的起点有多低，只要你是一个语文老师，只要你认字，就能实现你理想化的教学，使我们的生命更有质量，更有广度和深度。

因为我们手里抓着的是孩子的前途和命运。老师就像三级火箭里的第三级，帮助宇宙飞船、人造卫星向他生命的轨道上去运转，若能成功送上蓝天大放光彩，这就是作为一个普通教育者的最大欣慰和最终目的。

教师也可以成为时代的育人英雄。我们的一小步，就是教育的一大步。

——李怀源

一句句箴言，是一名语文工作者的教育初心；一个个脚印，是李怀源老师与他的团队探索研究的印迹。阅读完《小学语文单元整体教学理论与实务》一书后，回望一路走来的教学路，我忽然发觉自己的脚步轻浅，在语文教育的探究思考上远远不够。很多时候我更偏重于课文内容的学习，理解情感主题，在反复的朗读中体悟语文味，对“单元整体”的理解也不过是停留在同样的人文主题上，或把“词句段运用”“口语交际”等训练内容穿插在讲读课文中罢了。而李怀源老师“单元整体教学”的教学理念，却是对整个单元课程内容的构建，是对传统教学形态的创新与变革，更是人文教育核心素养的体现。

一、立人为本，理念先行

> 如果有人问我，语文是什么？我会斩钉截铁地说“语文是工具”，但是我会深情地告诉他：语文是工具，但不是从一只手交到另一只手，语文教师不是派发工具的工头。语文教师应该帮助学生找到顺手的工具，出了问题的工具要帮助他们修理好，并且使他们将来有欣赏、完善和修理的能力。语文是工具，需要以人文的方式去教。
>
> 真正的人文性并不只是体现在课文中，而是存在于教学过程中。如果教师不给学生足够的自我探索空间，无论把课文中的情感体会得如何深刻，我觉得都是不人文的。
>
> ——李怀源

这是李老师对人文教育的一番理解。想起以前的课文教学，我似乎是紧紧拿着“工具”，一字一句敲打给学生看。我带着高年级的学生把课本里的文章当矿藏，把文字情感剖析得具体细腻，有时候还觉得分析得越到位，学生的理解就会越深刻，却未曾想过在离开这个矿藏后，学生能否自己运用这个“工具”去别的空间开采，能否适应初中的学习模式，能否在有限的课堂时间内自主品悟出情感与方法。其实，“教材无非是个例子”，课文应是以语文的功能存在而不是以故事的形式存在。教会学生语文学习方法，帮助学生形成语文学习经验，让学生能够利用语文工具去应用写作，去设计制作，去检索整合，去创作鉴赏，这些更加重要。育人更要立人。

所以，教师要有全局意识，要能整合目标，从课堂目标、单元目标、年段目标到小学阶段在整个教育阶段的目标，再到立人育人的最终目标。对教师而言，明确教学目的比搜集教学材料更重要，有了这种大局观，我们会发现如果教师重在单篇课文的讲读，那方法的学习和迁移运用难免会有局限，因此单元整体教学便有了它整合存在的意义。

二、整体构建，案例拾慧

小学语文单元整体教学以学生发展为核心，在同一个单元内以“教科书教学、读整本书教学、语文实践活动”三个板块进行探究学习，实施单元教学任务。我们会发现李老师的编排更注重方法的学习与迁移，课内教学只是一部分，主要看学生能不能在课外与实践活动中进行迁移运用。

“教科书教学”，指向方法学习领悟。“教科书教学”主要是基础与方法的学习领悟，区别于传统的单篇教学模式。李老师把单元内的课文作为一个学习单位，增加课文间的横向对比，让学生在比较的过程中学习思考，获取语文学习能力。

例如，小学低年级的教科书教学模型主要为“识字—朗读—写字—积累运用”，在单元整体识字中，把更多的字集中在一起，通过分析比较，让学生了解汉字的构字规律，归类写字，让写字变成一种有智慧、有思想的行为，而不是单纯的机械抄写训练。

又如，小学中高年级的教科书教学模型为“预习—理解—领悟—表达”，预习是非常重要的一个环节，是学生自主探究思考的一个体现。中年级学生可以借助预习单，帮助厘清内容；高年级学生可以逐步脱离预习单，学着自主预习和质疑。而在领悟、表达方面，重在领悟文章的结构和语言特点，可以进行横向对比。以六年级下册的一个习作单元为例，在学习史铁生的《那个星期天》时，我引导学生探究体会作者是怎样具体细致地表达情感的，这其实就是表达方法的领悟与学习；再通过横向对比，与前面一篇课文朱自清的《匆匆》或与史铁生其他时期的作品进行对比，学会品析不同作家或不同经历的表达特点。

“读整本书教学”，指向课外延伸拓展。“阅读就像是一座桥，让学生从教材出发，通过这座桥走向文化专题式的研究性学习，继而进入人类文化的浩瀚大海。”在“教科书教学”的基础上，学生获得探究学习的方法，这好比遨游书海的“船桨”，他们可以挥舞这把桨，肆意徜徉，学会评析和鉴赏。

“语文实践活动”，指向实际生活运用。语文实践活动是学生语文能力的综合运用，活动形式多样，全面指向人文素养的培育要求。课内实践活动中，例如在学习四年级童话单元和五年级名著单元时，布置剧本的编写，可以让学生把自己写的童话或节选课文中某个段落编写成剧本，在编写中进一步细化故事情节，锻炼文字表现力，进行课本剧表演。

在李老师五年级的案例实录中，就是通过这三个板块的结合，完成第二单元的教学，分别是“教科书教学——对课文的导读理解和领悟表达、口语交际与习作”“读整本书教学——《朝花夕拾》导读”“语文实践活动——宋词赏读”。其中最吸引我的是第一部分，李老师将几篇新课文的内容与主题进行横向对比，课上由学生自主汇报几篇课文中读懂与读不懂的地方，厘清几篇课文间变与不变之处，最后分析几篇课文的结构特点。这种新模式的整合仿佛打开了教学的一扇大门，课文的教学不再是单篇感悟式，而是多篇整合对比。教师从讲台上走下来，让学生在合作讨论中汇报，学生在课堂上自由地提出见解，在探究中分析语言表达与运用。

而在第二部分，李老师把这种辨析读懂与读不懂、变与不变的方法迁移到整本书教学中，让学生说说读懂的内容与存在疑问的地方。例如讨论鲁迅先生人生经历的变与不变，按照先了解作家，然后了解作家笔下的作品，再通过作品反观作家的策略进行。这种思维火花的碰撞，让语文课堂不再只局限于字词句，而成为文学赏析、素养提升的过程。

第三部分在前面文学赏析的基础上，开展宋词赏析会，让学生了解词人与作品之间的韵味牵连，在对作者的解读过程中，从“以文立人”走向“以人立人”，丰富学生的哲学框架。这是跨越时代的人文影响，也是新课标中学习任务群的体现形式。单元整体教学模式的构建，可以帮助我们更好地着眼于大单元，开展语文实践活动。

三、进学致和，行方思远

不论是单元整体教学理念，还是新课标的学习任务群理念，都指向“立人为本”。学习任务群和大单元的教学思想也不断被提及、一直被研究，但要真正走进课堂，改变长期以来传统的单篇教学模式，还需要一定的时间与实践。

希望在一路探索的途中，我能如李老师般沉心坚持教学改革，“抬头看天”不忘立人初心，“埋头拉车”朝着目标前行；愿常葆情怀，以敬畏之心对待这三尺讲台；能严谨治学，以知行合一的态度对待研究学习。正如李老师所说：“我们都是语文人，为了共同的愿景而努力探索，为了语文的未来而不断创造。我们做得还不完美，但是我们志同道合，携手走在语文的路上。有一天我们的生命会停止，但语文探索不会停止。作为语文教师，作为语文工作者，不为语文做点什么的话，我们的职业生涯就会很遗憾，就会无比虚空。”